Difang Zhengfu Gonggong Fuwu Nengli Jianshe Yanjiu
Jiyu Ningbo Shijian De Fenxi

地方政府公共服务能力建设研究
——基于宁波实践的分析

罗 维 / 等著

ZHEJIANG UNIVERSITY PRESS
浙江大学出版社

图书在版编目(CIP)数据

地方政府公共服务能力建设研究:基于宁波实践的
分析 / 罗维等著. —杭州:浙江大学出版社,2018.8
ISBN 978-7-308-18034-4

Ⅰ.①地… Ⅱ.①罗… Ⅲ.①地方政府—社会服务—
研究—宁波 Ⅳ.①D625.553

中国版本图书馆 CIP 数据核字(2018)第 050124 号

地方政府公共服务能力建设研究
——基于宁波实践的分析

罗　维　等著

策划编辑	吴伟伟
责任编辑	沈巧华
责任校对	汪淑芳
封面设计	春天书装
出版发行	浙江大学出版社
	(杭州市天目山路 148 号　邮政编码 310007)
	(网址:http://www.zjupress.com)
排　　版	浙江时代出版服务有限公司
印　　刷	虎彩印艺股份有限公司
开　　本	710mm×1000mm　1/16
印　　张	14.25
字　　数	253 千
版 印 次	2018 年 8 月第 1 版　2018 年 8 月第 1 次印刷
书　　号	ISBN 978-7-308-18034-4
定　　价	48.00 元

前　言

　　本书为宁波市社科院研究基地"宁波市地方政府治理研究基地"的最新研究成果。近些年来,基地围绕"地方政府治理"这一研究主题,已先后出版了《服务型政府:宁波市公共事业管理创新研究》《责任政府:宁波的探索与实践研究》《社会管理创新:宁波的探索与实践研究》《地方政府社会治理能力建设研究——基于宁波实践的分析》等专著。本书是该基地资助出版的第五部专著。

　　本书聚焦地方政府公共服务能力建设问题。公共服务能力是政府行政能力与治理能力的重要内容。地方政府的公共服务能力已经与地方政府职能优化、管理模式创新、经济发展水平、区域竞争力等许多重要问题紧密联系在一起,成为衡量一个地区经济社会发展水平的重要指标。宁波身处改革开放的最前沿,地方政府创新动力相对比较强劲,其公共服务能力在全国较领先。本书以宁波市地方政府公共服务能力建设的实践为样本,不仅从理论上对地方政府公共服务能力进行系统地条分缕析,而且细致地解剖了宁波"麻雀",力图建构起地方政府公共服务能力的结构框架图和建设路线图。这不仅能为宁波地方政府公共服务能力的进一步提升提供学理依据与实践参照,更能为我国其他地区公共服务能力建设提供经验和借鉴。本书前四章关注地方政府公共服务能力的理论架构,其余各章均运用相关理论,紧密结合宁波市地方政府公共服务能力建设的具体实践领域而展开研究,具体涉及地方政府在基础教育、公共卫生、公共文化、公共就业、科技公共服务等领域的能力建设。

　　本书第一章由叶笑云教授撰写,第二章由姚蕾副教授撰写,第三章由王雁红副教授撰写,第四章由石绍斌副教授撰写,第五章由赵意奋教授、李静波硕士共同完成,第六章由詹国斌教授撰写,第七章由鲍展斌副教授撰写,第八章由吴建依教授、孙喜英硕士共同完成,第九章由何永红教授撰写。初稿完成后,我对各章进行了审阅,并在内容、格式等方面提出了具体的修改建议和要求,努力确保本书各章写作风格和写作规范大体一致。各章的作者对初稿进行了多次修改,总体而言,反映了撰写者的学术旨趣和观点。在写作的过程中,我由衷感谢各章作者的严谨治学与精诚协作。

本书得到了多方的大力支持与帮助。宁波市社科院社会发展研究所史斌所长等给予了极大的支持、指导和帮助,在此表示衷心的感谢。

我们深知出版一本高质量的著作不是容易的事,尽管我们努力为之,但书中瑕疵一定难免,恳请读者不吝赐教。

最后,感谢浙江大学出版社的大力支持!

罗 维

2017 年 6 月 20 日

目　　录

第一章 导 论

20 世纪 80 年代以来,世界性政府职能变革浪潮汹涌澎湃——政府职能从以管理为中心向以服务为中心转变,政府角色从"划桨者"转向"掌舵者"和"服务者"。政府不应在政府权限中寻求证实自身存在的理由,而应在为公民提供充足高效的服务中寻求其合理性。诚如美国学者丹尼斯·A. 荣迪内利所言:"各种调查和民间测验表明,公众希望看到政府改善和提高为民服务的方法和质量,即希望政府能够提供更优质的服务,切实有效地扩展服务的领域和范围。公众也希望政府提高公共服务能力,以较低的成本提供更多更优质的服务。"①

党的十八届三中全会明确指出:"必须切实转变政府职能,深化行政体制改革,创新行政管理方式,增强政府公信力和执行力,建设法治政府和服务型政府。"做好公共服务,是全面正确履行政府职能的一项重要内容。特别是在服务型政府建设的背景下,在改善民生的政府战略视域中,为社会提供充足、高效的公共服务应为地方政府的基本职能,这已成共识。由此,地方政府公共服务能力建设开始成为学界关注、研究的新领域、新视角。本章重点阐述公共服务能力的概念内涵,分析公共服务能力建设的缘起和现实动因,厘清公共服务能力建设的基本范围等。

---

① 荣迪内利. 为人民服务的政府:民主治理中的公共行政角色的转变. 经济社会体制比较,2008(2):115-124.

第一节　公共服务能力：内涵与要素

诚如维特根斯坦所云："概念引导我们进行探索"。① 概念的界定是问题研究的逻辑起点。如若人们对概念的界定模棱两可，对其的研究也必然是隔着纱窗看晓雾，逻辑是混乱的，结论是不准确的。

一、公共服务内涵的界定

作为当下被广泛认识的概念范畴，毫无疑问，"公共服务"一词有一个不断被深入认识的过程。从最初人们简单地将其理解为提供公共工程，到人民主权化公共服务或市场经济时代的公共产品提供理论，再到现今较为盛行的将其类比为推行顾客服务的公共服务，无一不见证着公共服务理念的拓展与创新。自 2004 年美国著名学者登哈特夫妇（Robert B. Denhardt & Janet V. Denhardt）的力著《新公共服务》中文版问世以来，"公共服务"日益成为公共管理领域中的一个重要话题。

据李军鹏的考证，"公共服务"最早是由法国公法学派代表莱昂·狄骥于 1912 年提出来的。狄骥从法治的维度来阐述政府与公共服务之间的逻辑关联，他指出："现代公法制度背后所隐含的原则，可以用这样一个命题来加以概括，即那些事实上掌握着权力的人……具有使用其手中的权力来组织公共服务，并保障和支配公共服务进行的义务。"他进而指出，任何因其与社会团结的实现与促进不可分割，而必须由政府来加以规范和控制的活动，就是一项公共服务。② 由于时代的局限，我们看到，狄骥对于"公共服务"的理解偏重于将政府视为公共服务提供的唯一合法主体，且将公共服务提供的内涵等同于政府控制。现在看来，这种理解明显有些粗陋。但狄骥的探索性工作让我们更精准地发现"公共服务"的渊源与脉络。

此后，随着福利国家时代的到来，政府大规模从事和提供公共产品成为一种主导性的选择。"公共服务"伴随着"公共产品"概念的演变而快速"成长"。"公共服务"成为一个与公共产品密切相关的概念，它从另一个特定的维度，提供了处置某些公共事务以满足公共需求的分析工具。

---

① 维特根斯坦.哲学研究.陈嘉映,译.北京:人民出版社,2001:540.
② 李军鹏.公共服务学——政府公共服务的理论与实践.北京:国家行政学院出版社,2007:33.

"服务"一词从基本词义上看,通常指为一定的对象工作,以有惠于集体或某人的一种活动或工作,换言之,即满足他人某种需要的一种操作性活动。这类活动通常需要借助一定的物质载体,提供无形产品,具有生产过程与消费过程同一的特点。从满足需要的角度看,服务活动可以分为满足个人需要的私人服务和满足公共需要的公共服务。公共服务有三个方面区别于私人服务:一是以公共利益为导向,满足的是公共需要;二是不宜由市场来提供,只能由政府来组织提供;三是使用公共资源。

目前,无论在理论研究中还是在现实应用中,对"公共服务"概念的界定一直处于争论之中。一般而言,对公共服务的理解,有广义和狭义之分。

广义的公共服务,基本上与公共产品所指内容相同。如前所述,从思想史的角度视之,公共服务的概念在公共产品概念的形成与发展中若隐若现,故而,两者的内涵外延有诸多的交集。所以,广义的公共服务,与私人服务相对应,属于市场失灵的领域,指"政府为满足社会公共需要而提供的产品和服务的总称"[①],它以"满足公众需要"和"公民平等享受"为主要特征。

狭义的公共服务是在对公共产品或广义的公共服务的理解基础上,基于满足公众的直接需求,侧重于提供非物质形态的产品进一步界定而来的。具体而言,狭义的公共服务,指的是政府五大职能[②]中,平行于宏观调控、市场监管、社会管理、环境保护的部分,包括教育、医疗服务、公共卫生、社会保障、就业服务、环境保护、科技服务等内容。我们这里所讨论的公共服务是指狭义的公共服务。第一,狭义的公共服务是满足公民生活、生存与发展的某种直接需求,能够使公民直接受益或享受。比如,教育使公民可以从受教育中得到某种满足,并有助于他们的人生发展。第二,狭义的公共服务通常是指通过建立一定的设施,提供满足公众基本需求的非物质形态的产品,如科学、教育、文化、卫生、体育等。

本书主要从狭义视角,将公共服务定义为政府依据特定的公共价值(如正义、权利等),凭借公共权力和公共资源,为满足辖区社会公共需要,提供不宜由市场提供的各种非物质形态的公共产品及特殊私人物品的活动。这些公共产品及特殊私人物品主要包括公共教育、医疗卫生、社会保障、就业

---

① 李军鹏.公共服务学——政府公共服务的理论与实践.北京:国家行政学院出版社,2007:2.

② 党的十八届三中全会通过的《中共中央关于全面深化改革若干重大问题的决定》将政府职能概括为宏观调控、公共服务、市场监管、社会管理、环境保护等五大职能。

服务、文化体育、科学技术等内容。

在这里,公共服务和公共产品是既有联系又有所区别的。从学术意义上来讲,既然它们是作为两个不同的概念被提出的,就肯定存在着语义表述上的区别或内涵外延上的差异;但同时,两者作为一脉相承、相互关联的概念,若因为某种狭隘的需要而斩断它们的联系,这也毫无道理。两者的联系在于:第一,它们的主体是相同的,即政府;第二,两者在外延上有诸多叠交,绝大多数的公共服务属于公共产品。两者的区别我们也可概括为两点:其一,公共服务隐含着价值判断,即什么东西应该由政府来提供。如医疗服务,虽然其消费具有竞争性特点,完全可以通过消费者付费消费的方式提供服务,但从社会发展与进步的意义上来说,政府应该提供全部或部分医疗公共服务,出于社会公平的价值考虑的农村合作医疗就是典型的由政府大力扶持的公共服务。而公共产品概念的提出和研究主要集中在经济学领域,着重于公共产品的供给效率,在一定程度上回避或忽略了公共产品的社会属性和政治属性。故而,公共服务更倾向于价值层次的考量,而公共产品一般依据效率原则更多的倾向于技术量化考虑。其二,公共服务更多的是一种抽象而笼统的政府活动的集合体,而公共产品则更多意义上表现为一种有形或无形的准物质性产出。如一个学校的后勤服务工作,不是简单指学生就餐,还包括学校对于餐饮经营者的价格和质量监督、基本政策和服务规划以及对消费者(学生和老师)不满意的回应等。如果将整个抽象的学校后勤服务过程理解为"准公共服务",那么看得见的学生就餐服务就是"准公共产品"。

二、公共服务能力的概念分析

在学术界,相对于公共服务研究成果的车载斗量,关于公共服务能力、公共服务能力建设等方面的研究成果可谓少之又少。同样,对于公共服务能力的概念的论述也极为有限。

"能力"一词,人们耳熟能详。《辞海》对"能力"的解释是"完成一定活动的本领"。但要细究其意,确非易事。能力是一个复杂、抽象的概念,具体言之,能力有三个特征:一是多样性,即面对不同的问题解决和任务安排,需要不同的能力;二是智能性,即能力不仅受先天条件和遗传基因影响,也需要后天的知识领悟、学习模仿和随机应变;三是发展性,能力的表现水平和测度在短时期内是可以相对固定的,但随着环境变迁和问题任务的变化,需要发展吸收新的知识或技能,才能解决新出现的问题。

政府能力,顾名思义,就是政府完成一定活动的本领和力量。政府是因公民无法解决一些公共问题,为了谋求共同利益而被创造出来的。公民心甘情愿地转让一些权利给政府,如纳税,政府则以提供公共服务作为回报以满足公共需求,而获得合法性。在这个环形的逻辑链条中,最核心的环节是政府提供的公共服务能否或能在多大程度上满足公共需求。如若此环节出现故障,整个链条就会断裂。政府为公民和社会提供公共服务的过程,就是政府公共服务能力释放和运用的过程,故而政府公共服务能力的强弱在某种程度上直接影响着政府的合法性问题。

公共服务能力是政府能力的重要组成部分,两者具有极高的正相关性。有学者基于浙江省 11 个城市的调研数据,运用 Spearman 系数工具对政府能力与公共服务能力之间的关联度进行了研究,得出:政府能力的走势和政府公共服务能力的走势基本一致(见图 1-1),且两者的 Spearman 系数高达0.82,是强相关。[①] 故而政府能力的概念是把握公共服务能力内涵的钥匙。

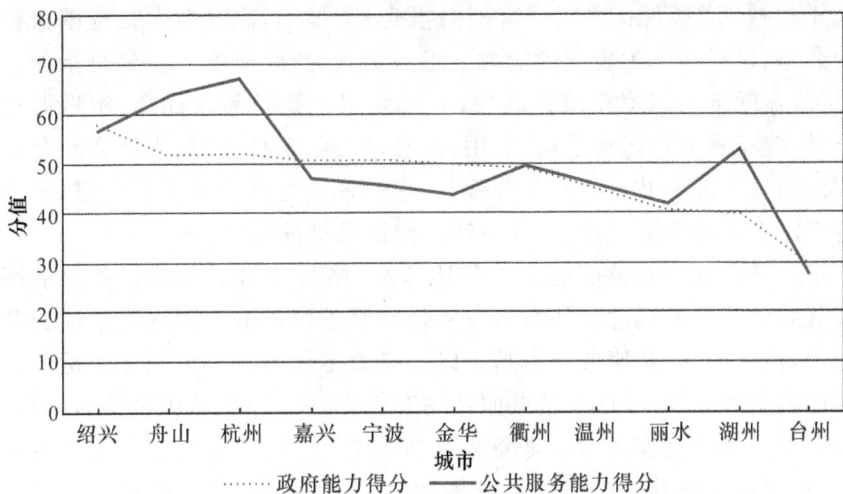

图 1-1 浙江省 11 个城市政府能力与政府公共服务能力相关性分析

目前,学术界对政府能力的界定有多种不同的视角,总体而言,比较庞杂。有的学者从行政主体的角度加以论述,有的从行政客体的角度给予阐述,更多的则从行政职能的角度深入分析。我们也倾向于从政府职能的角度来定义政府能力,这主要基于以下两方面的考量:第一,政府能力与政府

---

① 王惠娜.政府能力的界定与政府能力评估——政府执政能力内涵的比较研究.武汉理工大学学报(社会科学版),2006,19(4):461-464.

履行其职能的政府行为关系密切。一方面,政府能力是政府履行其职能的条件和保证,政府能力的强弱直接影响着政府实现其各项职能的质量、速度以及绩效。另一方面,政府能力只有通过其履行行政职能的行政行为才能外显出来。政府在履行其职能过程中所显现出来的行为表现是人们评判政府能力强弱的主要依据。若离开政府履行其职能的客观行为表现来做评判,则是天马行空式的主观臆断。第二,政府职能作为公共行政学的核心范畴,涉及行政主体、行政环境、行政目标、行政工具、行政绩效、行政过程等诸多方面,因此,从行政职能维度来阐述、分析政府能力,其解释力、包容性和统摄性都比较强。

政府能力构成不是随意设定的,它是由政府承担的法定职能来决定和规定的。政府职能与政府能力是一个问题的两个方面,两者相互联系,互为条件:职能框定了能力作用的范围、程度和方式,能力保证政府职能任务的达成,并促进政府以优异的方式实现职能。[①] 香港中文大学教授王绍光和清华大学教授胡鞍钢在《中国国家能力报告》中提出,国家能力是指国家将自己的意志、目标转化为现实的能力。张国庆认为,政府能力主要是指国家行政机关,在既定的国家宪政体制内,通过制定和执行品质优良、积极而有效的公共政策,最大可能地动员、利用、组合、发掘、培植资源,为社会和公众提供广泛而良好的公共产品和公共服务,理性地确立社会公正和秩序,进而在一定程序上促进国家快速、均衡、持续、健康发展的能力。[②]

不少学者基于对政府能力的整体认知,结合政府的公共服务职能阐述了公共服务能力的概念。如谢来位从公共服务职能的实现程度来谈公共服务能力,他认为,公共服务能力是指以政府为主体的公共组织在满足公众的公共需求中的本领,核心是公共服务的有效性。[③] 王琳、漆国生认为,政府公共服务能力是政府实现政府职能的条件和途径,是政府在履行公共服务职能时,运用现代公共行政方法和技能,利用公共资源,为社会和公众提供公共服务,以满足公共服务需要所具备的能量和力量。[④] 段德玉认为,公共服务能力是指公共服务主体为生产和提供优质的公共服务产品以满足公共服

---

① 孙柏瑛.社会管理与政府能力建构.南京社会科学,2012,8:87-94.
② 张国庆.行政管理学概论.北京:北京大学出版社,2001:562.
③ 谢来位.公共服务能力建设要点分析.行政与法,2006,2:11-13.
④ 王琳,漆国生.提升地方政府公共服务能力思考.理论探索,2008,4:128-130.

务客体的公共服务需求而具备的技能、技术和技巧。"①何艳玲从公众需求的满足角度出发认为,公共服务能力是指政府通过公共服务供给减少市民需求与市民满足之间差异的能力。②

综合上述学者对公共服务能力的理解,我们将作为政府能力重要组成部分的公共服务能力界定为:政府作为社会的普遍性和强制性组织,以规划、获取、配置、整合和运用公共资源的过程为基础,最大可能地为社会和公众提供广泛而良好的公共服务,满足公共需求,完成政府公共服务职能规定的目标及任务的本领和能量。这一界定包含以下三点:第一,政府职责边界是公共服务供给,不能越界供给,更不能逃避应有职责;第二,政府提供的公共服务必须以市民需求为导向,若偏离市民需求,再丰富的供给,再满腔的能量,均为无效服务;第三,政府公共服务能力是一个动态的过程,需要持续培养和着力建设。

三、公共服务能力的构成要素

关于公共服务能力的构成要素的研究,我们可以从学术界关于政府能力构成的阐释中寻求启发,从战略管理理论中汲取灵感。

目前,学术界对政府能力构成有诸多不同的表述,具有代表性的观点如表 1-1 所示。

表 1-1　国内学术界对于政府能力构成的观点

学者	能力类型	能力构成	观点出处
王绍光、胡鞍钢	国家能力	汲取能力、调控能力、合法化能力、强制能力	《中国国家能力报告》,辽宁人民出版社,1993 年
张国庆	政府能力	经济管理能力、政治和社会管理能力、行政组织管理能力	《公共行政学》,北京大学出版社,2000 年
李江涛	政府能力	财政能力、控制能力、协调能力、危机管理能力和组织动员能力	《论政府能力》,载于《开放时代》,2002 年第 3 期

---

① 段德玉.浅析我国地方政府公共服务能力建设的问题及对策.科技创业月刊,2011(5):64-65.

② 何艳玲.中国城市政府公共服务能力评估报告(2016).北京:社会科学文献出版社,2016:2.

续表

学者	能力类型	能力构成	观点出处
金太军	政府能力	社会抽取能力、社会规范能力、维持社会秩序能力、社会整合能力、维持社会公正能力、创新能力、宏观调控能力、自我更新能力	《行政改革与行政发展》，南京师范大学出版社，2003年
汪永成	政府能力	政府能力内部构成要素：人力、财力、权力、公信力、文化力、信息力、结构力； 政府外显能力：秩序（维护）能力、危机管理能力、竞争能力、创新能力	《政府能力的结构分析》，载于《政治学研究》，2004年第2期
张钢、徐贤春	地方政府能力	资源获取能力、资源配置能力、资源整合能力、资源运用能力	《地方政府能力的评价与规划》，载于《政治学研究》，2005年第2期
周平	地方政府能力	规划发展能力、制度创新能力、资源配置能力、市场规制能力、提供公共产品和公共服务能力、组织协调能力、社会控制能力、人力资源开发能力、行政生态平衡能力、危机处置能力	《当代中国地方政府》，高等教育出版社，2010年
张宝成，青觉	民族地区政府能力	依法自治能力、规划发展能力、学习创新能力、资源汲取能力、社会控制能力、平衡协调能力、社会整合能力、社会服务能力和危机处理能力	《民族地区政府能力体系结构研究》，载于《国家行政学院学报》，2008年第6期
孙柏瑛	政府社会管理能力	制度能力、组织管理能力和公职人员个体行为能力	《社会管理与政府能力建构》，载于《南京社会科学》，2012年第8期
崔翔	政府能力	政府治理能力和政府公信力	《政体开放、政府能力和社会资源》，载于《理论导刊》，2013年第2期

　　表1-1所述的各种关于政府能力构成的阐述显然是学者基于不同的学科背景、各异的研究视角分析而得的。虽然表达纷杂，但也不存在明显的矛盾或分歧。这些对政府能力的界定，在一定程度上为我们分析作为政府能力重要组成部分的公共服务能力的构成提供了线索和方法。

　　战略管理理论中存在着关于能力构成研究可资借鉴的理论资源,特别是动态能力理论,它给出了关于组织能力结构及其演变过程的清晰逻辑。战略管理理论认为,组织能力(organizational capability)是指以整合的方式,通过组织活动过程来获取、配置和运用资源以实现预期目标的各种活动。它分为静态能力(static capability)和动态能力(dynamic capability),前者是组织运用、配置资源来达到特定目标的能力,体现为短期竞争优势和组织绩效;后者是组织对环境的一种适应和变革能力,它促使组织获取长期的、持续的竞争优势。动态能力是静态能力生成、演化的前因,它促进形成新的、和环境适应的静态能力。静态能力通过动态能力来获得发展和修订。[①]

　　根据以上理论,组织能力系统可对应划分为能力要素(capability elements)和能力结构(capability structure)两大部分,前者是对组织能力的存在和发展有重大影响的资源要素,包括人力要素、财力要素、物力要素、技术要素、信息要素等,后者包括管理能力、学习能力、应变能力、创新能力、文化能力等。

　　由于静态能力直接与组织的产出相关,它决定了在既定的资源基础上组织能提供什么样的产出,因此公共服务的静态能力就体现为要素投入后呈现的各类具体公共服务能力(公共教育能力、公共卫生与基本医疗能力、就业服务能力、公共文化服务能力、公共科技服务能力……)的产出绩效(效果和效率)。动态能力作为一种扩展、改变或创造静态能力的能力,当外部环境发生变化时,组织借此识别外部环境的变化系数,并以此重新规划资源的配置。用此延伸至政府公共服务能力的理解上,公共服务的动态能力体现为公共需求的识别、公共服务的实现过程,即政府的需求识别能力、服务供给能力以及学习成长能力。[②] 需求识别能力指政府通过多元途径及时、有效地发现公共问题、识别公众需求的能力;服务供给能力是指政府提供能够覆盖和满足公众需求的多样服务的能力;我们将学习成长能力界定为政府针对服务供给结果和所识别到的需求之间的差距进行反馈与评估、学习与改进、创新与成长的能力。我们简要勾勒出地方政府公共服务能力构成的

---

　　① 黄培伦,尚航标,李海峰.组织能力:资源基础理论的静态观与动态观辨析.管理学报,2009,6(8):1104-1110.

　　② 何艳玲.中国城市政府公共服务能力评估报告(2016).北京:社会科学文献出版社,2016:2.

基本要素及关系,如图 1-2 所示。

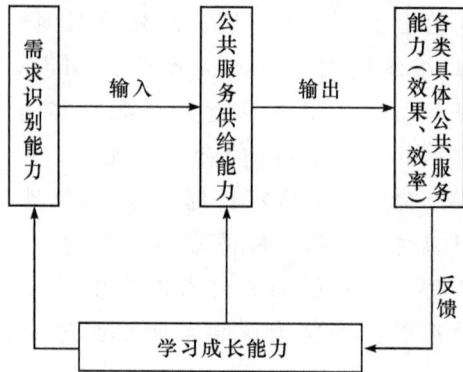

图 1-2 地方政府公共服务能力构成要素与关系

地方政府公共服务能力首先在于供给能力,政府应识别、回应公共需求,并将此作为依据或目标,筹集资源、配置资源以提供充沛的公共服务,从而实现经济社会利益最大化,尽可能地满足公众需求。政府提供的公共服务是否实现了既定目标、计划和任务,即是否与公众需求对接,公众需求是否能满足或满足程度如何,可通过评价明确差距、发现问题,与此相对应,政府还须具备公共服务评价能力。当然,政府提供公共服务并非只有量和质两个维度,还有作为公共服务所特有的公共性。公共性不仅指公共服务是满足社会公共需要的社会产品,更强调它是公民平等享受的社会产品,这就决定了政府在供给、评价公共服务之余,还必须围绕着公共服务的价值取向,从量和质两个维度对公共服务的社会产品进行有的放矢的监管,与此相对应的是政府的公共服务监管能力,如图 1-3 所示。

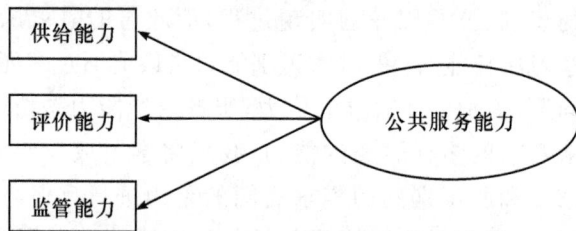

图 1-3 地方政府公共服务能力动态展开

第二节 地方政府公共服务能力建设:缘起与范畴

在建设服务型政府的背景下,地方政府作为公共服务最终落实者,在解决公共服务需求与供给在数量、质量、类别与及时性等进行的矛盾,实现区域之间、城乡之间的基本公共服务均等方面履行着重要的时代使命。这就需要不断加强各级政府能力建设,提高公共服务水平。

能力建设(capacity building)是指对能力的挖掘、培养、提升、完善和发挥等进行的积极性活动。能力建设的概念最早来自美国,1975 年,美国的《公共行政评论》(Public Administration Review)在某期特刊中集中讨论了政府能力建设问题。"能力建设"一词所指的意图与内涵,在梅利里·S. 格林德尔主编的《获得好政府》一书中有明确的表述:"我们使用能力建设这一术语的目的在于,为一系列增强政府的效率、效力和回应性的战略提供方向性指导。我们在使用效率(efficiency)、效力(effectiveness,或译效果)和回应性(responsiveness)时是非常直接的:效率与产生一个给定结果所需的时间与资源有关;效力与产生预期的结果的行动的适当性有关;回应性则与需求的沟通和处理这些需求的能力之间的联系相关。"[①]

在中国,能力建设的概念被引进后,最早主要应用于人力资源,后来很快被应用到了几乎所有的组织、机构、行业、群体甚至个人上,作为增强它(他)们在某一个(或几个)方面的本领所开展的活动的总称。我们认为地方政府公共服务能力建设,简单而言,就是开发、增强、优化公共服务能力的活动和过程。

一、地方政府概念内涵的界定

政府是国家的权威性表现形式。政府所要实现的目标就是"为所有公民提供生存、稳定以及经济的和社会的福利"[②]。每一个国家只有一个中央政府,却有多个地方政府。法国著名政治学家托克维尔说过,"一个中央政府,不管它如何精明强干,也不能明察秋毫,不能依靠自己去了解一个大国生活的一切细节。它办不到这一点,因为这样的工作超过了人力之所及"[③]。

① 陈振明.政府能力建设与"好政府"的达成.管理世界,2003(8):147-151.
② 罗斯金.政治科学.林震,等译.北京:华夏出版社,2001:39.
③ 托克维尔.论美国的民主(上卷).董果良,译.北京:商务印书馆,2004:100.

地方政府与民众的日常生活息息相关,事实上最直接地承担着政府所要实现的目标——生存、稳定和福利。

地方政府是国家政权的一个重要组成部分,是国家权力在特定地域上的物化形态。《布莱克维尔政治学百科全书》认为,地方政府是"权力或管辖范围被限定在一个国家部分地区内的一种政治机构。它具有如下特点:长期的历史发展,在一国政治机构中处于隶属地位,具有地方参与权、税收权和诸多职责"①。

对于"地方政府"这一概念的具体指涉,学界有不同的界定。一种观点笼统地认为地方政府是中央政府的分支机构或除中央政府以外的各级政府(subnational government)。但绝大多数的学者认同另一种观点,即"地方政府"概念在不同的国家结构形式中有不同的层级表达。正如迈克尔·罗斯金分析的:"(单一制国家)只在两个层次上组织政府——中央和地方……联邦制国家有三个层级而不是两个层级的政府,在国家和地方政府之间有一个中间层级,通常称为州(例如在美国、澳大利亚、巴西和印度)或加拿大的省、德国的区、瑞士的小区。"②《布莱克维尔政治学百科全书》也明确指出:"地方政府机构不同于联邦政治体制下的州和省,它不能享有主权。"③显然,在单一制国家中,"地方政府"是一个与中央政府相对应的概念,中央政府拥有最高权力,地方政府是中央政府的下属政府。在联邦制国家中,联邦政府与联邦成员政府之间不存在上下隶属关系,即不是中央与地方关系,只有联邦成员政府(如美国的州政府)之下的各级政府才是地方政府。

本书所讨论的地方政府指的是第二种观点,即单一制国家中的与"中央政府"相对应的"地方政府"。在中国语境中,"地方政府"全称"地方人民政府",指相对于中央人民政府(国务院)而言的各级人民政府。《宪法》第九十五条规定:"省、直辖市、县、市、市辖区、乡、民族乡、镇设立人民代表大会和人民政府。"依据《中华人民共和国地方各级人民代表大会和地方各级人民政府组织法》,"地方各级人民政府是地方各级人民代表大会的执行机关,是地方各级国家行政机关","全国地方各级人民政府都是国务院统一领导下

---

① 米勒,波格丹诺.布莱克维尔政治学百科全书(修订版).邓正来,译.北京:中国政法大学出版社,2002:452.

② 罗斯金.政治科学.林震,等译.北京:华夏出版社,2001:245-246.

③ 米勒,波格丹诺.布莱克维尔政治学百科全书(修订版).邓正来,译.北京:中国政法大学出版社,2002:452.

的国家行政机关,都服从国务院"。因此,根据上述分析,结合我国的实际情况,我们把"地方政府"界定为,中央政府为治理国家一部分区域而依法设置的某一行政区划内的政府单位,其权力来自中央授权,并对中央负责。

从这一定义出发,与中央政府相比,地方政府在拥有权力的性质、权限行使的范围、所承担的职责上,具有如下三个特征:①权力的非主权性。地方政府拥有的权力不具有主权性,是中央政府依法设置的,中央政府可以依法对其予以变更或撤销。②权限的局部性。包括两个方面:权限所及的地域范围是局部的;权限所及的事务是局部的。③职责的社会性。地方政府的职责是完成地方社会管理。当地居民日常生活环境、生产环境所产生的一系列社会事务是地方政府管理和服务的主要职责。由此可见,地方政府是国家与地方的沟通者和协调者,更是地方经济的推动者、地方利益的代言人和地方公共利益的维护者。

本书所讨论的地方政府指的是省级以下、乡镇以上的各级政府,但一方面囿于我们的知识框架和资料积累,难以对其进行深入的条分缕析;另一方面,省级政府与中央政府关系紧密,行为带有明显的国家色彩。① 因此,我们重点探讨的是省级政府以下的各级地方政府。

二、强化地方政府公共服务能力的理论依据

所谓地方政府公共服务能力,是指地方政府针对本地域自然人文特征,结合当地经济发展水平与民众生活质量水平等实际情况,在既定经济社会约束条件下,为积极有效地回应和满足社会公共需要而供给相应优质的公共服务,不断提高当地民众生活质量,同时为当地市场经济科学合理可持续的发展提供良好外部环境的过程中所拥有的能力或者能量。简而言之,所谓地方政府公共服务能力就是地方政府提供公共产品的能力及其有效性,是地方政府能够运用多少资源为当地公众提供公共产品和服务来满足日益增长的社会公共需求的一种本领和力量。

政府提供什么产品和服务以及这些产品和服务的范围与程度问题,最早是从政治学的角度提出的,源于人们对政府起源及其公共性的探讨。无论是霍布斯的《利维坦》,还是卢梭的《社会契约论》,实际上都隐含了人们通

---

① 关于省与中央的关系,我们认同李芝兰在《跨越零和:思考当代中国的中央和地方关系》(华中师范大学学报,2004,43(6):117-124)一文中的阐述,即在当代中国,无论我们怎样描述中央和地方两者的关系,一个无法摆脱的现实是,省是与中央关系最直接、最密切、结构上最类似的地方政府。

过自愿方式约定成立政府,并由政府提供公共产品的逻辑论证。17 世纪后半叶,政治学关于公共产品的讨论开始让位于古典经济学。威廉·配第、亚当·斯密、约翰·穆勒均就此展开了别开生面的研究,为公共产品理论的建立奠定了经济学基础。1954 年,萨缪尔森给出了公共产品的经济定义后,被世人广泛接受。在经济学语境中,公共产品理论着重考察提供什么、提供多少、由谁提供的问题,找寻公共产品的最佳供给方式。经济学家指出,通过政府供给公共产品,并不意味着必然由公共部门来生产公共产品。公共部门可以把某种产品或服务的合同承包给私人生产厂家。但是,不管公共部门决定直接生产某种新产品或服务,还是把生产承包给私人部门,都需要考虑诸多方面的因素。

20 世纪 70 年代末,在世界各国政府治理变革的趋势中,公共服务成为政府职能的重心。传统公共行政模式,即依靠科层制组织提供公共服务的模式效率低下,弊端重重。社会变革和民众需求迫使政府转变治理观念,创新公共服务供给模式。在此背景下,发达国家掀起了一场声势浩大的公共行政改革运动,即"新公共管理"运动。其核心正如奥斯本和盖布勒归纳的"企业化政府理论"。新公共管理运动以重塑政府与市场的关系为主线,强调利用市场和社会力量,推行公共服务社会化,以顾客取向和服务对象为中心,把需要服务的公众视为公共机构的顾客,在公共服务机构之间引进市场竞争机制,通过"顾客主权"形成的压力,迫使公共机构提高服务质量,为吸引更多的顾客展开激烈的竞争。

然而,新公共管理运动在重视公共服务效率的同时,存在对公共服务公平的忽视。基于对新公共管理运动的总结与反思,登哈特夫妇提出了公共管理的新范式——新公共服务理论。新公共服务理论不是对新公共管理运动的简单否定,而是一种理性的反思和建设性的批判。

首先,新公共服务理论一针见血地指出了新公共管理运动的症结所在。登哈特夫妇鞭辟入里地分析道:"目前,与其说公共行政官员正集中于控制官僚机构和提供服务,倒不如说他们更加关注'掌舵'而不是'划桨',即他们更加关注成为一个倾向于日益私有化的新政府的企业家。但是在他们忙于'掌舵'的时候,是否忘记了是谁拥有这艘船呢?"[①]

其次,新公共服务提出了一系列建设性主张:①服务而非"掌舵"。政府

---

① 登哈特 J V,登哈特 R B.新公共服务:服务,而不是掌舵.北京:中国人民大学出版社,2010:5.

及其公务人员日益重要的角色就是帮助公民表达并满足他们的利益需求，而不是试图通过控制或"掌舵"使社会朝着新的方向发展。②公共利益是目标而非副产品。公共行政人员必须致力于建立集体的、共享的公共利益观念，这个目标不是要在个人选择的驱使下找到快速解决问题的方案，而是要创造共享利益和共同责任，同时政府还有责任确保经由程序而产生的解决方案完全符合公正和公平的规范，确保公共利益居于主导地位。③思想上要有战略性，行动上要有民主性。新公共服务理论认为，符合公共需要的政策和计划，只有通过集体努力和协作，才能够有效地、负责任地得到贯彻执行。为了实现集体的远景目标，在具体的计划实施过程中，依然需要公民的积极参与，使各方的力量集中到执行过程中去，从而迈向预期的理想目标。通过参与和推动公民教育计划、培养更多的公民领袖，政府就可以激发公民的自豪感和责任感。④为公民服务，而不是为顾客服务。政府与公民之间的关系不同于工商企业与顾客之间的关系。公务员不仅仅要对"顾客"的要求做出回应，而且要集中精力与公民以及在公民之间建立信任与合作关系。⑤责任并非单一的。新公共服务要求公务员不应当仅仅关注市场，他们也应该关注宪法和法令，关注社会价值、政治行为准则、职业标准和公民利益。新公共服务理论意识到了这些责任的现实性和复杂性。⑥重视人，而不只是重视生产率。公共组织及其所参与的网络能够以对所有人的尊重为基础，通过合作和分享领导权的过程来运作的话，那么从长远的观点来看，它们更有可能获得成功。⑦公民权和公共服务比企业家精神更重要。公共行政官员并不是其机构和项目的业务所有者。政府的所有者是公民。与企业家式的管理者视公共资金为自己所有的行事方式相比，乐于为社会做出有意义贡献的公务员和公民更能促进公共利益发展。

新公共服务理论将民主、公民权和公共利益的价值重新肯定为公共行政的卓越价值观，提出和建立了一种更加关注民主价值与公共利益的新的理论选择，从而"避免行政学的公共性基础在现代社会工具理性的高歌猛进中被简约或边缘化"①。这一理论范式在实践层面更突出政府公共服务的功能，政府在提供公共服务时要给予公众更大的选择权。其中，公众是一个主动获取而非被动接受公共服务的角色。政府在决定应该以什么方式、为什么人、提供哪些公共服务时，需要从民主、平等和效率三个方面加以权衡。

---

① 陈振明，王海龙.创新公共管理理论，推动政府治理变革——"公共政策与政府管理创新"国际学术研讨会的观点.东南学术，2005(1):63-68.

三、地方政府公共服务能力建设的必要性

改革开放以来,伴随着社会转型的急剧变迁,市场经济的深入发展,公民意识的骤然觉醒,人们越来越意识到地方政府的公共服务能力,不仅关乎政府的合法性及经济社会的繁荣,而且直接关乎老百姓的安居乐业及享受社会福利的程度。近年来,随着我国政治体制改革不断向前推进,服务型政府业已成为各级政府改革的目标取向。与此同时,各种深层次问题逐渐凸显,区域和城乡收入分配差距拉大,社会保障制度远未完善,基本公共服务资源分配不均,公共服务供给能力薄弱。

(一)经济转轨和社会转型要求地方政府提升公共服务能力

当下的中国社会正经历着一场深刻的变迁,即社会转型。这或许是改革开放以来,学界难得的较为一致的共识。而在这转型中,核心当数计划经济向社会主义市场经济的转型。国际经验表明,市场经济本身在提高经济运行效率的同时,会带来收入差距拉大、失业增加等严峻的社会问题,并且这些问题不会随着 GDP 的增长而自动得到解决,这势必造成由于社会发展严重滞后于经济发展而产生的一系列公共服务问题。

当下,随着知识经济时代的来临和日益扩大的经济全球化趋势,以及人类技术创新能力的显著提升,政府组织所面临的社会压力空前增大,政府组织所处的社会生态环境呈现出复杂化、动态化与不确定化等时代特征。同时,发达的市场经济国家,其政府职能转变的历程显示,现代政府职能及其角色的改变,主要体现在政府的公共服务及公共事务管理职能之中。现代市场经济要求政府在性质上从政治权力的行使者转变为社会公共事务的管理者,而在政府职能的结构上,则要求它从维护政治统治转向全面提供公共服务。

人民群众对于普通商品,拥有充分的"货比三家"的选择自由以及不购买的自由,而在政府提供的公共服务面前,却根本没有选择的自由以及决定不予"购买"的可能。从社会公平的角度看,政府向纳税人提供公共服务时应当保证质量,但在我国多数地区公共服务提供者的质量意识是薄弱的,加上计划经济时代遗留下的体制性因素和对路径的依赖性,公民缺乏对公共服务进行质量评价的意识,政府把有限的资源都用于抓经济建设,人、财、物都大量地投入与经济建设直接相关的领域,自然就会弱化对公共产品的生产和质量监管。面对这些问题,客观上要求地方政府优质优量地供给公共服务,并优化公共服务能力。

"十三五"时期,将是我国经济社会加速转型的时期,社会事业发展呈现

出多样性、多元化的趋势,社会公共服务消费需求也将呈现快速增长的态势。全新的时代和关键的时期要求政府组织,尤其是地方政府必须转变公共服务理念,回应公众公共服务需求,创新公共服务方式,提升公共服务能力,优化公共服务效果。

(二)政府间竞争鼓励地方政府提升公共服务能力

在经济社会全球化、信息技术革新的大背景下,资本、信息、技术、人才等资源在全球范围内的流动日益变得自由而迅捷,为了获取这些稀缺资源,地方政府也卷入日益激烈的区域竞争之中。

对于政府间的竞争是否有益于发展,目前尚存在两种对立的观点。一种观点认为,在竞争压力下,地方政府对资源、财力、人力等流动要素争夺过于激烈可能导致地方税率、福利供给和地方公共产品供给水平"探底";另一种观点则认为,为争取流动居民而进行的竞争能够使公共产品的供给更好地满足居民的需求,从而,人们在不同地方所提供的服务之间"以足投票",迁往能给予其最大满足的辖区以享受当地政府所提供的公共产品。而当前比较受到认可的一种观点认为,地方政府的竞争有助于辖区内资源配置效率的提高。对于地方政府而言,基础设施、政策措施等以我们所熟知的"硬环境"与"软环境"形式出现的公共产品与公共服务,成为地方政府在竞争中获取优势的基础。如果说 20 世纪 80 年代和 90 年代各地竞争主要靠优惠政策,90 年代中期以来主要靠基础设施的话,那么今后各个地方竞争制胜的关键显然是能更有效地提供公共产品和公共服务。

能力是获取并维持竞争优势的关键。一个地方政府是否具有竞争优势,或者说能否在政府间竞争中胜出,最重要的内部决定因素就是政府的公共服务能力,所以地方政府之间的竞争就是政府公共服务能力之间的竞争。地方政府只有具备良好的公共服务能力,才能够在长期的政府间竞争中胜出,获取更大的资源优势。

(三)服务型政府建设需要与之相匹配的公共服务能力

在我国经济社会转型的关键时期,公共产品与公共服务供给方面还存在着两个显著的矛盾:一是公众日益增长的公共产品与公共服务需求与政府公共产品与公共服务总体供给不足且质量低下的矛盾;二是社会主义市场经济体制逐步完善对政府职能转变的新要求与目前政府职能转变缓慢之间的矛盾。这两个矛盾随着我国工业化和城市化进程的加快变得日益突出,使得我国政府管理体制改革以及社会管理和公共服务职能的再定位被提上了更为紧迫的日程。随着市场经济体制的逐步完善,政府职能也在逐步转变。尤其是我国加入世界贸易组织后,加强政府公共服务职能已经成为政府行政体制改革的重中之重。党的十六届三中全会明确将社会管理界定为政府的主要职能之一,而公共服务亦被确立为21世纪政府改革的核心理念。党的十八大报告明确提出,要全面建成小康社会,需要"加快形成政府主导、覆盖城乡、可持续的基本公共服务体系",提升政府公共服务供给的效果、效率与效益。党的十八届三中全会进一步提出更高要求,"加强各类公共服务提供","推进城乡基本公共服务均等化"。"人民对美好生活的向往就是我们的奋斗目标。"这是以习近平同志为总核心的党中央对人民的庄严承诺,也是党和政府加强能力建设的出发点和落脚点。因此,建设服务型政府,大力增强政府公共服务能力,已成为政府改革的当务之急。

四、地方政府公共服务能力建设的范围厘定

2012年7月,国务院发布的《国家基本公共服务体系"十二五"规划》(以下简称《规划》)对公共服务范围做出了界定:"基本公共服务范围,一般包括保障基本民生需求的教育、就业、社会保障、医疗卫生、计划生育、住房保障、文化体育等领域的公共服务,广义上还包括与人民生活环境紧密关联的交通、通信、公用设施、环境保护等领域的公共服务,以及保障安全需要的公共安全、消费安全和国防安全等领域的公共服务。"《规划》明确指出这些基本公共服务由政府主导提供。享有基本公共服务属于公民的权利,提供基本公共服务是政府的职责。

既然政府承担着提供公共服务的职能,那么如何来理解与论证地方政府公共服务能力建设的范畴或领域?这需要说明地方政府相对于高层政府在提供公共产品方面所具有的比较优势。

第一,这是由公共产品受益范围的层次性决定的。大受益范围的公共产品可以覆盖全国,比如国防、外交服务、司法服务等;小受益范围的公共产品最小可以只涉及特定社区甚至若干社会成员,比如盲人道等。从受益范围覆盖全国到受益范围仅仅局限于若干社会成员的公共产品体系中,存在众多受益范围大小不等的公共产品(见图1-4)。为简便起见,我们可以将此分为两大类:一类是受益范围较大,甚至覆盖全国的公共产品,我们将其称为高层公共产品;另一类是受益范围局限在较低层级政府辖区内的公共产品,我们将其称为低层公共产品。根据效率和公民原则,高层政府应提供高

层公共产品,而地方政府则提供低层公共产品。不同层级的政府在提供不同层级的公共产品过程中各自具有比较优势。

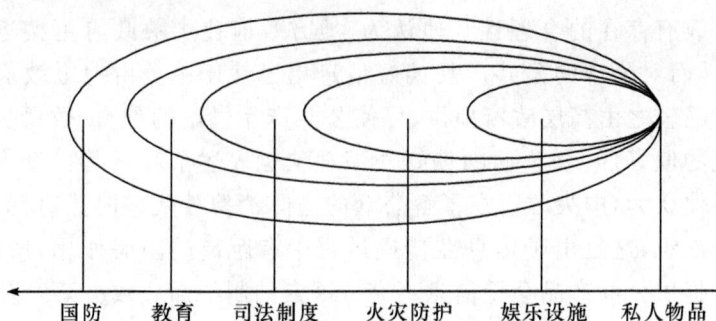

国防 教育 司法制度 火灾防护 娱乐设施 私人物品

图 1-4 公共产品受益范围的层次性①

第二,这是由不同层级政府的主要职能不同决定的。由图 1-5 可知,在提供公共服务层面,地方政府与中央政府的具体职能有交叉。相对于中央政府而言,省级及以下政府均属于地方政府。对整个中国地方治理体系中的地方政府而言,省级政府的作用更多的是体系内的上下级互动,执行中央国家政策;地级市政府更多的是关注政府所在城区的建设和发展。根据我国《宪法》,县级行政单位是中国地方二级行政区域,现行的实际行政区划属于地方三级行政区域,是地方政府功能齐全的最基层政权。县级政府也包括县级市、地级市辖区、自治县等,相比省级政府、地级市和乡镇政府,县级政府是具有独立行政辖区范围的、职能齐全的基层行政组织,并且离民众较近,是民众话语表达的最前沿,发挥着承上启下、畅通政令的关键作用。县级政权在落实中央、省、市政府决策的同时,更是直接面向基层、面向农村的政府机构,承担着提供低层公共服务的职能。

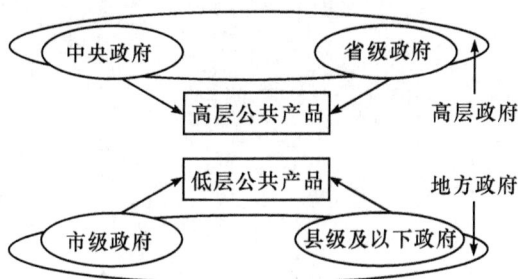

图 1-5 高层政府和地方政府分工提供公共产品

---

① 布坎南.公共财政.赵锡军,等译.北京:中国财政经济出版社,1991:438.

第三,这是由地方政府相对于中央政府(高层政府)的信息优势所决定的。相对于高层政府,地方政府更了解并熟悉辖区居民的偏好,斯蒂格勒论证了地方政府存在的合理性。他认为,地方政府比中央政府更接近辖区内的公众,因而对公众的公共产品偏好信息更了然于胸。由地方政府提供这些公共产品较之由高层政府提供,可使公共产品供给的种类、数量更能满足辖区居民的偏好。① 特里西的偏好误识理论也表述了和斯蒂格勒大致相同的观点。他认为,中央政府在了解公众的边际消费替代率时具有随机性,即带有偏好误识,这是由于信息在传递过程中有距离的阻碍作用,所以,由高层政府来提供公共产品会受信息不充分因素的制约而导致决策失误。②

奥茨的财政分权定理也证明了地方政府分散化提供公共产品的比较优势。但奥茨提出的"财政分权定理"是以假定公共产品的供给不存在规模收益和效益外溢为前提的。而事实上这一假定前提在现实中并不完全具备,由于公共产品供给客观上存在规模收益和效益外溢问题,所以,我们并不能由奥茨定理推导出基层政府供给公共产品一定就比高层政府有效的结论。对于一些高层产品,由高层政府集中提供较之由基层政府分散提供,其平均成本更低,从而实现规模收益。

综上所述,结合《规划》中所界定的公共服务范围,我们认为,《规划》中所提的"广义上"的公共服务属于高层公共产品,如国防安全等适合高层政府提供;而基本公共服务,如教育、就业、社会保障、医疗卫生、文化体育等领域的公共服务,适合由地方政府来提供。本书所论的地方政府公共服务能力建设的领域也主要是教育、医疗卫生、就业、文化、科技等。

---

①　李森.中国基层财政困境问题研究.上海:上海三联书店,2009:4.

②　王根贤.财政分权激励与土地财政、保障性住房的内在逻辑及其调整.中央财经大学学报,2013,1(5):1-5.

第二章　地方政府公共服务供给能力

党的十八届三中全会明确提出,必须切实转变政府职能,深化行政体制改革,创新行政管理方式,建设法治政府和服务型政府。公共服务供给是公共服务的核心问题。多年来在我国传统的管制型行政模式下,政府掌握着绝大多数的公共资源,负责提供几乎所有的公共服务。而随着服务型政府建设的推进,原有的公共服务供给日益暴露出供不应求、供非所求、供给成本高、供给质量差等严重问题。在"分灶吃饭"的财政体制框架中,我国公共服务主要是由地方政府供给的。因此,地方政府公共服务供给能力的高低是我国能否有效解决民生问题的关键节点。

第一节　地方政府公共服务供给的理论概述

公共服务供给是公共行政管理、服务型政府建设的核心所在。纵观公共行政的历史,公共服务供给理论源远流长,引导着公共服务供给实践的不断发展。公共服务供给理论与具体的公共服务的责任、供给方式密切相连。

一、公共选择理论

公共选择(public choice)就是相对于市场个人选择的非市场集体选择,指许多人根据已确立的规则,通过政治过程和集体行动所做出的选择,也就是选举制下的政府选择。由布坎南(James McGill Buchanan)等人创立和奠基的公共选择理论,将经济领域的理性"经济人"(economic man)假设引入政治领域,对政府管理活动进行分析,并以此为基点,对传统观念提出了挑战:同样的人怎么可能仅仅因为经济市场转入政治市场之后就由"计功谋利"的自私者转变为"大公无私"的利他者呢? 所以,市场经济下私人选择活动中适用的理性原则,也同样适用于政治领域的公共选择活动。由此,公共选择理论把政治舞台模拟为一个经济学意义上的市场。布坎南指出,对于政治家和政府官员,如果要适当设计出能制约赋予他们在这些权力范围内的行为的法律——制度规则,就必须把政治家和政府官员看成是用他们的最大权力最大限度地追求他们自己利益的人。[①] 唐斯(Anthony Downs)指出,民主政治中的政党可类比为一个追求利润的企业家。为了达到它们的私人目的,它们采取任何它们认为将获得最多选票的政策,恰如企业家出于同样的理由,生产任何他们认为将获得最大利润的产品。[②]

公共选择理论很容易演绎出公共服务政府失灵(government failure)论。由于行政机构的官员也是经济人,官员们常常以行政机构的名义追求个人和团体的利益,并使之最大化,这必然导致立法机构或财政部门预算的最大化。政府部门预算规模膨胀的直接后果就是政府机构膨胀,一方面导致人员和行政管理费用急剧增长,人浮于事,过度开支;另一方面导致在忽视或未能真正掌握公共需求情况下,政府提供的公共服务全部或局部过剩,高于社会实际需要,造成公共资源的极大浪费,并降低公共服务的投入产出效率。由于信息不对称以及公共服务预算监督弱化等因素,公共部门在公共服务供给中呈现出权力寻租(rent-setting)等腐败现象,造成公共资源的浪费和公共服务供给的低效。

综上所述,公共选择理论利用经济学的分析方式(通常是博弈论和决策论)探索政治上的决策进行过程,以此揭露在政府体制下必然出现的效率低落现象。尤为独到之处是,公共选择理论提出了问题的破解出路——没有任何逻辑理由证明公共服务必须由政府官僚机构来提供。公共选择理论为公共服务打破政府垄断、引入竞争机制、实施多元化供给创造了理论依据。

二、公共服务提供与生产分离理论

自 1954 年萨缪尔森发表了一篇著名的论文《公共支出的纯粹理论》,给出"公共产品"的经典定义以来,关于公共产品的生产与提供主要有以下两

---

① 布坎南.自由、市场和国家.吴良健,译.北京:经济学院出版社,1988:38.
② 唐斯.民主的经济理论.姚洋,邢予青,赖平耀,译.上海:上海人民出版社,2005:270.

种学术观点。

第一种观点认为,公共服务的提供与生产是不可分割的。按照萨缪尔森、马斯格雷夫等奠定的公共产品理论,公共产品是经济学意义上市场失灵的首要结果,是正外部性的一个极端例子。公共产品的非竞争性和非排他性导致市场不能有效供给,陷入"集体行动的逻辑"(the logic of collective action),出现所谓"囚徒困境"(prisoner's dilemma)和"搭便车"(free riding)现象,并可能导致社会分配不公和"公地悲剧"(the tragedy of the commons)。因此,公共产品应当由政府供给。在这种公私二元分离的思维下,政府部门作为公共服务提供的垄断者是合乎社会理性法则与逻辑的,公私部门处于对立紧张的关系状态,双方划地而治。公私部门提供公共服务的水平互动连续体模式如图 2-1 所示。

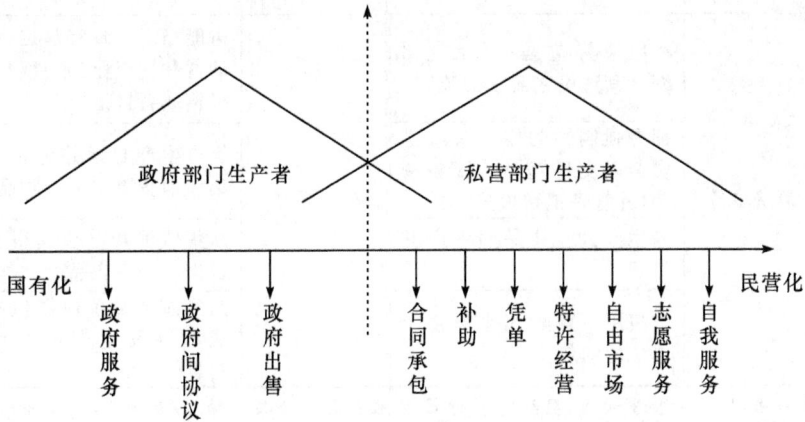

图 2-1 公私部门提供公共服务的水平互动连续体模式

资料来源:萨瓦斯.民营化与公私部门的伙伴关系.周志忍,等译.北京:中国人民大学出版社,2002:104.

第二种观点认为,公共服务的提供与生产可以分离。政府部门可以使自身的角色分化,即分离公共服务生产功能和提供功能。"提供"一般是指对公共服务供给的种类、数量、质量、优先次序等做出决策,筹集资金并安排和监督生产;而"生产"则是指把投入转换成产出的更加技术化的过程,包括设计、建设、制造、维护或经营等,其核心是投入产出的效率。两个环节可由同一主体完成,也可由不同的主体来分别完成。提供公共服务的组织未必要直接地亲自生产。供给主体可以只提供不生产或只生产不提供,或兼而有之。政府部门主要充当公共服务的安排者和提供者,承担起财政筹措、业务监督和绩效评估的责任,而私营部门则在竞争性的制度安排中,充当公共服务的生产者和供给者的角色。

制度分析学派的奥斯特罗姆（Vincent Ostrom）、蒂伯特（Charles Tibout）和沃伦（Robert Warren）于1961年首次提出将公共服务供给（delivery）划分为提供（provision）和生产（production）两个环节。奥斯特罗姆夫妇指出，集体消费单位（公共服务的安排者）起着购买代理人的作用，从潜在的承包商那里得到有关成本和生产可能性的信息，与承包商签约，从用户那里收集关于相应服务的意见、监督承包商提供服务的绩效，而生产单位（公共服务生产者）则承担企业家的责任，把生产要素综合起来，组织和监督生产团队的绩效，使其提供适当水平的物品或者服务，如表2-1所示。

表 2-1　公共服务的集体消费单位与生产单位

类型	具体阐述	类型	具体阐述
集体消费单位	一般来说，它是一个表达和综合其选民之需求的政府	生产单位	可能是一个政府单位、私人的营利性企业、非营利性的机构或者自愿协会
	拥有强制性的权力来获得资金以支付其公共服务费用，并管理消费模式		综合生产要素并为特定的集体消费单位生产物品
	向生产公益物品的生产者付费		从集体消费单位获得支付以生产公益产品
	收集用户意见，并监督生产单位的绩效		向集体消费单位提供有关成本以及生产可能性的信息

资料来源：奥斯特罗姆 V，奥斯特罗姆 E. 公益物品与公共选择.//麦金尼斯.多中心体制与地方公共经济.毛寿龙，译.上海：上海三联书店，2000：111.

美国民营化理论家萨瓦斯（Emanuel S. Savas）历时30年考察了30个国家的公共服务，对公共服务提供与生产分离的理论做了进一步的阐述和发展，提出了公共服务提供—生产的10种安排（见表2-2）。它们分别是：①政府服务。即政府同时扮演着公共服务的生产者和提供者双重角色。一些政府部门使用自身职员，或者设置附属性的企事业单位，亲自指挥生产并提供公共服务。②政府出售。这是指政府将自身拥有的一些公共服务资源，通过市场化途径出售给私人部门使用。例如，在美国的城市管理中，政府可出租警员为私人部门举办以营利为目的的大型活动提供安全保卫。③政府间协议。即政府之间或行政部门之间达成协议，由某个政府或行政部门支付费用，委托或雇用另一个政府或行政部门提供某些公共服务。例如，一个位于市区的区政府与某个郊区政府达成协议，委托郊区的环卫或水资源部门提供粪便和污水处理服务。④合同承包。是指政府与私人企业、非营利组织签署关于服务的生产合同。⑤特许经营。是指政府将垄断性特权给予某个私营企业,让它在特定领域里提供特定公共服务。特许经营通常由政府实施一定的价格管制。⑥政府补助。是指政府对一些收费性的准公共服务的生产者提供补贴。政府补贴可以通过补助和凭单两种不同的方式实施。其中,补助是对生产者的补贴,凭单是对消费者的补贴。⑦凭单制。即政府对特定公共服务的消费者给予专门补贴。⑧自由市场。是指政府在基本不介入的情况下,由消费者自行安排某种服务并选择生产者。⑨志愿服务。是指由志愿人员和慈善组织提供的公共服务项目。⑩自我服务。是指个人通过自我帮助、自给自足的方式提供公共服务。它是公共服务的最原始供给方式。

表 2-2 公共服务提供—生产安排

生产者	提供者(规划者)	
	公共部门	私人部门
公共部门	政府服务	政府出售
	政府间协议	
私人部门	合同承包	自由市场
	特许经营	志愿服务
	政府补助	自我服务
	凭单制	

资料来源:萨瓦斯.民营化与公私部门的伙伴关系.周志忍,等译.北京:中国人民大学出版社,2002:70.

在这里,萨瓦斯不仅区分了服务的提供者(规划者)和服务的生产者,还将这两个主体进一步细分为公共部门和私人部门。表 2-2 中的"公共部门"是指政府,而"私人部门"既包括自由市场,也包括社会组织和公民。上述 10种公共服务供给方式中,只有政府服务和政府间协议的生产者和提供者是公共部门,其他 8 种都不同程度地涉及私人部门。这 10 种供给方式既可以单独使用,也可以混合使用,从而形成公共服务供给的多中心制度安排。以城市公共交通为例,既有特许经营的出租车和地铁服务,也有政府补助的公交服务、自由市场的包车服务以及私家车的自我服务。

随着公共服务供给由单一中心机制向多元中心机制转变,萨瓦斯又讨论了公共部门和私人部门在提供服务过程中所结成的伙伴关系。他认为这种多中心供给机制并不意味着政府可以放弃公共服务的安排责任，只是政府履行责任的方式发生了变化，政府应该是个安排者，决定什么应该通过集体去做、为谁而做、做到什么程度和水平、怎样付费等。

供应和生产的划分与适当分离，一方面有助于我们更好地厘清政府公共服务供给的职能——汇集和表达公民的不同利益诉求，确定所需要提供的服务和产品的类别、数量及其标准，安排相应的财政投入，组织和监督生产，从而满足公民诉求，对公民负责。做好了这几个方面，一个政府即使不承担任何生产性职能，它也称得上是一个负责的政府。另一方面，公共服务提供与生产分开的理论为公共服务供给主体多元化奠定了理论基础。政府供给的公共服务并不意味着政府独家直接生产，在提供方面，可以由政府筹资，也可由非营利组织进行安排，私营机构也可以进行投资；在生产方面，政府、非营利组织、私营机构乃至公民个体都可以从事公共服务的生产，生产方式呈现多样化特征。由此，公共服务生产者和提供者的分离扩大了公共服务的供给范围，使得政府有了多种提供公共服务的制度安排和工具选择。

一个政府作为集体消费单位通过如下途径获取公共服务①：

(1)经营自己的生产单位。

例子：一个城市拥有消防或者警察机构。

(2)与私人公司签约。

例子：一个城市与一个私人公司签约提供扫雪、街道维修或者交通灯保养服务。

(3)确立服务标准，让每一个消费者选择私人承包商，并购买服务。

例子：一个城市签发许可证提供出租车服务，或者拒绝垃圾收集公司来清扫垃圾。

(4)向家族签发凭单，允许他们从任何授权供给者处购买服务。

例子：管辖单位签发食品券、租用凭单或者教育凭单，或者建立医疗补助项目。

(5)与另外一个城市政府单位签约。

例子：一个城市政府，从县政府那里购买税收估算和收集服务，从特别卫生管区那里购买污水处理服务，从邻近城市的学校董事会那里购买特别假期教育服务。

---

① 奥斯特罗姆V,奥斯特罗姆E.公益物品与公共选择.//麦金尼斯.多中心体制与地方公共经济.毛寿龙,译.上海:上海三联书店,2000:113.

（6）某些服务由自己生产，其他服务则从其他管辖单位或者私人企业那里购买。

例子：一个城市有自己的巡逻警察力量，但从县行政司法长官那里购买实验室服务，与若干邻近的社群一起承担共用的调遣服务，向私人急救公司付费提供紧急医疗运输服务。

三、新公共管理理论和新公共服务理论

20世纪80年代以来，西方国家进行了一场声势浩大的公共行政改革实践，胡德（Christopher Hood）将这一改革运动命名为"新公共管理"（New Public Management，NPM）并进行了比较总结和理论概括。他认为，新公共管理包括七项学理特征（doctrinal components）：公共领域的专业化管理；明确的产出目标和绩效评估标准；重视产出控制；公共部门分散化；引入竞争机制；重视对私营部门的管理方式；强调对资源的节约和有效利用。

此后，一批学者对新公共管理理论进行了进一步的发展，始终以公共物品及服务的有效供给或好的治理作为核心主题。按照新公共管理理论，政府公共服务供给以追求"3E"（economy，efficiency，effectiveness），即经济、效率、效能为基本目标，体现以下理念：①"掌舵"而不"划桨"。政府在公共服务中应该把决策和执行分开，削减政府规模，减少开支，使政府更多地关注公共服务决策，把具体的公共服务提供或生产交给更广泛的社会力量、私人部门。②更加重视公共服务的产出和效果，重视公共服务的质量和效率。为此，应明确实施公共服务绩效的目标控制、测评、评估。③强调公共服务的顾客导向。公民作为纳税人，是享受政府公共服务的"顾客"，政府应把自身看作负责任的"企业家"，在公共服务中奉行顾客至上，提高对公众服务需求的回应力，更加重视公众的满意度。④将竞争机制引入公共服务供给中。通过竞争，减少公共服务供给中的垄断性，让更多的私人机构参与到公共服务的提供中来，实现服务供给成本的节省、供给质量和效率的提升。⑤在公共服务供给中采用私人部门的管理手段。如强调成本—效率分析、重视人力资源管理和全面质量管理、推行服务承诺制等。⑥通过分权、授权实现公共服务的参与式、协作式供给。上级政府将更多的公共服务供给权限和生产责任下放给下级政府、社会组织和社区，发挥分散性所带来的灵活性、创新性、回应性等方面的优势。

新公共管理理论对政府公共服务供给的改革具有很大的指导作用，如要更加注重公共服务的产出和结果，力图提高公共服务的效率和质量；强调

公共服务机构的分散化和小型化(如一站式服务);将竞争机制引入公共服务的供给;强调公共服务供给的多元化等。但它也受到很多批评。例如,新公共管理理论盲目采用私人企业的管理方法,容易发生价值取向偏差;新公共管理理论强调对产出或绩效目标的测量和评估,但公共服务的目标是公共利益最大化,并且许多公共服务项目的成本、产出和效果都是难以量化的;新公共管理理论倡导的公共服务顾客导向要求对待接受服务的公民像对待市场中的消费者一样,这很容易导致弱势群体的需求和利益被忽视;新公共管理理论主张公共服务市场化,又在很大程度上夸大了政府失灵的程度,并无视了公共服务供给中市场失灵的不可避免和不可控制等。为此,登哈特夫妇在对新公共管理理论进行反思和批判的基础上提出了新公共服务(New Public Service,NPS)理论,该理论的七大原则是:①服务于公民,而不是服务于顾客;②追求公共利益;③重视公民权胜过重视企业家精神;④思考要具有战略性,行动要具有民主性;⑤承认责任并不简单;⑥服务,而不是"掌舵";⑦重视人,而不只是重视生产率。①

新公共服务理论不是对新公共管理理论的简单否定,而是一种理性的反思和建设性的批判。它将民主、公民权和公共利益的价值重新肯定为公共行政的卓越价值观。这一理论范式在实践层面更突出政府公共服务的功能,强调政府在提供公共服务时要给予公众更大的选择权——公众是一个主动获取而非被动接受公共服务的角色。政府在决定应该以什么方式、为什么人、提供哪些公共服务时,需要从民主、平等和效率三个方面加以权衡。

第二节　地方政府公共服务供给能力及其构成要素

发达国家的经验告诉我们,随着政府提供适宜的公共服务这一基础变量的提高,能够获得使人民的福利状况改善和经济发展环境优化的乘数效应。围绕地方政府公共服务的供给,一直有一些经典问题:为什么一些地方政府能够比其他地方政府提供更多的公共物品?哪些因素影响着地方政府公共服务供给的水平?对此学术界已经有相当多的讨论,并形成了观点鲜明的两派:一派聚焦公共服务供给的需求面(demand side),强调不同的社会

---

①　登哈特 J V,登哈特 R B.新公共服务:服务,而不是掌舵.北京:中国人民大学出版社,2010:31.

偏好形塑公共服务供给的模式;另一派坚持公共服务的供给面(supply side),指出财政资源以及地方政府官员的专业化水平是影响公共服务供给的关键要素。不管聚焦哪一面,事实上,都与地方政府公共服务供给能力密切相关。

一、公共服务供给能力的内涵

供给是公共服务能力实现过程中的一个重要环节。地方政府公共服务供给能力的高低,在一定程度上直接决定着地方政府公共服务能力和区域性民众对公共服务的满意度。

对公共服务供给能力的定义,目前学术界也还未形成统一的观点,对公共服务供给能力有广义和狭义两种解释。广义上的公共服务供给能力等同于公共服务能力,而狭义上的公共服务供给能力更注重"供给"二字。杨国栋认为,地方政府公共服务供给能力是指地方政府在供给地方公共服务过程中的能力和效用。[①] 刘波等提出,公共服务供给能力是指政府在有限资源的条件下,为满足社会成员的需求而提供公共物品的能力的总称,他们主要考察了政府如何把有限的资源转化为无限的服务。[②]

本书的研究基于狭义上的解释,我们认为公共服务供给能力指公共服务供给主体通过整合资源,生产、提供公共服务以满足社会成员公共需求的过程,这一过程的结果表现为某类公共服务或公共服务产品,一般具有直观的、可衡量的特点。

本书认为公共服务的供给能力主要包含两层含义。

一是公共服务的供给能力必须以社会需求为导向。根据公民的需求而不是政府的需求来提供公共服务,这是新公共管理理论和新公共服务理论的核心理念。有需求才会有供给,需求是供给的动力,需求的满足又是供给的目的。公共服务供给与民众普遍关注的民生问题息息相关,公共服务的提供必须以不断满足社会的公共需求为前提和目的。而社会公共需求是随着人民生活水平的不断提高而不断变化的。在人均国民收入水平极低,处于极不发达状态时,民众的公共需求较少,人们的需要主要集中于衣、食、住、行等基本的生理与生存需要。当人均国民收入处于中等收入水平时,人

---

① 杨国栋.论我国地方政府公共服务供给能力提升的行动逻辑.江西行政学院学报,2007,9(3):16-20.

② 刘波,崔鹏鹏.省级政府公共服务供给能力评价.西安交通大学学报(社会科学版),2010,30(4):44-50.

们的基本生存需要已经得到满足,人们开始追求享受的需要与发展的需要,要求政府提供满足享受的公共需求的服务,突出地体现在如城市自来水供应、环境保护与绿化、城市交通快速道建设、公共娱乐与教育场所建设等。当人均国民收入处于发达水平时,人们就会追求自尊、自由和自主的需要,要求政府放松各种经济性和社会性的管制,并要求政府发展高科技,提高国家核心竞争力等。① 因此,在经济发展与人民生活水平的不同阶段,公共需求是不同的。

而社会公共需求的变化决定了政府公共服务供给范围的变化,由此决定了政府公共服务供给的重点和范围不同。在经济发展初期阶段,政府需要提供社会基础设施,进行人力资本投资。经济进入成熟期,公共支出的主要对象又从提供社会基础设施,转向提供教育、卫生和福利、社会保障和收入再分配。当人均国民收入超过贫困线后,人们的消费模式发生变化,对政府提供公共服务提出更高更多元的发展性要求,在高等教育、健康设施、停车场、高速公路和空间探索等方面的公共需求大量增加。当人均国民收入处于发达水平时,人们就会追求自尊、自由和自主。

政府作为公共服务的主要提供者和负责者,只有不断改善和提升政府自身对公民需求的识别、判断能力,才能使公共服务供给与民众的公共需求有效对接,进而有效缩小公众需求与公众满足之间的差异。唯此,政府提供的公共服务才具有有效性。

二是公共服务的供给能力与政府财政有内在联系。政府的财政收入与支出是公共行政活动运行的一大基本保障,政府公共产品的生产和提供都是通过政府财政运作来实现的,公共资源在财政机制的运作下向社会提供公共产品和服务,满足社会需求。财政运作是公共服务供给的重要机制,它涵盖了政府的财政汲取能力和财政配置能力。财政汲取能力说的是地方政府集中财力的过程和结果,具体到财力转化为支出的有效性如何,却是在汲取环节中不能体现的。② 如果一个地方政府的财政汲取能力很强,但财政配置能力较弱,那么就意味着该地方政府公共支出结构不合理,未能有效地提供辖区居民需要的公共服务。

一般说来,地方政府的财政汲取能力是地方政府公共服务供给的前提和

---

① 李军鹏.公共服务型政府.北京:北京大学出版社,2004:2-3.
② 卢洪友,贾智莲.中国地方政府财政能力的检验与评价——基于因子分析法的省际数据比较.财经问题研究,2009(5):82-88.

物质基础,但如果地方政府不能进行有效的配置,地方政府公共服务仍然无法满足公众需求,其公共服务供给能力必然也受到严重制约。有学者对此进行了相关量化研究后,得出结论:①就总体而言,财政均衡与地方政府公共服务供给质量呈现正相关,并且结果显著。也就是说地方财政均衡度水平越高,其公共服务供给质量越好。②作为衡量地方政府偏好的指标,基础设施投资与地方政府公共服务供给质量呈负相关。尤其是东部地区,基础设施投资与东部地区的公共服务供给质量呈现负相关,且十分显著,这是因为晋升"锦标赛"使得地方政府更偏好于基础设施类投资,而东部地区已有的学校、医院等基础建设均已较为成熟,再追加投入并不会提升公共服务供给质量,反而因财政配置错位而影响公共服务的有效供给。③财政负担水平与地方政府公共服务供给质量呈现负相关,且较为显著。这表明地方政府的自身消费偏好对公共服务供给质量起到了十分明显的阻碍作用。① 故而,正常的财政运转意味着良好的财政收入和有效的财政配置,它会直接促进公共服务供给的健康发展。可以说,政府公共服务的财政投入,往往是衡量地方政府公共服务供给动机及能力的最直观因素。

二、地方政府公共服务供给能力的构成要素

学者对地方政府公共服务供给能力的考察主要从两个方面展开:一是从地方政府本身所拥有的人、财、物等固有资源来确定供给能力的大小;二是以现实中公共服务的供给过程与现状来评价政府的供给能力。

鉴于地方政府公共服务供给能力的概念内涵,公共服务的供给实际上是公共服务输出的过程而非结果,任何公共服务的供给都离不开资源的投入,即公共服务供给的规模绩效;资源投入之后产出的效果也应该被重视,即公共服务供给的效率(efficiency)——公共资源如何配置才能达到经济和社会效益的最大化,即供给的生产效率;公共服务作为公共物品,其内在属性就是满足民众的公共需求,政府提供的公共服务最终必须由公众的满意度来检验和衡量,即社会效果(effect),它是公共服务供给能力最后的试金石。基于动态过程,我们构建了公共服务供给能力构成要素的分析框架,包括以整合为重点的公共服务供给核心能力,以过程为依据的公共服务供给内在能力,以结果为导向的公共服务供给外显能力,如图2-2所示。

---

① 辛方坤.财政分权、财政能力与地方政府公共服务供给.宏观经济研究,2014(4):67-77.

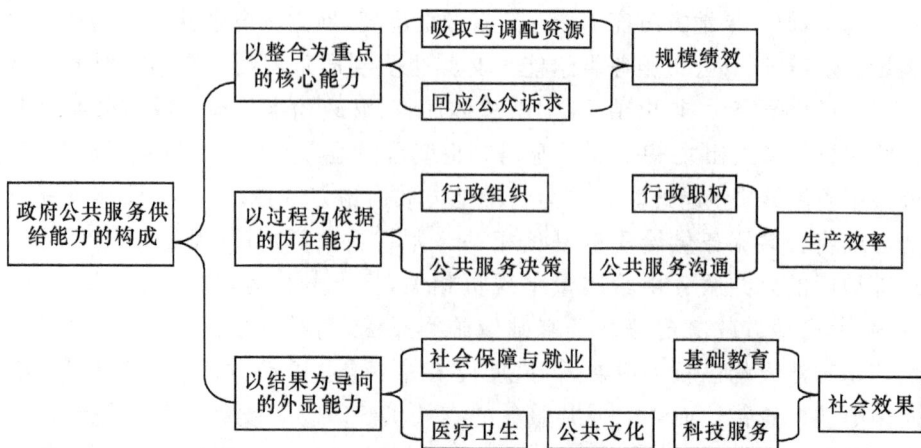

图 2-2　公共服务供给能力构成要素的分析框架

（一）以整合为重点的公共服务供给核心能力

以整合为重点的公共服务供给核心能力是指地方政府在公共资源有限甚至稀缺的条件下，通过对公共资源的吸取、调配等方式进行有效整合，尽可能多地提供各类公共服务。它重点考察的是公共服务供给的数量规模问题，直观上的理解就是地方政府公共服务的财政支出表现，虽然不能以财政支出来涵盖所有的公共服务的供给规模，但是所有的投入资源都离不开财政支出的保证。

对于政府提供的公共服务标准规模，一般有两个方面的考虑，一是从社会公众的公共需求方面，政府应该提供的公共服务数量、规模必须满足社会需求，也就是说满足社会需求的公共服务供给数量就是政府应该提供的规模标准。但这一标准的实现还只是停留在理论阶段，首先，社会公众需求的衡量是一个复杂的过程，且不说调查的困难性，不同地区、不同背景的公民对于公共服务的需求也有不同的看法和感受，故而在操作上，很难设计出一个确凿的需求标准。其次，我国现阶段正处于经济发展和体制变革之中，经济发展的优先建设目标、GDP"锦标赛"的思维惯性等仍然会限制对公共服务的资源配置。二是从政府角度来看，在当下的特定体制环境下，地方政府也试图寻找公共服务供给的标准。但是很遗憾，对于公共服务的供给规模我国并没有明确的标准。也正因为如此，政府对于公共服务的供给规模问题的分析进入一种两难的境地。一方面，民众觉得政府公共服务的规模方面存在不足；另一方面，政府每年的公共服务支出都在增长，但还是避免不了供给不足的问题。问题的症结就是缺乏一定的标准来确定多大规模的公共服务供给是足够的。上述两难的困窘对地方政府在公共服务供给过程中的资源整合能力提出了极高的挑战。一方面,在整体资源有限而需求无限且多元的张力下,地方政府首先要有较强的对公众需求的识别能力、排序能力和对公众诉求的回应能力;其次,要有对公共资源较强的吸取与调配能力。另一方面,评价各级政府的公共服务供给中的核心能力不仅要重视整合资源的能力,同时还应该重视行政职能部门之间的配合,以减少我国行政管理中"条条块块"的负面影响,最大化地利用公共资源提供公共服务。

(二)以过程为依据的公共服务供给内在能力

以过程为依据的公共服务供给内在能力是指公共服务供给主体自身所具备的各种要素。这些要素决定着公共服务供给能力的强弱,在行政管理和公共服务供给过程中发挥着基础作用,主要包括行政组织、行政职权、行政决策、沟通协调等。

行政组织是指依据一定的宪法和法律程序建立的,行使国家行政权力,管理社会公共事务的政府组织机构。行政组织是实现公共利益、公共福祉的载体和平台。提升公共服务供给能力、建设服务型政府离不开行政组织能力的有效发挥,其关键是具有强大的整合能力,即通过内联、外协、上承、下接等技术手段,整合政治系统内外的各种需求、支持,如图 2-3 所示。重视行政组织公共服务能力的发挥,优化行政组织结构已经成为各国行政组织管理的重心所在。

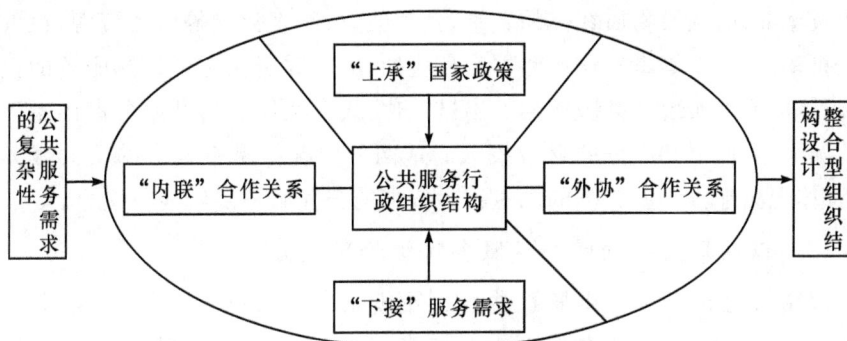

图 2-3 公共服务行政组织结构体系

资源来源:曾维和.当代西方国家公共服务组织结构变革.北京:中国社会科学出版社,2010:226.

　　行政职权是依法定位到具体行政组织结构中的行政权,是各行政主体实施行政管理活动的资格及其权能。行政职权必须符合法定的公共目的和范围,旨在谋求和保护社会公共利益,同时保护行政相对人的合法权益。行政职权配置的公益性、服务性在很大程度上决定着政府行政组织的公共服务能力。

　　公共服务行政决策能力直接影响公共资源的调配,间接决定着公共服务供给的质量和数量。公共服务行政决策能力受到决策方式、决策程序、公民参与程度、执行过程等环节的影响。完善公众参与决策渠道,建立科学、民主的决策机制是地方政府提升公共服务行政决策能力的重中之重。

　　公共服务沟通能力包括地方政府与上级、平级及下级的沟通能力。良好的公共服务沟通能力保证了公共服务政策贯彻的连贯性,节约了政策执行成本,提升了公共服务的供给效率。公共服务上的协调能力是指政府通过各部门内部、部门间合作、与第三部门合作等方式对资源进行获取、整合和调配的能力。

　　在投入规模确定的前提下,以过程为依据的公共服务供给内在能力的强弱与公共服务供给的效率高低呈正相关。"效率"一词有很多的意义,从管理学角度来讲,效率是指在特定时间内,组织的各种投入与产出之间的比例关系,简单来说就是要实现产出最大化或者投入最小化。

　　由于公共服务的生产效率考察的是投入与产出的关系,因此我们定义公共服务的投入资源就是公共服务的财政支出,而公共服务的产出就是投入所产生的公共服务的产出量,公共服务产出量有不同的表现形式,可以是公共图书馆及藏书、医院等物质载体的数量,教师数量、医生数量等人力资源,也可以是文盲率、升学率等事实比例数据。相应的,地方政府在保证公共服务的投入下,应尽可能地实现公共服务的产出最大化;或者在保证公共服务产出量不变的情况下,降低公共服务的财政投入。这两种情况都是有效率的公共服务供给,都体现出地方政府较强的以过程为依据的公共服务供给内在能力。

　　(三)以结果为导向的公共服务供给外显能力

　　以结果为导向的公共服务供给的外显能力,是指公共服务供给主体通过整合公共资源来达成各项公共服务供给中所产生的公共服务的实际效果,它是地方政府公共服务供给能力的外在化。公共服务供给的外显能力可以通过公共产品、公共服务各项指标的完成情况,特别是以公众的满意度来衡量,或以满足辖区不同群体的公共需求从而使其享有平等的公共服务来进行测评。

从经济学理论上讲,所有商品的边际效用都是递减的,当然也包括公共服务,即某个人享用公共服务的效用随着数量的增多而递减。如果给某些人提供每年一次的免费体检,这些人将会从中取得最大的效用,而当给他们提供每年两次免费体检,则第二次体检的效用将有所下降,这是因为每年一次的体检对于大部分健康的人来说已经足够,第二次再去体检的欲望已然不那么强烈,所以如果我们把给这些人的第二次体检机会给其他没有体检过的人,则效用达到最大化。依此道理,如果公共服务产品的配置能够匹配公众的多样需求,则社会效率能达到最大化。

社会保障是各级政府在完善社会保障、社会福利,提高全体社会成员,尤其是一些特殊社会群体的生活水平的核心职能之一。养老保险、医疗保险、工伤保险的参保比例及社会保障与就业的财政支出反映出各级政府在社会保障方面的公共服务供给能力。

基础教育也是检测各级政府公共服务供给能力的基本标准之一。在知识经济时代,提高教育资金的投入比例,提供高质量的基础教育设施,营造良好的基础教育氛围是提高国家综合竞争实力的前提和基础。

医疗卫生直接关系着民众的健康权益,是政府公共服务供给的重中之重,也是民众关注和关心的焦点问题。随着中国社会经济的发展,医疗卫生服务越来越不能满足人们日益增长的健康需求,如何有效缓解"看病难,看病贵"的突出问题,实现"就好医,好就医"已成为提升各级政府公共服务供给能力的重要工作。

随着人们环保意识的不断加强,公共环境方面的供给能力成为公共服务供给能力必不可少的一部分,公共环境包括社会环境和自然环境。各级政府在社会环境方面的公共服务供给能力可从公交数量、公厕数量、城市供水管长度等方面来衡量,而自然环境方面的公共服务供给能力则可从人均绿地面积、污水处理能力等方面来量化测评。

通过上述对核心能力、内在能力、外显能力的分析可知,三者是一个有机的、密不可分的统一整体。核心能力是公共服务供给的基础,主要是对公共资源的整合和对公众需求的回应;内在能力是公共服务供给实现的主要途径,包括行政组织自身的职能结构、决策机制、公务员的价值取向等;各项具体的公共服务是公共服务供给能力表现的最终结果。

第三节 地方政府公共服务供给能力建设的
思考:基于宁波市的分析

近年来,宁波市各级地方政府一直致力于完善公共服务体系,不断增强公共服务能力,以期不断满足社会的公共需求。整体来说,宁波市地方政府公共服务水平走在全国前列。但在公共服务发展取得明显效果的同时,我们也发现,在公共服务能力的诸要素中,宁波的公共服务供给能力相对较弱。《中国城市政府公共服务能力评估报告(2016)》显示,在 19 个城市公共服务供给能力的排名中,宁波倒数第七。[1] 虽然相对于 2013 年的倒数第三,已有明显进步,建设成效初显,但也说明宁波市地方政府的公共服务供给能力仍有诸多不足,建设上依然有较大的成长空间。

一、宁波市地方政府公共服务供给能力的现状

关于宁波市地方政府公共服务供给能力的现状,我们可以从公共服务供给效率和公共服务供给效果两个方面来阐述。公共服务的供给效率是指公共资源的投入产出效率,它能够反映公共服务效果与其耗费的公共服务资源之间投入与产出的关系。[2] 而公共服务的供给效果主要表现为政府在这方面的支出范围以及公众对其的反响。这两个方面密不可分,在公共服务效率提高的同时,公共服务的效果也在提升,政府投入增多,涉及的领域也不断扩大,公众对公共服务的满意度也不断提升。

(一)宁波市公共服务的供给效率

近年来,宁波市各级政府坚持"发展是第一要务,民生是第一政绩"的理念,将解决民生问题作为政府工作的重中之重,持续出台了一系列保障和改善民生的政策措施,明确提出,把新增财力用于改善民生,不断加大在医疗卫生、教育、社会保障与就业等方面的财政投入。2010—2011 年,总体来说,宁波的公共服务供给在量上有所增长,如表 2-3 所示。

---

① 何艳玲.中国城市政府公共服务能力评估报告(2016).北京:社会科学文献出版社,2016:13.

② 王伟同.中国公共服务效率评价及其影响机制研究.财经问题研究,2011(5):19-25.

表 2-3　2010—2011 年宁波市各项民生性公共服务支出情况

项目	2011 年各项支出/万元	2011 年各项支出增长率/%	2010 年各项支出/万元	2010 年各项支出增长率/%
公共安全	519843	16.67	445571	17.55
教育	1176706	31.81	892738	15.78
科学技术	281531	27.13	221455	30.51
文化体育与传媒	111152	0.15	110982	3.38
社会保障与就业	586277	70.29	344275	18.74
医疗卫生	471820	28.94	365932	19.55
节能环保	111516	−42.48	193880	242.10
总和	3258845	26.57	2574833	23.80

资料来源：2010—2011 年宁波统计年鉴。

　　宁波在公共服务领域的投入范围极广,涉及基础公共服务领域、社会公共服务领域、经济公共服务领域等。基础公共服务主要是指人民生活中的必需品,如水、电、交通、娱乐场所等,是人民生活中必不可少的一部分。而社会公共服务主要包括教育、医疗卫生等方面,是用来满足民众生活发展以及自身内涵提升的服务,这也是民众的直接需求。另外,经济公共服务主要涉及政策的推广、科学的普及以及咨询服务,如 81890 服务平台、96178 投诉中心等。政府在多个领域的投入,进一步满足了人民的需求,确保人民生活更加美好。

　　从公共服务的范围或项目扩展的角度来看,七八年来,宁波在环境保护和城乡社区两大公共服务供给领域的支出增幅特别耀眼。《2010 年宁波市国民经济和社会发展统计公报》第一次列举了环境保护的支出增幅,同比增长 242.1%,2013 年和 2014 年增幅均在 25% 以上。在环保支出总量快速增长的基础上,2015 年节能环保支出同比增长 56.6%(见表 2-4)。这一供给支出的增加,在一定程度上体现了政府对民众对"天更蓝水更绿"的环境需求的敏锐识别和有效回应。

表 2-4　2010—2015 年环境保护(节能环保)支出增长率

年份	2010	2011	2012	2013	2014	2015
增长率/%	242.1	——	——	25.2	28.2	56.6

城乡社区的支出这两年异军突起。城乡社区支出在《2014 年宁波市国民经济和社会发展统计公报》中第一次明确单列,增幅为 22.2%。2015 年,城乡社区专项支出增幅更是高达 38.4%。这进一步表明宁波市各级地方政府的公共服务供给更关注基层,更"接地气",更契合民众的真实需求,进而有效满足辖区居民的公共需求。

从总体发展趋势上来看,七八年来宁波市民生性公共服务支出绩效指数总体呈现良好的增长趋势。公共教育、公共卫生、社会保障和就业、环境保护和科学技术的绩效都有较大的提高。

(二)宁波市公共服务的供给供给效果

2016 年 6 月 29 日,上海交通大学民意与舆情调查研究中心发布 2016 年《中国城市公共服务满意度调查》报告。该中心采用了国际先进的计算机辅助电话问卷调查系统(CATI),对中国 35 个主要城市的 3500 位居民进行了随机抽样和电话问卷调查,通过数据分析得出全国公共服务整体满意度十佳城市。调查报告的数据显示,35 个受访城市中,宁波的公共服务整体满意度拔得头筹,如图 2-4 所示。

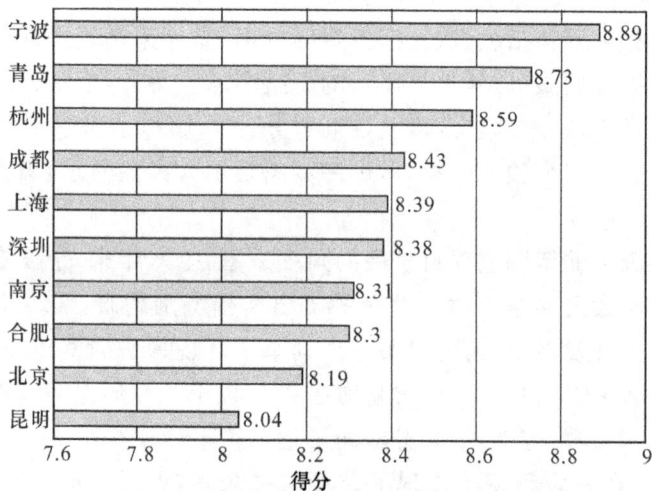

图 2-4　2016 年全国公共服务整体满意度十佳城市

资料来源:宁波排名中国城市公共服务满意度第一.(2016-07-01)[2016-08-18]. http://gtoc.ningbo.gov.cn/art/2016/7/1/art_158_378080.html.

本次调查的评价体系主要有两大维度:基本公共服务维度和政府服务维度。每个维度包括多项评估指标。本次调查公布的数据中,宁波不仅基本公共服务整体满意度排名第一,而且在基本公共服务维度中,宁波在"中小学教育""公立医院服务""房价稳定""基础设施建设""休闲娱乐设施建设"和"公共交通"等分项上均排名全国第一;在政府服务维度中,宁波在"政策制定的公众参与情况"分项上位列全国第一。

2015年年底,中国社会科学院马克思主义研究院、华图政信公共管理研究院、社会科学文献出版社联合发布《公共服务蓝皮书:中国城市基本公共服务力评价(2015)》。蓝皮书通过优化的基本公共服务力评价指标体系和24549份调查问卷,从公共交通、公共安全、公共住房、基础教育、社保就业、医疗卫生、城市环境、文化体育、公职服务等九个方面,对全国38个主要城市的基本公共服务力进行了全面评价和深入研究。调查结果显示,在全国38个主要城市基本公共服务满意度评价排名中,宁波位列第二。宁波市的公共交通满意度、公共安全满意度、基础教育满意度、社保就业满意度、文化体育满意度均排在前三名。

为了更真实地掌握公众对地方政府公共服务供给的满意度,2016年上半年,本书课题组成员先后两次到宁波市北仑区柴桥街道的瑞岩社区等地调研,通过实地考察、自由访谈、问卷调查等多种形式搜集相关资料,听取社区居民对地方政府公共服务供给情况的评价和建议,集中测度居民对社区公共服务的满意度。由于公共安全、便民服务、文化教育和医疗卫生等公共服务与基层民众关联度极高,因此我们主要围绕这三项公共服务供给的满意度而展开调研。其中满意度最高的是公共安全,有85%以上的居民认为治安良好。认为便民服务"种类齐全、便捷高效"的达到72.6%,这说明居民对社区提供的便民服务总体满意。对文化教育和医疗卫生等服务的硬件设施的满意度也较高,但对这些服务的软件满意度相对较低,如对社区医生的专业技术,对社区各种文化娱乐活动的丰富性、喜闻乐见性等还不甚满意。

二、宁波地方政府公共服务供给能力的瓶颈

虽然近些年宁波地方政府在公共服务供给能力方面,无论是投入规模还是产出效果,均有较大提升,特别是公众的满意度总体较高,但从横向比较来看,宁波地方政府公共服务供给能力相对较弱,在全国19个城市中排名第13[①],这是不争的事实。

---

① 何艳玲.中国城市政府公共服务能力评估报告(2016).北京:社会科学文献出版社,2016:13.

(一)公共需求膨胀与供给投入增长有限间的矛盾

著名经济学家斯蒂格利茨指出,公共产品在消费上接近于一种奢侈品,即其收入弹性大于1,这决定了其在需求方面的增长要快于国民收入的增长。据研究,在人民生活水平达到小康阶段之后,吃穿需求的长期收入弹性都低于0.4,住的需求弹性仍低于1.0,但教育、医疗等社会公共需求的弹性却高达1.6。在生活需求消费型向发展型升级的过程中,人们在医疗、文化、教育等方面的支出增长速度远高于总消费的增长,同时居民消费结构也随之升级,人们开始追求优质有效的公共服务。作为经济发展较快、居民个人收入较高的宁波,其公共产品和公共服务供给面临着双重的压力,即对公共服务数量的需求高速增长以及对公共服务质量的需求开始升级。

随着服务型政府建设的深入,扩大公共服务投入的政府意愿在不断提升,然而在实际中,虽然公共服务支出的现实规模持续扩大,规模绩效也不断提升,但近些年来宁波地方经济发展的增幅放缓(见图2-5),这直接制约了宁波地方政府用于公共服务的支出,其增幅也难免放缓。财政支出的受限,给公共服务供给能力的提升带来实质上的困难。

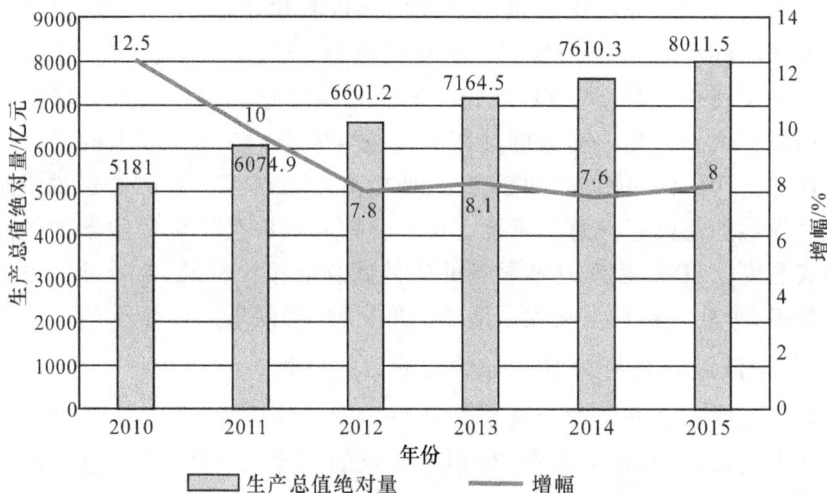

图 2-5　2010—2015 年宁波市地区生产总值及增幅

资料来源:《2015 年宁波市国民经济和社会发展统计公报》。

(二)公共服务传统供给结构与现代需求之间的错位

从现实情况看,宁波市政府有限的公共服务配置不合理,许多现代社会所需要的政府服务未能及时跟上,如老龄人口服务、流动人口服务、农村公共服务、就业服务、贫困群体服务、信用服务、信息服务、法律服务等都存在着一定程度的缺位现象。以宁波市公共自行车为例,只在市中心及周围配备了完善的公共自行车服务,而在乡镇地区缺乏公共自行车的配备,没有很好地完成服务民众"最后一公里"的任务。公共服务配置的合理程度也会影响宁波市地方政府公共服务供给能力提升。

另外,盲目扩建公共服务项目。有的一味扩大政府直接投入,超出政府财力所及,造成骑虎难下的局面;有的为了快出政绩,大举兴建超出本地财政能力的政绩工程,"寅吃卯粮"也并非空穴来风。

(三)大量外来人口涌入与公共服务资源超负荷运转之间的矛盾

随着社会经济的发展,宁波已成为外来流动人口就业、生活的首选城市之一。2011 年,宁波市人口普查领导小组办公室发布了《宁波市 2010 年第六次全国人口普查主要数据公报》,相关数据显示,至 2010 年 11 月 1 日零时,宁波市常住人口为 760.57 万人,同 2000 年第五次全国人口普查时相比,增加了 164 万余人,增长 27.56%。市外流入人口大幅增加是宁波常住人口快速增长的主要原因,全市常住人口中,市外流入人口为 228.85 万人,占 30.09%,相当于每 3 个常住人口中有 1 人是外来人口。[①]《2015 年宁波市国民经济和社会发展统计公报》显示,2015 年年末,全市拥有户籍人口 586.6 万人,而宁波常住人口为 782.5 万人,这近 200 万人的增量主要是市外流入人口。

近些年,宁波市本着"基本、普遍、平等、均衡"的理念要求,致力于解决外来流动人口最关心、最现实、最直接的民生问题,努力使他们在宁波工作安心、生活舒心。"民生服务一体化"使外来流动人口在全市经济、政治、文化、社会建设中越来越能享受到市民化待遇。

外来人口的大量涌入和越来越充分的市民化待遇,不可避免地摊薄了宁波的公共服务资源。如外来人口进入宁波带来了丰富的青壮年劳动力的同时,也带来了幼儿及青少年的教育问题:一方面,进城务工人员子女呈现快速增长、就学困难的现象;另一方面,教育资源超负荷运转,这一矛盾在外来人口比例较高的宁波显得尤为突出。

---

① 第六次人口普查 宁波 10 年增 160 万人 增幅浙江第一.(2012-10-24)[2016-8-10]. http://news.xinhuanet.com/city/2012-10/24/c_123865398.htm.

(四)公共服务供给的主体单一化与公共服务供给责任之间的张力

在传统公共服务供给模式中,公共服务一直由政府提供,并由政府控制。各级政府一直将提供公共服务视为"天职",也一直试图凭借自己的努力来满足公众日益多元化的公共需求,提供让公众满意的公共服务。但是政府的能力是有限的,对于这些需求,政府明显表现出力不从心的状态。如今,在宁波乡镇、社区中存在休闲设施器材破损的现象,而政府却无暇对设施器材进行管理修复,导致许多器材荒废。尽管政府极力想要修复设施器材,但是精力是有限的,政府无法辐射到每个角落。

而事实上,地方政府对公共服务供给的责任承担问题的理解过于狭隘。世界银行编著的《2004 年世界发展报告:让服务惠及穷人》,从厘清公共服务四个参与方之间的责任关系入手,用"责任"(accountability)一词将服务供应链中的各方联结起来,提出了一个广为流传的公共服务供给分析框架(见图 2-6)。

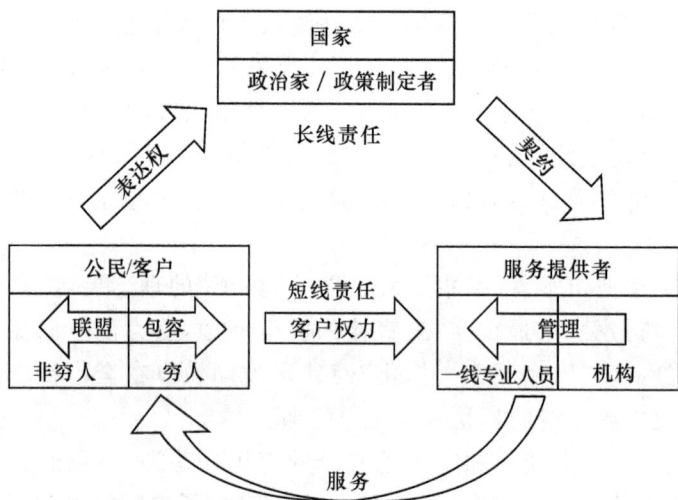

图 2-6　公共服务供给的责任分析框架

资料来源:世界银行.2004 年世界发展报告:让服务惠及穷人.本报告翻译组,译.北京:中国财政经济出版社,2004:49.

发展报告将责任视为公共服务供给的核心概念。在公共服务供应链中,有四大类参与方:公民/客户、政治家/政策制定者、服务提供者和一线专业人员。参与者之间都有一定的责任关系相连,任何责任关系的缺失,都将造成公共服务的失败。上述责任关系又分长线责任和短线责任两种。短线责任是指将决策和权力直接交给公民或者客户，一般以交易为基础，通过交易使公民直接表明自己的服务需求，使服务提供者直接对客户负责，同时可以监督服务供给情况和提供者的表现。在公共服务中更多的是长线责任，通过表达权和契约来构成长线责任中的控制机制。表达权是指公民委托政治家为他们的利益服务，通过纳税为政府筹资；而契约将政策制定者和机构服务提供者联系起来，这种契约关系并不像合约那么具体并具有法律强制性。

三、增强地方政府公共服务供给能力的建设路径

通过分析宁波地方政府公共服务供给能力方面存在的瓶颈，在借鉴已有研究成果的基础上，我们认为，增强地方政府公共服务供给能力的建设路径如下。

(一)理念创新：确立普遍均等与惠及全民的公共服务理念

普遍均等是公共服务提供的过程与手段，而惠及全民则是公共服务提供所致力实现的目标，两者都是应首先确立的价值目标。公共服务之所以区别于私人服务，是因为它是一种涉及"国民待遇"的服务，公共服务应保证全民享受公共服务和设施的机会均等，使社会全体成员都能够获得经济发展带来的实惠。

不过，公共服务同时具有地域性和时效性的特点，这必然使得不同经济发展水平、不同发展阶段的地区提供公共服务的类型、数量和质量不同。因此，普遍均等原则包括两个方面：全体公民平等获得最低限度的公共服务和公共服务平等对待每一个公民并向辖区所有公民开放，即政府提供的公共服务是一种普遍性服务，任何具备某种最低限度资格和条件的公民都有权利获得。

(二)结构创新：确立政府主导、市场和公民参与的合作治理体制

总的来说，我们需要对地方政府提供公共服务模式的结构进行创新。根据公共服务提供与生产分离的理论以及公共服务供给的责任分析，应由不同主体提供不同类型的公共服务。这些公共服务有不同的规模和范围，能够满足不同层次的公民需求，从而形成一种良好的、动态的、有竞争与合作的、可持续性的公共服务供给模式体系。我们可以从公共服务提供的决策体制、管理流程与工具、政府间关系来更深入地勾画地方政府提供公共服务模式的发展框架。

合作治理是这种结构的基本内涵。在公共服务提供机制上，政府部门主要依赖政府的命令机制（合法权威），第二部门主要依赖市场的价格机制

（交互作用），而第三部门主要依赖社群的网络机制（共同价值观和信仰）。①从相互关系上讲，三部门之间的关系已经由原来的"指挥—服从""配合—互补"转化成"合作、协议和伙伴"等关系，它们通过平等、相互尊重和学习等方式组建灵活的合作方式，构建多层次、多面向的公共服务提供体系；从逻辑上讲，政府部门与商业部门（如政府公司）、政府部门与非营利部门（如社群治理）、商业部门与非营利部门（如企业捐赠），甚至三部门之间都可以建立广泛的合作伙伴关系。其中，政府根据公共服务的特性，通过授权等合作方式将其交由营利部门和非营利部门来提供，构成了公共行政改革的重要方向。当然，三部门内在特质的差异，决定了它们在公共服务提供上应该具有不同的分工面向，以构建弹性的合作关系。

（三）机制创新：建立满足公民需求的偏好显示机制

适应公民需求，意味着公共服务供给和生产应以"顾客为导向，以公民为导向，重新树立公民在公共服务供给模式中的价值和作用。这同时意味着，公共服务供给模式的好与坏、有效率与否，最终需要看公共服务供给模式是否能够满足公民的需求。简而言之，公共服务供给模式的公民需求导向意味着在公共服务中重新树立"以公民为本、以民众为本、以居民为本"的理念，代替传统"以政府为本、以公共服务供给者为本"的思想。不能够按照传统模式，政府供给什么公共服务，公民就消费什么公共服务。

在公民需求调查中我们看到，尽管教育、医疗和住房问题是公众目前最为关注的问题，但并不是最不满意的领域。公众最不满意的服务领域逐渐从具体的福利性服务转移到了与发展个人能力、满足精神文化需求密切相关的公共服务领域上。而改善公共服务的需求面就必须改变以往自上而下设计供给的制度结构的做法，必须考虑如何通过制度安排让目标群体充分显示其需求偏好，将有限的财政资源在多样化、差异化甚至相互冲突的偏好之间进行排序，根据人民群众最关心、最迫切、最需要解决的问题来确认公共服务的供给重心和次序。从政府的角度看，其作为公共服务的提供者，首先要做的应该是了解公共服务需求，即通过需求偏好的表达机制，如社会调查、论坛、舆论等，了解需要提供的公共服务种类和优先项目。其次才能设定服务标准，建立支付机制，确定服务生产者，执行服务监督等。

---

① 张昕.走向公共物品和服务的可抉择供给体制.中国人民大学学报（哲社版），2005（5）：111-117.

第三章　地方政府公共服务绩效评价能力

一直以来,如何运用科学的理论、研究方法去衡量与评价组织绩效是学者们十分关注的话题。20 世纪 70 年代末以来,随着信息技术的发展、公共部门改革浪潮的兴起,政府绩效评价再次引起大家关注,并迅速在发达国家,甚至在发展中国家得到蓬勃发展。为了推进公共服务绩效评价的开展,有必要探究政府有效开展公共服务绩效评价能力的构成要素,并借鉴国内外经验做法,推进宁波市政府公共服务绩效评价能力建设。

第一节　公共服务绩效评价能力的构成要素与现实意义

近些年来,学者们在对个人绩效、政府组织绩效进行分析与研究的同时,也日益关注对政府的主要职责——提供公共服务的绩效开展评价研究,以试图通过衡量与评价公共服务绩效,发现公共服务供给存在的缺陷与不足之处,从而实现提高公共服务供给效率、改善服务质量与赢得公众信任与支持等目标。从一定程度上而言,公共服务绩效评价是政府绩效评价的一个重要构成部分,因为政府的主要职责就是提供公共服务。为了更好地理解和研究这一问题,本节将在界定绩效、公共服务绩效评价的内涵和基本特征的基础上,阐述公共服务绩效评价能力的构成要素,并从宏观、中观与微观三个层面分析政府开展公共服务绩效评价能力建设的重要意义。

一、公共服务绩效评价的内涵与实施过程

(一)公共服务绩效评价的内涵

一般而言,绩效通常是指个体、组织及其所组织的活动或项目所取得的结果或效果,是个人、组织所产生的客观存在的、有效的行为、过程和结果的系统表征,而绩效评价是指评价主体运用特定的评价指标、评价方法、评价标准等来对某一个体、组织或项目的绩效状况进行客观、公正的衡量与测定。学者范柏乃明确指出,绩效评价是运用科学的标准、方法和程序,对个体或组织的业绩、成就和实际作为做尽可能准确的评价。[①] 而公共服务绩效评价是指作为主要的评价主体的政府为了维护与实现公共利益,对公共服务项目的绩效进行客观、公正的衡量与测定的过程。相较于政府部门绩效评价、公务员个人绩效测定,公共服务绩效评价的评价对象是公共服务项目,即政府所组织的公共服务活动。公共服务绩效评价的内容主要分成两大块:公共服务的供给水平与服务质量的客观测量;公众对公共服务绩效的主观评价。

第一,公共服务的供给水平与服务质量的客观测量。如何客观地测量公共服务供给水平与质量状况?通常政府会从投入、产出与结果三个方面来制定评价指标体系,来客观测量公共服务绩效状况。测量通常采用定量的评价标准,其评价维度主要是经济、效果、效率和公正(4E准则)四个方面。其中经济是指成本标准,用来衡量花去了多少钱或是否按程序花钱;效果是指质量标准,用来衡量提供服务的质量,看服务是否达到预期目的,它关心的是目标和结果;效率是指生产力标准,为产生特定水平的效果所付出努力的数量,简单地说就是投入与产出的关系;公正是指资源分配的公平性标准,用来衡量政府是否在不同公众之间公平分配资源,以及是否非歧视性、公平地对待所有服务对象。

第二,公众对公共服务绩效的主观评价。公众主观评价是基于公众对公共服务质量的感知而进行的定性化测量,其评价主体是社会公众。在公众的主观评价方面,政府偏好于采用公众满意度等软指标获取公众对公共服务绩效的评价结果信息。学者王佃利认为,公众满意度是描述公众对公

---

① 范柏乃.政府绩效评估与管理.上海:复旦大学出版社,2007:9.

共服务可感知效果与他们期望值相比较后所形成的感觉状态的一种量化指标。[①] 例如,美国政府采用的顾客满意度指数(ACSI)、瑞典政府采用的顾客满意度指数(SCSB)。

(二)公共服务绩效评价的实施过程

为了成功地实施绩效评价,作为主要的评估主体的政府通常需要运用科学的评价标准、评价方法,遵循一定的评估程序来对个体或组织在一段时期内所取得的业绩、成就和实际行为做出客观、公正和准确的综合评判。通常而言,绩效评价的实际运作过程可以分成以下四个步骤。

1.制定绩效计划

绩效计划是推行绩效评价活动的第一个环节,后面几个环节都围绕该环节而展开。同时,绩效计划也是一种前置配置手段,通过合理规划任务目标、有效分配组织资源,在组织资源投入阶段对绩效评价活动的开展发挥前置性的控制作用。在制定绩效计划时,通常上级与下级应相互沟通,共同制定绩效目标、实现绩效目标的步骤、具体的评价措施等重要内容,主要涉及每项工作要达到什么结果,每项工作完成的期限是什么,如何来衡量与评判结果,从哪里获得结果信息,为完成评价工作需要提供哪些资源与支持等。

2.实施绩效评价

在制定绩效计划之后,绩效评价机构通常需要采取措施来执行评价计划。一般而言,依据评价主体是否深入现场,可以区分为现场收集信息(即到项目现场收集所需要的信息)和非现场收集信息(即通过查阅文件、资料来获得评价对象的服务信息)两种。为了客观、公正地评估评价对象的服务绩效,评价机构通常需要对所收集的绩效信息进行分析与处理,将信息收集系统所记录的各种分散的信息进行分类汇总,整合成有用的信息,然后由评价机构对经过初步处理的信息进行讨论与分析,确定其准确性与全面性,并根据评价标准,计算其基本指标的得分,并算出最终的得分。

3.形成评价结果

为了确保绩效评价的质量,必须对评价结果进行分析,并撰写评价报告。在确定最终的评价结果之前,先要对评价结果进行再评价与复核,包括审查评价标准,评价计分行为、数据资料等。其次,听取评价对象或专家对

---

① 王佃利.公共服务满意度调查实证研究:以济南市市政公用行业的调查为例.中国行政管理,2009(6):73-77.

评价结果的意见,以便调整评价结果。最后,对评价结果进行分析与比较,确定评价结果的分布形态。同时,根据对评价结果的分析,撰写评价报告。通常评价报告由内容提要、正文、和附录组成。其中,内容提要中写明评价对象、评价主体与评价实施机构;正文中写明评价数据来源、评价指标、评价方法、评价结果与结论等内容;附录中主要进行评价报告分析、数据核实、事项说明等,并就评价结果提出评价建议。

4.分析与运用评价结果

绩效评价是一个循环反复的过程,一个绩效评价周期的结束刚好是另一个绩效评价周期的开始。通常评价主体需要对评价结果进行分析,将目前绩效与过去的绩效、理想的绩效进行比较,找出评价对象的优势与存在的差距,在理性反思的基础上做出客观、公正的判断,并将评价结果作为未来决策的依据。卡罗尔·H.韦斯指出:"根据项目结果的客观信息,在预算分配及项目规划上就可以做出明智的决策,产生好结果的项目会扩展,而那些表现不好的项目则会被抛弃或进行大幅度修改。"①另外,评价主体将评价结果公之于众,也可以推动公众对政府部门的监督。从一定程度上而言,绩效评价实质上是一种信息活动,评价和公布绩效状况是公众体验服务的一种方式,有助于广大群体了解、监督与参与公共部门工作。②

二、政府开展公共服务绩效评价的能力构成

公共服务绩效评价已成为当今世界各国的政府绩效管理研究和创新的热点与难点问题。由于我国的公共服务绩效评价起步较晚,我国的公共服务绩效评价发展尚处于初级阶段,公共服务绩效评价研究,特别是公共服务绩效评价能力研究甚少。为了促进公共服务绩效评价实践的开展,有必要探讨政府在开展公共服务绩效评价活动中所需要具备的能力。

(一)公共服务绩效评价能力

何谓能力? 由于思考的视角不同,学者们对能力的界定也是多种多样的。从心理学角度而言,能力是指人顺利地完成某项活动的个性心理特征。从功能角度而言,能力是在观察力、记忆力、想象力等智力因素基础上形成的掌握知识、运用知识、进行创造的本领。也就是说,能力是人为取得预定

① 转引自:费斯勒,凯特尔.行政过程中的政治:公共行政学新论.2版.陈振明,朱芳芳,等译.北京:中国人民大学出版社,2002:313.

② 胡宁生.中国政府形象战略.北京:中共中央党校出版社,1998:1027.

成果或顺利完成某项活动的有关的知识、技能、智力的综合①。可以说,能力就是人认识世界、改造世界的智慧和才能。从构成要素的角度而言,技巧或技能＋知识＝能力。本书主要从构成要素的角度来界定能力的内涵,认为能力是个体或组织有效地实施特定的活动所需要具备的知识、技能、智力等资源或条件。从内在的构成要素来看,能力强调的是完成实践活动所必须具备的行为、个体或组织的内在特征;从外在的实践表现来看,能力强调的是完成实践活动的效率和质量,并以此来判断某一个体或组织是否具备完成特定的实践活动所需要具备的能力。

一般而言,能力可以区分为一般能力和特殊能力。一般能力是指进行各种活动所必须具备的基本能力,如观察力、记忆力;特殊能力是指从事某些专业性活动所必须具备的能力,如数学能力。如果从一般能力和特殊能力的分类来理解政府的公共服务绩效评价能力的话,那么政府运作能力是一般能力,主要涉及组织结构、人员、办公设施、资金等构成要素,而政府的公共服务绩效评价能力则意味着政府不仅需要具备一般能力(即维持政府运转所需要的人、财、物、制度、技术等要素),而且要求政府具备开展特定的公共服务绩效评价活动所需要的特殊能力。一般能力是政府运转的基本能力,是所有政府机构都应该的能力,而公共服务绩效评价能力是政府实施公共服务绩效评价活动中所需要具备的能力,是一种特殊的能力。也就是说,一些政府机构具备这一能力,就可以开展公共服务绩效评价活动,而另一些政府机构不具备或者不完全具备这一能力,就缺乏开展公共服务绩效评价的条件或者基础。如果政府在不具备能力或不完全具备能力的条件下强行开展公共服务绩效评价活动,则其失败的可能性会变得很大。

(二)公共服务绩效评价能力的构成要素

从上述的分析可知,公共服务绩效评价能力是政府的特殊能力。为了有效实施公共服务绩效评价活动,政府公共服务绩效评价能力通常需要具备四个方面的要素,包括支持政府开展公共服务绩效评价活动的法规政策、负责收集公共服务绩效信息的管理信息系统、专门负责公共服务绩效评价工作的专门机构、适当的公共服务绩效评价指标体系。

1. 法规政策

法规政策是确保公共服务绩效评价顺利开展的制度保障。为了确保绩

---

① 李绍印.略论能力及其培养.中国心理学会第三次会员代表大会及建会 60 周年学术会议(全国第四届心理学学术会议)文摘选集(上),1981.

效评价在各层级、各部门的有效推进,英国、美国等西方发达国家在推进公共服务绩效评价改革过程中都颁布了关于绩效评价目标、操作手册、实施原则等方面的一系列的法规政策。例如,美国政府在 1993 年通过的《政府绩效与结果法案》中明确指出,管理与预算办公室主任应该要求每个机构都准备一个年度绩效计划,该计划应该覆盖每一个已经列入该机构预算的项目活动。这样的计划应该包括:建立绩效目标,确定项目活动所能达到的绩效水准;用客观、可数和可计量的形式表述目标;简要说明操作的过程、技巧和技术以及为实现绩效目标所需要的人力、资金、信息或其他资源;建立绩效指标以用于测量或评估相应的产出、服务水平和每个项目活动的结果;为将实际项目活动结果同已建立的绩效目标进行对比提供基础;说明用于验证和确认测量价值的手段与工具。在我国,虽然没有明确的法律法规对绩效评价进行规范,但是许多地方政府出台了一系列推行公共服务绩效评价的办法、意见等规章。例如,1998 年,山东省青岛市政府不断深化行政体制改革,并在政府绩效评价层面出台了《关于进一步加强和完善目标绩效考核工作的意见》的政策。

2.信息管理系统

获取与处理绩效信息是开展公共服务绩效评估的关键。信息网络技术的发展及电子政务建设的推进,进一步加强了政府收集信息的及时性、准确性与全面性。在当代社会,以电子政务建设为平台,利用信息网络技术构建一个综合性的信息收集、处理、分析与评价系统已成为各国政府的普遍做法。例如,不同于传统的考评方式,现代的公共服务绩效评价强调多主体评价,积极引入上级、下属、工作伙伴、服务对象、普通公众等参与公共服务绩效评价,而信息管理系统不仅可以客观、公正地收集评价对象的行为信息,而且可以利用信息网络技术将评价对象的行为信息反馈给各评价主体,随机抽出不同的评价主体以对评价对象做出客观公正的评价。例如,在 20 世纪 70 年代中期,比利时政府在首都布鲁塞尔建立了国家信息中心,收集的信息内容涵盖本国、欧共体各国的各方面信息,甚至包括人文、自然、教育、卫生和体育等有关人民生活和社会发展的公益性信息,而且比利时政府将所掌握的公益性信息无偿提供给社会大众,同时鼓励群众组织和社会中介机构共同开展非营利性的信息服务,实现资源共享。[①]

---

① 柳国炎.强化政府信息采集管理　发挥决策支持系统作用——比利时政府信息收集和管理体制及启示.信息化建设,2001(7):32-34.

3. 专门的绩效评价机构

专门的绩效评价机构是政府组织内部专门为政府开展绩效评价工作而设立的,它是公共服务绩效客观测量的主要评价主体。设立专门的绩效评价机构的主要目的是,在一定程度上保障政府开展公共服务绩效评价的公正性和有效性。但是其局限性是设立一个独立机构的成本相对较高,需要较多的人力和物力来组织、实施和配合政府的绩效评价工作。目前,我国很多地方政府都没有专门设立绩效评价机构,我国的各级政府中一般将政府内部专门的监察组织作为绩效评价的管理机构。例如,政府内部的审计部门、监察部门和效能办。政府内部专门的监察组织承担效能监察的任务,效能监察就是通过一些制约性的方式手段来提高政府管理绩效。将内部监察组织作为绩效评价机构,大概有两个原因:一是监察组织的人员不在政府绩效评价之内,不受政府活动结果的影响;二是监察组织机构的权威性和广泛性保证了绩效评价的客观公正。

4. 绩效评价指标体系

为了评价公共服务绩效状况,通常政府部门需要设计一套评价指标体系,以此作为评价依据来衡量与评价公共服务绩效状况。在设计评价指标体系时,先要确定评价维度。相较于评价指标,评价维度是评价对象与评价行为的类型区分,规定了评价的基础面向,而评价指标是用以评价的具体手段。从一定程度上而言,评价指标可以看作是评价维度的直接载体和外在表现。客观地说,评价指标的选择是整个公共服务绩效评价过程中最困难也是最重要的工作。评价指标不仅要反映公共服务绩效的定量因素,而且要反映多方面的非定量因素。在设计评价指标时需要根据客观全面、一致性、硬指标与软指标结合等原则在评价前制定出一套切实可行的绩效评价标准体系。例如,在实践中,各级政府会针对不同的公共服务项目而制定不同的评价指标,通常可以分为投入指标、过程指标和产出指标,有时候政府还需要根据地域差异和地域需求来确定各评价指标的权重。

三、促进公共服务绩效评价能力建设的现实意义

从一定程度上而言,加强公共服务绩效评价能力建设,促进政府有效地开展公共服务绩效评价活动,不仅有利于上级政府运用绩效评价这一管理工具来了解与管理下级部门的公共服务提供状况,而且有利于政府凭借良好的公共服务绩效表现来赢得公众的信任与支持,从而证明其存在的合法性与合理性。具体而言,促进公共服务绩效评价能力提升的现实意义体现在宏观、中观与微观三个层面。

（一）宏观层面：组织战略执行的工具

从宏观层面来看，加强政府的公共服务绩效评价能力建设，有利于政府部门在制定公共服务发展战略的同时，及时跟踪、评价与管理公共服务战略的执行状况。在当前的中国，随着计划经济体制向市场经济体制转型、社会结构分化，高度集中的传统行政管理体制已经无法适应现代社会经济发展的需求。在这一复杂的社会环境中，政府迫切需要通过向社会放权、向地方政府放权等放权改革来调动地方政府的积极性与创造性，快速、准确地回应社会需求与解决社会问题。然而，放权改革在增加地方政府的自主性、独立性的同时，也容易导致失控现象。在放了收、收了放的权力下放改革中，中央政府或上级政府迫切需要一种新的公共管理工具来帮助其了解地方政府或下级政府是否执行了中央政府的改革战略、执行的程度怎样、效果如何等一系列内容，而公共服务绩效评价无疑迎合了政府的需求。从一定程度而言，公共服务绩效评价成了一种中央政府或上级政府考核与管理战略执行情况的重要管理工具。相较于其他的管理手段，公共服务绩效评价指标体系显得更加直观、明确，既有利于地方政府从中央政府的战略出发来规划与设计具体的实施方案，也有利于中央政府或上级政府考察执行机构的执行状况。

（二）中观层面：组织管理的工具

从中观层面来看，加强公共服务绩效评价能力建设，促进政府部门有效开展公共服务绩效评价活动，是上级领导了解、获知下级部门和人员的公共服务绩效提供状况，并据此而实施奖励、惩罚的一种管理工具。在现代社会，公共服务绩效评价打破了传统的依赖行政强制、规章制度来约束与规范工作人员行为，关注过程而忽略结果的做法，转向强调赋予下级机构或下级人员更多的自主权，使其在工作中能够依据所处的环境条件而做出适当的、快速的反应。在此基础上，上级机构或上级领导更多的强调以结果为导向去衡量与评价政府部门的公共服务绩效。相较于过程管理，结果管理更强调产出及其带来的效果，从而促进下级机构或人员更关注公共服务行为所产生的实际效果，使公共服务与公众的需求相匹配，避免供需相违离、浪费财政资源等现象的发生。此外，绩效评价可以提高行政人员的工作积极性，因为通过绩效评价可以发现行政人员工作的优点和缺点、绩效的好坏优劣，据此确定员工的薪酬福利、职位晋升调整、培训发展，达到激励员工、提高绩效的目的。

（三）微观层面：促进项目开发的工具

从微观层面来看，加强公共服务绩效评价能力建设，促进政府部门有效开展公共服务绩效评价活动，有利于政府部门发现公共服务提供项目中所存在的主要问题，及时跟踪、反馈项目执行情况信息，及时调整项目的目标、内容与执行方式等内容。更重要的是，有利于政府部门从历史分析的视角出发，依据项目绩效评价结果信息来促进新的公共服务项目的开发与设计工作，进一步确保公共服务提供项目与公众需求之间的匹配。例如，2009 年前后辽宁省政府对各县政府历年的公共服务绩效评价结果信息进行分析之后发现，县政府在公共服务供给方面存在公共服务总体水平比较低、分配不均衡问题，为此辽宁省各县级政府及时调整了公共服务供给方案。在调整方案实施之后，2010 年在辽宁省县域范围内参加基本养老保险的职工数量增加到 287.36 万人，是 2005 年的 1.33 倍；参加基本医疗保险的职工数量增加到 389.98 万人，接近于 2005 年的 2 倍；参加失业保险的人数达到 149.00万人。[①] 由此可见，促进公共服务绩效评价能力建设，不仅有利于政府部门及时获得公共服务绩效评价结果信息，而且有利于政府部门发现公共服务供给中存在的主要问题，制定新的公共服务供给方案。

第二节　公共服务绩效评价能力建设状况研究

政府作为公共服务提供的主体，对其绩效评价能力建设状况进行考察与分析，是促进政府公共服务绩效评价改革的重要措施。与西方国家政府绩效评价能力建设相比较，我国政府绩效评价改革起步较晚，且其能力水平仍与西方国家政府存在一段不容忽视的距离。因此，有必要考察西方国家政府与中国政府在绩效评价能力建设方面的一系列办法或措施，从而更好地认识与掌握公共服务绩效评价能力建设状况。本节主要通过考察西方国家政府绩效评价改革实践，以及中国政府推行绩效评价改革活动来分析各国政府所采取的促进公共服务绩效评价能力建设的措施或者办法。

---

① 魏晶晶.辽宁县级政府公共服务绩效评价.沈阳：辽宁大学，2012：18.

一、西方国家政府推行公共服务绩效评价能力建设的实践做法

在西方传统的政府观念中,提供公共服务被看作是政府的天然职责与存在理由。在日益兴起的政府绩效评价改革中,除了考察作为个体的政府工作人员绩效之外,政府所提供的公共服务绩效常常成为审察政府生产效率与合法性的重要测量标准。在政府绩效评价改革中,西方国家政府采取了一系列措施来加强政府部门的公共服务绩效评价能力,以力求客观、公正、合理地评价公共服务绩效,消除或减少政府资源浪费、不合理支出等各种弊端。其中,英国、美国作为绩效评价改革的先行者,其所采取的一系列能力建设措施或策略确保了公共服务绩效评价改革在美国、英国的持续、有效地开展。

(一)美国

作为绩效评价改革的先行者与杰出代表,美国政府从各方面采取了一系列的措施来增强各政府部门的公共服务绩效评价能力,从而确保了公共服务绩效评价改革在各级政府、各个政府部门中的广泛实施。

1.成立多元的、专门化的绩效评价机构

根据 1993 年《政府绩效与结果法案》的规定,美国政府专门用于进行绩效评价的机构主要包括审计总署、管理与预算办公室和政府部门。其中,早在 20 世纪 60 年代,审计总署就将审计目标从财务合法性审计转向绩效审计。在 20 世纪 70 年代,绩效审计占审计工作量的 86% 以上。审计总署作为美国最高审计机构,负责审查与监督联邦政府的收支行为、公共服务项目的效率与效果状况,确保公共资金被合法、有效地运用于维护公众利益。此外,管理与预算办公室作为组织编制支出预算的机构,在编制预算时会将项目绩效评价结果作为预算资源分配的参考依据。另外,美国各主要政府部门也都成立了计划与评价办公室,负责部门的战略计划、年度计划和绩效评价事宜。其主要职责是:提交年度绩效计划和年度绩效报告,作为部门预算和申请拨款的基本文件;收集、整理绩效结果信息,提出制定或修订政策的建议;受审计总署的委托,评价本部门的计划项目等。[①]

2.设计系统的绩效评价指标体系

在推进公共服务绩效评价改革中,各级政府、各个政府部门根据实际情况,开发或设计了各类绩效评价指标体系,如将企业的关键绩效指标、目标

---

① 方振邦.政府绩效管理.北京:中国人民大学出版社,2012:173.

管理导向的绩效指标、平衡计分卡等运用于政府部门中,设计了具有政府部门特点的绩效评价指标体系。例如,以美国的夏洛特市为例,夏洛特市将企业的平衡计分卡运用于政府部门中,成功设计了用于政府部门绩效评价的平衡计分卡。1990年,夏洛特市依据其内外部环境,确立了其自身的使命和愿景规划,即了解城市的需求并为市民提供高水平的服务,使该市成为生活、工作和休闲的首选之地,在此基础上,通过协商机制确定了实现使命、愿景的五大战略主题:社区安全、交通便利、城中城、政府重组、经济发展。然后,从客户、财务、内部流程和学习与成长等四个层面来设计各政府部门的具体绩效评价指标体系,如警察、消防、计划部门、社区发展部门和交通部门都开发出了自己的平衡计分卡。

3. 制定规范政府绩效评价行为的法规政策

1993年7月,美国国会通过了著名的《政府绩效与结果法案》,这是在各国政府的绩效改革浪潮中具有里程碑意义的代表性立法。该法案的颁布标志着美国政府的绩效评价改革步入了成熟阶段,同时代表了美国政府进一步推动绩效评价改革,全面实施绩效管理的决心与努力。《政府绩效与结果法案》全面规定了政府实施绩效评价的目的、内容和实施情况,使得美国政府绩效评价变得有法可依。根据《政府绩效与结果法案》的规定,美国政府绩效评价过程主要分为以下环节:各部门编制战略规划、年度绩效计划,根据执行情况编制年度项目绩效报告,由公共与预算管理办公室和审计总署对各部门提交的年度规划和年度项目绩效报告进行评价等。

4. 借助电子政务建设平台构建绩效信息收集系统

从信息管理的视角来看,绩效评价就是信息收集、分析与处理的过程,即输入公共服务活动的行为与结果信息,经过加工与处理,输出评价结果信息。在启动政府绩效评价改革的同时,美国政府启动了电子政务建设改革。1993年,美国政府提出了构建"以顾客为中心"的电子政务、走向在线服务的政府改革目标。1994年,美国政府信息技术服务小组发布了《政府信息技术服务的前景》报告,要求建立以顾客为导向的电子政府,为民众提供更多获得政府服务的机会与途径。[①] 之后,美国政府相继出台了一系列的政策或法案来推进电子政务建设,包括"重塑政府计划"、《文书工作缩减法》、《电子政务法案》、《政府信息公开法》、《个人隐私权保护法》、《美国联邦信息资源管理法》等,而这些改革措施在实现削减政府工作人员、降低运行成本、提高服

---

① 田珺鹤.美国电子政务的发展对我国的启示.金融经济月刊,2011(7):62-63.

务便利性的同时,也使得公共服务的供给过程与结果信息通过电子政务平台公之于众,这不仅有利于政府及时回应公众需求,而且有利于政府客观、公正地获取与评价公共服务供给绩效。

(二)英国

英国政府是 20 世纪 80 年代以来新一轮的政府改革运动的发起者。英国政府一直都关注运用绩效评价工具来审视政府干预的低效、机构臃肿、反应迟缓等弊病,主张采用私有化改革、引入市场机制来提高公共服务供给效率。为了有效地执行绩效评价改革,英国政府采取了一系列措施来加强政府部门的公共服务绩效评价能力。

1.成立专门的、系统的绩效评价机构

与美国的政府绩效评价机构有所不同,英国政府中负责绩效评价的主要部门是财政部、国家审计署和内阁,且这三个部门的绩效评价过程并非彼此独立运作的,而是依次组成一个绩效评价系统。依据三个部门的先后顺序,这一绩效评价系统可以区分为以下三个部分。第一,财政部与各部门进行协商后,经过议会的批准,在全面支出审查(comprehensive spending review)中为各中央部门制定下三个年度的公共服务协议(public service agreement,PSA)、服务改进协议(service transformation agreement,STA)、部门战略性目标(departmental strategic objectives,DSO)和资金价值目标(value for money,VFM),并提供相应的预算资源。第二,英国各中央政府部门需要在秋季及春季分别提交秋季报告和年度绩效报告,由国家审计署对报告中数据的有效性和资金价值目标的完成情况进行监督和审核。第三,内阁负责开展的能力评价项目是中央政府绩效评价的重要组成部分。总而言之,对公共服务协议、服务改进协议、部门战略性目标和资金价值目标的完成情况进行评价属于政府绩效管理的业绩评价,而由内阁独立展开的能力评价项目则是对中央各部门能力的评价和管理。

2.构建多元化的绩效评价指标体系

英国的绩效评价指标建立历经了三个基本的时期,不同时期的评价指标的侧重点有所不同,且随着时代的进步,绩效评价指标在不断完善,不断向多元化方向发展。在初期阶段,英国政府强调的是效率战略,因而在这一时期政府对效率的独爱导致其服务质量有缺陷。此后,撒切尔政府、梅杰政府又相继推出了"下一步行动方案"、"公民宪章"运动、"竞争求质量"运动等改革方案,从而促使英国政府绩效评价标准或指标不再局限于效率,开始重视用服务质量指标和顾客满意度指标来衡量公共服务绩效。在保守党政府之后，继任的工党政府——布莱尔政府沿袭保守党政府的绩效评价改革方向，继续强调以效率、质量和顾客满意度为重心，在地方政府层次上，推行最优价值标准(the best value)，使原有的政府绩效评价指标得到进一步完善。

3.适时推进公共服务绩效评价的制度化

在早期的雷纳评审活动中，英国政府秉持自愿原则，没有对绩效评价活动做出硬性规定，而是鼓励下级地方政府自愿参与。这一做法在创造主动参与、消除抵触情绪的同时，也导致绩效评价活动开展的分散性、零碎性，缺乏持续性、统一性规定。此后，英国政府逐渐制定一系列法规政策来约束与规范绩效评价行为，包括 1982 年的《财务管理新方案》、1989 年的《中央政府产出及绩效评估技术指南》、1999 年的《政府现代化白皮书》和新《地方政府法》、2003 年的《绩效审计手册》。例如，2003 年的《绩效审计手册》明确规定了绩效审计的方法、技术。2005 年，英国审计委员会为英格兰的 46 个消防和救援机构实施了综合绩效评价(comprehensive performance assessment，CPA)，并且对大伦敦当局和部分单独的职能机构进行了首轮综合测评。[①]

4.成立专门的绩效信息收集系统

为了推进绩效评价能力建设，英国政府相继采取了一系列改革措施，从早期的部长信息管理系统、财务管理新方案到后期的政府现代化运动，都将信息系统建设作为一项重要的改革内容。1980 年推行的部长信息管理系统实质是一个融合目标管理与绩效评价等现代管理方法与技术的信息收集与处理系统，它能为部门的绩效评价提供及时、全面的信息。1982 年英国财政部颁布的财务管理新方案是部长信息管理系统的扩展与延伸，它主要包括高层管理系统、目标陈述、绩效评价、财务分权与权力下放四个方面的内容。1999 年，布莱尔政府推行的《政府现代化白皮书》指出，要在十年内打造一个更加侧重结果导向、顾客导向及合作与有效的信息时代的政府。[②] 在白皮书中，布莱尔政府采取了签订公共服务协议、推行电子政务的做法，而这些措施有效地保证了各级政府或各个政府部门能够及时有效地获取信息，并利用所获得的信息进行客观、公正的评价。

二、中国政府公共服务绩效评价能力建设

尽管相较于英国、美国等西方国家，中国的政府绩效评价改革起步较

① 马全中.当代英国绩效评估:趋势与启示.四川行政学院学报,2010(5):13-16.

② 王雁红.英国政府绩效评估发展的回顾与反思.唯实,2005(6):48-50.

晚,但是在市场经济改革与政府行政改革的推动下,借助电子政务建设的东风,中国各地区、各级政府部门将绩效评价改革推广到了各个领域,除了传统的公务员绩效测评之外,对公共服务供给绩效进行评价正日益成为当前政府提高服务效率、改善政府管理的重要管理工具。

(一)中国政府绩效评价改革的发展历程

政府绩效评价改革在中国的兴起与发展时间并不长,20世纪80年代末90年代初,真正意义上的政府绩效评价改革才在中国出现。对我国而言,政府绩效评价改革更多的是国家转型和行政管理体制改革催生的结果。总体而言,我国政府绩效评价改革的发展历程大致可以区分为三个阶段。

1. 初步萌芽阶段(20世纪80年代中期到90年代中期)

在这一阶段,政府绩效评价采用的主要做法是推行目标责任制,而所谓目标责任制是指在明确组织目标的基础上,将组织的整体目标沿着等级链条,从上而下进行层层分解,最终转化成每个单位、每个个体的工作目标。在目标执行活动中,上级领导依靠目标来管理、监督与评价下级工作任务的完成情况,并依据目标考评结果实施相关的奖惩措施。从一定程度上而言,政府绩效评价就是围绕目标进行的,根据目标的一系列实现和反馈过程来实现对政府各层机关和部门的绩效考核。不过,这一阶段的绩效评价是通过把宏观的战略目标细化分配到各个具体的岗位上,而非组织整体,并且在这一时期由于各地方政府领导人或者学者对目标责任制管理的含义、功能与定位等理解不一致,再加上受传统的权威管理体制、习惯性的行政干预手段的影响,目标责任制的功能并没有得到充分的发挥。

2. 快速发展阶段(20世纪90年代末期到21世纪初期)

20世纪90年代末期到21世纪初期,受到西方国家的政府绩效评价改革的影响,也基于前期国内对于政府绩效评价的摸索与实践,政府绩效评价理论与改革实践逐渐在中国各地方政府中兴起与发展。在这一阶段,政府绩效评价改革主要具有三个特点:一是绩效评价仍以目标责任制为核心,并通过自上而下的方式进行,重视经济的增长。在政府政绩考核中,通过给各级政府定指标,尤其是经济增长的指标,依据对目标实现情况的检测来决定官员的升迁任免,这对后来长时期官员片面追求经济效益有重大的影响。二是各类新的组织绩效评价方法不断出现,除目标责任制以外,社会服务承诺制、效能监察等也开始在各地推行开来。例如,1994年6月山东省烟台市针对广大市民反映强烈的城市社会服务质量差的问题,效仿英国的做法而建立了"社会服务承诺制"。① 三是由原先的自上而下的单一方式变为自上而下和自下而上相结合的方法,开始重视将市民作为评价主体来评价政府绩效。

3.完善进步阶段(21 世纪初期以来)

进入 21 世纪之后,为了贯彻与执行中共中央提出的科学发展观、正确政绩观、构建科学的政府绩效评价体系的政策精神,学者们与政府官员们在以往的绩效评价实践的基础上,努力从绩效评价主体、绩效评价指标、绩效评价方法等方面进行持续的改革与创新。在绩效评价指标体系方面,越来越多的地方政府部门在传统的 4E 评价指标的基础上,提出了"幸福指数""绿色经济""和谐度"等评价指标。例如,人事部《中国政府绩效评估研究》课题组提出了一套由 3 个一级指标、11 个二级指标以及 33 个三级指标构成的政府绩效评估指标体系。② 在绩效评价主体方面,上海、北京、沈阳等地方政府纷纷将公众纳入绩效评价主体范畴,大力推行公众满意度评价。总体而言,在这一阶段,随着政府体制改革的推进,政府行政理念开始出现变化,政府绩效评价主体多元化,评价指标不单单局限于经济的考量,也开始重视社会管理、市场监管、公共服务以及生态文明等方面的评价。

(二)中国政府推行的公共服务绩效评价能力建设实践

尽管政府绩效评价改革在中国出现比较晚,但是为了有效推行政府绩效评价改革,特别是对公共服务供给绩效进行评价,我国政府也相继采取了一系列措施来加强政府部门的公共服务绩效评价能力。

1.成立独立的第三方绩效评价机构

我国的绩效评价主体主要有三大类型,即公民个人、中介机构性质的专门绩效评价机构、国家机关性质的专门绩效评价机构。中介机构性质的专门绩效评价机构又称第三方专业评价机构,这类评价主体通过与政府之间订立委托合同,对特定的公共服务项目进行评价。在我国,这类评价组织主要是高校中的一些研究机构,其基于学术研究的目的而参与到公共服务绩效评价活动中。例如,兰州大学设立的中国地方政府绩效评价中心是专门研究政府绩效评价的机构,是承担具体的公共服务绩效评价项目的组织。

---

① 周云飞.中国地方政府绩效评价的价值体系研究——以县级政府为例.兰州:兰州大学,2012:40.

② 谢志贤,钱花花.我国政府绩效评估的发展历程与实施现状.长春市委党校学报,2009(6):66-69.

该政府绩效评价中心设置了一整套科学的指标体系,被媒体称为"兰州实验"。此外,北京市的一些区县政府也委托国内著名的咨询机构——零点研究咨询集团开展政务环境绩效评估。[①]

2.设计指导性的、系统的绩效评价指标体系

随着社会经济的发展及公众的民主意识与主人翁观念的增强,传统的管制型政府已经不适合需求,绩效评价越来越强调以公民为中心,注重公众满意度评价。相较于以前,我国的绩效评价指标在两个方面发生了变化。其一,以前政府绩效考核往往以效率为核心目标,片面追求效率,从而导致急功近利的作风盛行,公共服务提供不均衡现象严重,而新时期政府开始重视提供公共服务,强调公共服务质量与公共服务配置的均衡。其二,绩效评价的主体发生了变化,由原来自上而下的自身管制转向了关注公众的监督和评价,各地的"居民满意度调查"成为这一时期的关注焦点。例如,2009年4月在北京首发的《中国政府绩效评估报告》(以下简称《报告》)是由中国地方政府绩效评估体系研究课题组编撰完成的一套综合性考评体系。《报告》指出,由于长期以来效率原则是公共组织基本的价值取向,行政高效成为政府追求的最高目标。[②]

3.制定规范绩效评价的地方性政策

目前,我国尚未出台关于政府绩效评价的专门法律,有关的规定主要存在于其他的行政法规,或者地方性政策条例中。例如,2004年财政部颁布的《关于开展中央政府投资项目预算绩效评价工作的指导意见》,1999年财政部颁布的《国有资本金绩效评价规则》,2004年商务部、国家外汇管理局颁布的《关于2004年境外投资联合年检和综合绩效评价工作有关事项的通知》等都有所涉及,但上述的有关规定只是针对有限的一些具体行政行为。此外,地方政府在推行政府绩效评价改革的同时也开始制定相关的法规和政策。从1998年起,山东省青岛市政府不断深化行政体制改革,在政府绩效评估层面出台了《关于进一步加强和完善目标绩效考核工作的意见》的政策。2009年6月,哈尔滨市政府制定出台了《哈尔滨市政府绩效管理条例》,明确了哈尔滨市政府绩效管理的宗旨、基本原则、适用范围、绩效管理机构

① 申喜莲.政府绩效评估创新研究.北京:中央民族大学,2012:27.

② 王智亮,王磊.政府绩效评估:"静悄悄的革命".政府法制,2009(17):30-31.

职责等。①

4.专门的绩效行为信息收集系统

对于绩效评估客体信息收集的状况,可以依据评估主体的类别进行分析,在我国政府绩效管理中,我国的特色是党管干部原则,所以对于公共服务绩效的评价信息,党是第一个信息来源;政府部门中上级对下级的考察是第二个信息来源,同时也是直接影响该政府行政人员升迁的主体;第三个信息来源是组织内部的自我评价,在日常的政府工作报告中,会有相应的工作总结和绩效评价参考信息;最后一个信息来源是群众评议公共服务绩效活动,近年来各地政府推行的民众满意度调查结果越来越成为衡量公共服务绩效的一个重要指标,这表明民众的评价信息也是公共服务绩效信息收集的重要来源。另外,虽然我国没有设立专门的绩效信息收集系统,但是在推进政府绩效评价改革过程中,电子政府工程在一定意义上成为各级政府部门收集公共服务绩效信息的重要平台。

第三节　促进公共服务绩效评价能力建设的思考: 基于宁波市的分析

在我国,政府绩效评价作为深化行政管理体制改革的一项重要内容,逐渐引起了各级地方政府部门的关注与青睐。宁波市作为一个经济发达的沿海开放城市,自20世纪80年代以来也引入了绩效评价制度,并根据实践需求进行了大量的探索与创新。本节通过分析宁波市政府在各个不同时期、各个政府部门对专项项目、政府部门进行绩效评价的主要做法或方式,理性思考政府是如何从评价主体、评价制度、评价指标等各个方面来增强其公共服务绩效评价能力,并思考存在的主要问题的,在此基础上提出增强政府的公共服务绩效评价能力的对策。

一、宁波市政府开展公共服务绩效评价能力建设现状分析

随着社会经济的发展,宁波市政府紧紧围绕中共中央提出的加强政府绩效管理政策的精神实质,由不同部门针对不同的公共服务项目采取了一

---

① 杜娟.地方政府绩效评估从"一把手工程"迈向制度化建设——哈尔滨市政府绩效管理条例分析.领导科学,2010(8):29-31.

系列的绩效评价改革措施。通过考察这些绩效评价改革实践,我们可以发现政府在绩效评价改革中也在不断地增强其自身的绩效评价能力。

（一）宁波市政府开展公共服务绩效评价的主要方式

总体来看,宁波市当下用以评价政府公共服务绩效状况的主要方式有以下五种:与目标责任制相结合的目标管理考核、公众满意度评价、政府绩效审计、第三方专业评价和预算绩效管理,而这五种评价方式由不同评价主体,采用不同评价标准来审察与监督政府在履行专项活动或者日常公共服务供给活动时的绩效状况。

第一,目标管理考核。宁波市政府在政府办公厅下设立专门的宁波市目标管理考核领导小组办公室,单独或者联合其他政府职能部门将专项活动的工作目标进行分解,并落实到各责任单位与配合单位,以目标完成情况来考核各责任单位与配合单位。例如,2009 年,宁波市目标管理考核领导小组办公室、宁波市普法教育领导小组办公室对各县(市)区 2009 年度普法依法治理工作实行目标管理考核。2010 年,宁波市安全生产委员会办公室、宁波市目标管理考核领导小组办公室对县(市)区安全生产实施目标管理考核。2013 年,宁波市目标管理考核领导小组办公室对市政府民生实事工作实施目标管理考核。

第二,公众满意度评价。公众满意度评价是指以公众为评价主体,对政府部门或者专项服务活动开展满意度评价,这一评价体系开创了我国地方政府自下而上绩效评价的先河,也是对我国传统的自上而下评价模式的补充与完善。通常作为评价主体的公众是由自发参与的公众、随机抽取的公众、社会各界代表所构成的综合评价主体。例如,2012 年,宁波市开展"三思三创"主题教育实践活动群众满意度网络测评活动,由市民直接登录中国宁波网、"三思三创"专网和各县(市)区新闻网站,进入首页相关栏目,进行网上投票和留言。

第三,政府绩效审计。政府绩效审计是指以审计机关作为评价主体,对政府职能部门、专项服务项目的经济性、效率性与效果性进行审察与监督。在英国、美国、澳大利亚等西方国家,审计机关是政府绩效评价体系中的重要主体。在我国,审计机关依据《审计法》的规定,采用走访、座谈、问卷调查等方式,对专项服务项目、政府职能部门履职情况进行目标完成情况、资金投入、取得成果的评价,并提出审查建议。相较于传统的政府机构内部的监察处、效能办的自我评价与监督方式,政府绩效审计可以看作是由政府机构外部的评价主体实施的一项评价行为。例如,2008 年,宁波市审计局对宁波市政府实事工作绩效进行了专项审计调查,并提出审计建议。2013 年,宁波市审计局对宁波市卫生局 2012 年度预算执行情况进行了审计,审计结果表明宁波市卫生局预算编制较为规范,总体执行情况较好,财政收支基本符合国家现行有关财经法规规定,但是在具体预算执行过程中还存在一些问题,并提出了审议建议,通报了审计发现问题的整改情况。

第四,第三方专业评价。第三方专业评价是指政府聘请中立的第三方评估机构来对政府部门、公共服务项目进行绩效评价。相较于传统的政府自上而下的评价方式,中立的第三方评估机构能够利用其专业知识,站在客观公正的立场上对公共服务项目进行绩效评价。例如,2009 年,宁波市民政局委托第三方——远东零点市场调研咨询公司负责推行社区群众满意度评价,调查内容主要包括社区的基本服务、文体教育、安全状况、环境卫生、民主自治、社工工作绩效及对社区的综合评价等七个方面,全市共有 275 个社区自愿申报参与此次调查,占全市社区总数的 60%。在群众满意度调查中,共有 2 万户家庭接受了随机抽样访问,其中有四分之一的调查对象为老年人、残疾人、低保户等。调查数据显示,群众对现代化和谐社区建设满意度评价总体较好,总得分达 80 分及以上的有 212 个社区,占参评社区的 77.09%。

第五,预算绩效管理。党的十八大提出“创新行政管理方式,提高政府公信力和执行力,推进政府绩效管理”。2011 年,财政部出台的《关于推进预算绩效管理的指导意见》明确提出,预算绩效管理是一个由绩效目标管理、绩效运行跟踪监控管理、绩效评价实施管理、绩效评价结果反馈和应用管理共同组成的综合系统。宁波市政府以预算绩效管理改革为契机,打破了以往的政府财政部门只负责拨款,而不管公共资金配置情况、投入与收益、效果等的做法,将绩效管理与预算管理相融合,确保公共资金被合理、高效地使用。例如,2012 年,鄞州区出台了《关于预算绩效监督的若干规定》,并从 20 个行业中选取了 7 个群众关注度高的民生实事工程进行预算绩效管理,绩效目标的管理主要通过部门申报、财政初审、中介抽审、集体会审等方式进行。其中,参与会审的人员包括人大代表、政协委员以及审计、财政等政府部门的人员,由他们来对每个项目目标设定情况提出意见与建议。①

---

① 王云燕.花纳税人的钱,不但要讲究用得“对不对”,还要讲究用得“好不好”:浙江宁波鄞州区对专项实行全过程绩效管理.中国财经报,2012.

（二）宁波市政府增强公共服务绩效评价能力的主要做法

从宁波市政府相继推行的一系列绩效评价改革措施中可以看出，宁波市政府从绩效评价机构、评价方式、评价制度、评价指标等方面采取了一系列的改革来增强公共服务绩效评价能力，包括信息收集能力、评价能力、评价结果运用能力等综合能力。

1.建立多元化的绩效评价机构

虽然我国目前看似没有一个专门的绩效评价机构，但是各级政府及其政府职能部门为了衡量与评价下级政府、公共服务项目的绩效状况，创造性地提出了各种绩效评价方式来评价公共服务绩效。一方面，各级政府职能部门沿袭传统的做法，在政府机构内部设置专职的评价机构，对其下属的政府机构、公共服务项目进行绩效评价。例如，宁波市教育局设立督导处，专门制定教育督导计划和评价标准，并组织实施中等及以下教育发展水平、质量和结构的督导检查与评估工作。另外，宁波市政府还在市政府办公厅下设置了宁波市目标管理考核领导小组办公室，单独或者联合其他政府职能部门对专项活动的工作目标完成情况进行评价。另一方面，宁波市政府大胆地引进外部的绩效评价主体来参与公共服务绩效评价活动，构建由公众、第三方评估机构、财政部门、审计部门等组成的多元评价主体。例如，宁波市鄞州区政府在采用预算绩效监督做法时，吸纳区人大代表、政协委员等政府职能部门之外的人员参与绩效评价，让人大代表审查预算项目。

2.逐渐形成一套合理的公共服务绩效评价指标体系

相较于早期的仅仅关注目标完成情况，关注资金投入、财政支出合法性的做法，在后期的绩效评价改革中，宁波市政府越来越关注绩效评价指标的科学化、合理化，既努力将绩效评价标准、评价指标与政府改革方案相结合，也尽力确保绩效评价指标的多样化、明确化、定量化，切实迎合作为服务消费者的社会公众需求。例如，宁波市公益服务促进中心为了推动社会公益项目的开展，制定了《宁波市公益项目评估实施方案》（以下简称《方案》）。《方案》中明确规定了公益评估标准，评估标准分4个一级指标、10个二级指标，一级指标是完成情况、财务状况、组织管理、综合效能。其中，完成情况细分成3个二级指标：进展与计划的符合性、服务人数、服务对象满意率；财务状况细分成2个二级指标：支出合法性、资金使用管理水平；组织管理细分成3个二级指标：团队建设、社会动员能力、档案资料；综合效能细分成2个二级指标：对执行组织的影响、对社会的影响。

3.建立公共服务信息管理系统

公共服务信息管理系统是反映公众对政府提供的公共服务满意度与政府工作效率的信息平台,为政府的公共服务绩效评价提供及时、准确和全面的信息服务的管理系统。在推行电子政府、打造智慧城市、实施政府信息公开等一系列行政改革措施的推动下,宁波市政府正逐步建立一个信息收集、跨部门共享的管理信息系统。

2009年,宁波市政府根据《2006—2020年国家信息化发展战略》《宁波市信息化条例》和其他有关法律法规,制定了《宁波市政府信息资源共享管理办法》(以下简称《办法》)。《办法》的第二章第八条规定:"行政机关应当充分利用信息技术,将采集的信息进行电子化记录、存储和使用。"《办法》的第二章第九条规定:"市和县(市)区统筹建立基础数据库、综合数据库、专业数据库等数据库。"宁波市各级政府及其职能部门会将收集到的信息整理好报送上一级,在对数据进行分析、编辑之后,一般通过政府网站或纸质通知的形式公开,宁波市政府门户网站栏目建设实行部门分块负责制度,在宁波市相关的政府网站上都能看到"信息公开"栏目,信息公开表明了政府工作的透明度和公正性。

4.逐步推行公共服务绩效评价制度化

目前,我国虽然尚未出台一部关于政府绩效评价的专门法律,有关的规定主要存在于其他的行政法规、部门规章中,但是地方政府在推行公共服务绩效评价改革时,为了指导与规范公共服务绩效评价改革的推行,出台了一系列实施意见、办法、通知等规范性文件。例如,2015年3月,宁波市北仑区教育局颁布了《2015年北仑区学校各类生均公用经费管理使用与绩效评价实施办法》,明确规定了绩效内容、绩效指标、绩效标准以及对绩效评价的结果利用,规范和加强了中小学校公用经费支出管理,提高了资金使用效益。为了全面掌握宁波市2013年度基本公共卫生服务项目实施情况,根据宁波市卫生局、财政局《关于贯彻2013年浙江省基本公共卫生服务项目绩效考核方案的通知》要求,宁波市基本公共卫生服务项目领导小组成立了3个专项绩效考核组,通过听取汇报、查看台账、实地复核、现场访谈、知识测试等方式,并对照《浙江省基本公共卫生服务项目规范(2013年版)》和《宁波市基本公共卫生服务绩效考核评分细则(2013年版)》,对全市11个县(市)区和3个功能区的基本公共卫生服务项目组织管理、项目经费到位和使用情况进行了全面核查。

二、宁波市公共服务绩效评价能力建设中存在的主要问题

通过考察宁波市实施公共服务绩效评价的主要方式和加强公共服务绩效评价能力建设的主要做法可以发现,尽管宁波市政府在推行绩效评价方面取得了巨大的进步,但是相较于英国、美国等西方发达国家的城市而言,仍然存在一些问题。

（一）绩效评价主体地位不明确

公共服务绩效评价主体是公共服务绩效的评价者,是对政府公共服务绩效进行价值判断的组织、部门和个人。"由谁来评价"决定了其评价的标准和评价结果的有效性。学者卓越认为,评估主体多元结构是保证公共部门绩效评估有效性的一个基本原则。[①] 目前在实践活动中,宁波市各级政府、政府职能部门尽管引入公众、审计部门、人大代表、政协委员、第三方评估机构等多元主体参与公共服务绩效评价活动,但是没有从制度层面明确各评价主体的地位、功能,没有明确说明选择评价主体的程序、每一类评价主体的数量、对评价结果的影响程度,也没有说明各类评价主体的比例、哪些类型的评价活动需要哪些类型的评价主体参与。从一定意义上而言,政府在确定公共服务绩效评价主体的时候,仍然处于探索与实验阶段,选择行为显得有点随意,缺乏更高层次上的统一设计与系统规划。

（二）绩效评价制度化、规范化程度不够,缺乏统一设计与规划

长期以来,我国地方政府推行的公共服务绩效评价改革虽然取得了一定的进展,但是仍然处于自发性探索阶段,绩效评价活动的启动与开展主要取决于地方政府官员对这一改革措施的理解与关注程度,且目前我国也缺乏一部专门的绩效评价法律,更多的只是一些政策性表述、规范性文件。在宁波,虽然各级政府、政府职能部门长期以来持续推行绩效评价改革,但是用以指导绩效评价改革的仍然是相关的政府部门制定的实施办法、实施意见等规范性文件,且这些文件主要是针对某一政府部门为推行目标管理考核、预算绩效监督、公众评议等做法而制定的,更多的是一种执行绩效评价改革的具体措施或做法。这导致绩效评价方法、程序、内容与侧重点差异性大,缺乏整体设计与规划,稳定性差,而这一事实也导致目前各类绩效评价改革如雨后春笋般长得快,但是缺乏可持续性的现状。

---

① 卓越.公共部门绩效评估的主体建构.中国行政管理,2004,5:19-22.

（三）绩效评价行为缺乏有效监督，存在形式化现象

为了确保评价主体按照法定的评价程序对评价对象做出客观、公正的评价，政府通常需要引入监督机构或人员来监督评价行为，或者对评价结果不满意者进行绩效申诉。在实践中，地方政府颁布的绩效评价方案通常仅仅关注评价原则、实施步骤、评价标准、评价结果运用等内容，甚少关注绩效评价过程中可能产生的投机行为、不适当的评价行为，因而往往忽略对绩效评价行为的监督，包括设立监督人员核实绩效信息、评价数据的真实性。在实践中，政府只是被动地接受评价主体提供的评价结果，而由于考虑到评价对象与政府间的亲密关系、政府官员的政绩等因素的影响，绩效评价结果常常出现分数偏高、差距小的分配状态。

（四）绩效评价指标存在简单化、分散化现象

绩效评价指标是用来评判政府部门、公共服务项目的标准与尺度，合理的绩效评价指标不仅能够测量与考核评价对象行为的优劣，识别其所存在的缺陷或不足之处，而且能够引导、激励评价对象产生组织所期望的行为。随着绩效评价改革的持续推进，宁波市各级政府及其职能部门设计、拟定绩效评价指标的能力日益增强，一些政府部门甚至聘请专业的研究人员来协助设计评价指标。然而，由于政府目标的多重性与复杂性、公共服务产品的不易衡量性等原因，绩效评价指标设计变成了一件十分复杂而困难的工作，再加上一些政府工作人员缺乏经验，对绩效评价理论知识了解甚少，导致在实践中产生了要么绩效评价指标过于简单，侧重于主观判断与打分，忽略客观的定量测量的现象，要么将所有工作都设计成绩效评价指标，虽面面俱到，但未找到关键性评价指标的现象。另外，各个部门设计的同一类型的公共服务项目评价指标、政府部门设计的评价指标各不相同，零散而杂乱，且考核有时过于频繁，导致评价对象产生强烈的紧张与厌烦情绪。

（五）政府信息管理系统不健全，存在绩效信息失真现象

随着电子政府、电子政务、智慧城市、政府信息化工程等一系列改革措施的推行，各级政府部门已初步建立政府网站系统，并为其日常行为信息建立专业数据库，但是目前关于某一政府部门行为活动的专业数据库仍然属于某一部门所有，未实现与其他政府部门共享信息，更不用说对社会公众开放，而这一做法很容易导致作为测评对象的政府部门采取策略性行为来人为地扭曲数据，规避不利的绩效评价结果，包括巧妙处理目标与计划、制造假数据、采取突击行动等。然而，对于测评对象的这些行为，由于评价主体

通常仅仅在特定的时间内通过实地考察、访谈、查台账等方面来获取信息，因此很难发现测评对象的造假行为，而且目前评价主体对测评对象的造假行为的惩罚力度非常小，而这一事实无疑降低了造假成本，进一步加剧了绩效信息失真现象。

三、借鉴经验来提升宁波市公共服务绩效评价能力的思考

宁波市政府推行绩效评价改革已经有二十多年，以绩效评价为管理工具有效地提升了政府服务效率与公共服务质量，政府工作人员也积累了一些开展绩效评价的经验与知识。然而，由于受到公民的主体评价意识不强、民间评估机构力量薄弱、政府人员的习惯性行政干预做法等因素的影响，绩效评价仍然存在一些问题。为了进一步推行绩效评价改革，必须从评价主体、绩效评价指标、信息管理系统等方面进行健全与完善，加强政府部门开展公共服务绩效评价的能力。

（一）加强宣传教育，营造绩效评价改革的良好氛围

由于绩效评价常常以政府部门及其负责的公共服务项目作为评价对象，评价结果反映了政府的绩效状况，进而影响政府机构及其工作人员的资源获取、利益分配，容易遭到政府工作人员的反对与抵制，因而必须加强宣传教育，让政府工作人员全面理解、理性认识绩效评价这一管理工具，了解其明确目标、发现缺陷、彰显成绩等积极作用，以正确的态度对待绩效评价，积极配合绩效评价改革。首先，要对政府工作人员进行绩效评价知识培训，让政府工作人员全面认识与掌握这一管理工具，避免因不了解而消极对待。其次，引导政府工作人员参与绩效评价活动，包括确定绩效目标、设计评价标准、拟定评价指标等活动，加强双方之间的互动与沟通，确保拟定的绩效评价指标切合实际。最后，在开展绩效评价之前，端正态度，理性看待绩效评价结果。绩效评价不是为了控制、评出优劣，而是为了发现问题与解决问题。对于发现的问题，要明确协助政府部门及其工作人员积极改进，对于超出政府部门职能范围而无法改进的地方，要做好协调沟通工作，并积极调整绩效评价指标。

（二）拓宽绩效评价主体，构建多样化绩效评价渠道

做得对不对、做得好不好不是政府说了算，必须交给评价主体来进行评判与测量，确保政府的资金花在刀刃上，真正实现资金的价值。宁波市政府在推行公共服务绩效评价时，大胆引进了审计部门、人大代表、政协委员、社会公众、第三方评估机构等来参与绩效评价活动，可以说是一个巨大的进

步,但是对于如何选择评价主体、各类评价主体的地位与功能问题等仍然缺乏明确规定。首先,政府明确评价主体的选择原则与标准。在引入多元评价主体时,政府要根据评价对象的不同,确定评价主体的选择原则与标准,针对不同类型的政府职能部门、公共服务项目,选择适当的评价主体。例如,政府可以依据评价内容的专业性程度、与公众生活的关联度将评价对象区分为不同类型,对于专业性程度低、与公众生活关联度高的公共服务项目,可以引入社会公众、人大代表等主体参与评价活动。其次,将绩效审计纳入政府绩效评价范畴,确定其主导地位。政府部门应该将审计部门开展的绩效审计作为审察与监督政府部门及其开展的公共服务项目的重要工具,从经济、效率、效果等方面全面审察资金使用的合法性、成本与收益、社会效果。

（三）精心设计与选择合理的绩效评价指标体系

绩效评价指标是用以评判公共服务活动绩效的标准与依据,合理的绩效评价指标能够客观、公正地衡量公共服务绩效;反之,则容易误导执行机构的公共服务供给行为。首先,应从绩效目标出发,设计与筛选绩效评价指标。绩效评价指标是度量政府绩效优劣的工具,要使这一测量工具有效且可信,政府必须遵循系统性、目标与评价指标一致性、可操作性原则来严格筛选指标,确保所选择的指标科学、合理,尽力避免过多出现定性描述、主观判断的现象,或者各个指标之间关联度低,评价指标与绩效目标实现之间关联度不强的情况。其次,结合政府战略、利益相关者诉求、地方经济与社会发展水平来设计评价指标,确定评价分数。政府部门在拟定绩效评价指标时,必须切合实际情况,与政府的长期发展战略、本地的经济及社会发展水平相结合。与此同时,对于公共服务供给行为涉及多个利益相关者的情况,政府还必须将不同的利益相关者的利益诉求纳入绩效评价指标中,确保公共服务能够满足不同层次、不同群体的社会公众或组织的需求。

（四）将中央与地方立法相结合,推进绩效评价制度化

鉴于我国目前的绩效评估开展现状,可以采用自上而下、自下而上的立法行为相结合的做法来推进绩效评价制度化建设。目前,我国绩效评价实践主要是在基层政府中采用先试点再推广的做法,即在基层政府中制定实施方案或实施办法后逐渐规范化的做法。宁波市政府应该抓住这一机遇,以中央各部委制定的通知、意见、办法等规范性文件为依据,结合本地的实际情况制定绩效评价实施办法,确保公共服务绩效评价行为有法可依,规范

化运行。与此同时,由于绩效评价机制分散于财政部门、审计部门、效能办、监察部门等各部门中,各部门出台的绩效评价办法在评价原则、程序、方法、内容等方面存在差异,因而宁波市政府应该加强各部门绩效评价改革的协调与整合,进行整体的制度设计与规划,确保公共服务绩效评价改革的持续、稳定开展。

(五)构建完整的公共服务绩效信息管理系统

从经济学理论来看,信息不对称会造成市场失效,让决策者做出错误的决策,经济资源的配置达不到最优效果。同样,在绩效评价活动中,也存在评价主体与评价对象之间的信息不对称现象,通常评价对象拥有关于其自身行为的更多绩效信息(即信息优势),为了维护个人利益,评价对象通常倾向于隐瞒对其不利的绩效信息而公开对其有利的绩效信息。为了全面、准确地收集显示公共服务绩效的信息,政府可以从建立信息管理系统、设立激励约束机制等方面着手。首先,健全公共服务信息管理系统。除了要求评价对象及时递交公共服务生产信息之外,可以实施第三方输入与核查的方式来确保输入信息的及时性与准确性。其次,制定激励约束机制,鼓励评价对象公开真实的绩效信息。政府可以参照委托代理理论中的激励相容原则,一方面,通过提高作假行为的发现概率与加大惩罚力度来增加作假成本,避免评价对象的制造假数据行为;另一方面,通过设计绩效改进奖励来鼓励评价对象主动公开隐瞒信息,发现问题并及时改进绩效。

第四章　地方政府公共服务监管能力

公共服务提供是政府的职责所在,但地方政府在提供公共服务的过程中,经常陷入能力不足和能力不为的怪圈,因此,加强地方政府公共服务能力的监管,是提高政府公共服务能力的重要环节。

第一节　地方政府公共服务监管能力的概述

一、地方政府公共服务监管能力的构成

(一)能力要素

能力又称为能块,它包括思块(认知)和行块(行为),具体表现为内在的知识、技能、动机、责任和外在的具体行动、语言表达等(见图 4-1),是内在蕴含和外在行为的系统整合。因此,作为能力的承载者,无论是何种能力,最终都归于认知和行为。在能力提升上,内在蕴含可通过学习来丰富,而外在行为则必须通过实践来表现。内在蕴含和外在行为,并不必然表现为前因后果的关系。内在蕴含不足,可以通过外在行为来弥补,如通过调研来加强对事物的认知,可以说,内在蕴含和外在行为两者是一种互助的同构关系,它们之间可以相互促进和转换。内在蕴含虽有先天的,但更多的是后天努力形成的。善于学习和勇于学习对于内在蕴含意义非凡。而外在行为的评价,不能简单地囿于结果,因为这样会陷入狭隘的"唯结果论"的功利主义漩涡,以致在"能力"的光环下,堂而皇之地对政治、经济、文化、法律等造成破

坏,而当事人和旁观者不但浑然不觉,还颇感"能力过人"。从规范的角度来衡量外在行为,既能引导外在行为的正向发展,又消除了外在行为的负面影响,从而给能力一个正确的度量。

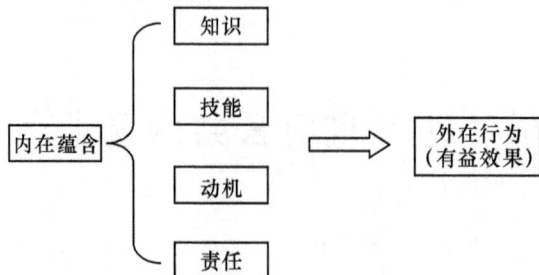

图 4-1 能力

纵观中西方历史路径,人类发展就是一个从身份到契约的转化过程,[①]从必然王国向自由王国的演进历史,从"你是谁"到"我是谁"[②]的人生感悟。但受制于人的机会不均,身份成了能力的象征,社会也因身份而产生了阶级,而不是因为能力产生阶层,为了缓和阶级的紧张对立,"社会精英"总是以能力的名义粉饰着身份的作用,尤其在政治参与方面。[③] 相比西方的历史进程,中国的身份意识更加强烈,[④]在决策过程中充斥着更多的身份表达,以致能力的传统建设更多强调的是身份。[⑤] 随着机会的社会均等,能力的内在蕴含正逐渐缩小差距,取而代之的是能力的外在行为,即切实的参与行为和中肯的言论表达,可以说,地方政府公共服务监管能力现代化的重点就是一个外在行为的规范化。[⑥] 通过外在行为把内在蕴含充分又恰当地表达出来,实实在在地展示出能力。地方政府公共服务监管能力不能仅仅停留在口号上,而能力的展现都需要相应的制度支撑。鉴于当前地方政府能力建设在我国的政治架构中始终处于华而不实的尴尬境地,因此,推进地方政府能力现代化,就是从传统身份推崇到现代制度治理的一个转换过程。

----

① 梅因.古代法.沈景一,译.北京:商务印书馆,1959:25.

② 石绍斌.传承与发展:"雷锋现象"的法治诠释.宁波大学学报(人文社科版),2014 (5):87-90.

③ 约翰·罗尔斯.正义论.何怀宏,等译.北京:中国社会科学出版社,1988:59.

④ 盛洪.中国与西方是如何分道扬镳的?.读书,2014(5):128-139.

⑤ 殷啸虎.关于人民政协法治化问题的若干思考.政治与法律,2009(5):53-58.

⑥ 罗豪才.人民政协理论研究的一个新视角.软法与协商民主.北京:北京大学出版社,2009:35.

（二）能力表现

相较于西方发达国家的公共服务，我国政府公共服务的提供有其独特的历史起点。在经济发展水平还相对落后的现阶段，地方政府公共服务能力因财政匮乏而陷入能力不足的道德失范中，但能力不足的背后往往表现为能力不为，即地方政府可以在公共服务财政保障不力的前提下，引入市场机制和社会力量来扩大公共服务供给范围，提高效率。有鉴于此，当前我国地方政府公共服务监管能力方面也呈现出能力不足和能力不为的弊病。[①]

1.能力不足

能力不足主要表现在因监管认知而制定的监管规范上。当前地方公共服务的监管规则体系存在着诸多问题。第一，规则体系缺乏统一性，不同位阶和部门的法律法规之间存在冲突，地方法规与国家法规之间存在矛盾。第二，法规体系陈旧落后，不能适应新的经济和社会发展形势的要求。而更大的问题还在于规则的执行机制不健全。首先，监管者与被监管者之间过于密切的关系，使得监管规则很难得到有效执行；其次，政事不分使得规则执行缺乏公平性，在很多领域存在基于部门、所有制或地区的歧视；第三，现有的司法体制和行政管理能力制约了规则的执行能力。鉴于此，有效的监管治理和监管功能的实现不仅要注重各种工具的设计、实施以及工具之间的协调配合，还要注重更为宽泛的问题，如透明度、可问责性、效率、适应性和一致性。

2.能力不为

能力不为包括主动和被动的不为。从总体上看，当前地方政府公共服务的监管体制基本上仍然延续着计划经济时代的模式，如当前在政府对公共服务管理的过程中，政府部门仍然发挥着主导甚至唯一的作用，包括行业协会、消费者保护群体、服务提供机构在内的利益相关者的积极性未得到有效调动。因此，在地方政府公共服务的监管方面，很多监管部门缺乏必要的独立性，以致缺乏有效的监管机制。目前，在地方政府提供的各种公共服务领域，尽管都设立了相应的监管部门，并赋予了相应的监管职责，但由于人、财、物等都受制于地方政府，以致监管部门在实践中更多的选择与地方政府合作或协商的方式，如府院（人民政府与人民法院）联席会议等，以致监管流于形式。此外，各监管部门的职责或者是模糊的，或者是不合理的，越位、错

---

① 薄贵利,樊继达.建设服务型政府的战略与路径.北京:人民出版社,2014.

位、缺位的现象非常普遍。目前地方政府公共服务出现的价格、质量、效率和覆盖范围等方面问题，其原因正是监管体制僵化、交叉、不透明、不可问责。

二、地方政府公共服务监管能力的形式

地方政府公共服务的提供包括事前决策、过程执行和效果评价等三个部分，因此，地方政府公共服务监管能力则表现为事前决策监管、过程执行监管和事后效果监管等三种形式。这三种监管形式既是考察和完善公共服务监督机制的主要维度，也是现实中推进公共服务监管能力体系建设的主要着力点。

(一)事前决策监管

公共服务决策决定了公共服务的基本方向和内容，因而是监管的重要内容之一。公共服务决策的主要内容是规划、预算和项目。规划是对一段时期内公共服务发展方向、布局、目标的顶层设计，本质上是对公共资源投入和产出的安排和限定；预算是规划的基本载体，预算决定了公共服务项目、标准、资源分配的方向和内容；项目是根据规划和预算而展开的具体活动，它必须在特定的时间、预算、资源等限定内，依据规范完成。通过对公共服务规划、预算和项目的监管，能够确保公共服务供给和生产的正确方向和基本水平，促进公共部门履行好服务职能。[①]

1.规划监管

规划监管主要是对地方国民经济及社会发展规划，以及公共服务专项规划的制定、执行和落实情况进行监管。监管的主要对象包括规划本身和规划实施两个方面监管：监管规划本身，要关注其科学性、可行性和平衡性，确保公共服务水平能够与经济社会发展水平相适应和匹配，满足社会的需求；监管规划实施，则要关注规划在指定时间内是否真正得到实施，规划目标指标是否实现。目前，各级地方政府都已出台基本公共服务体系的"十三五"规划，其落实情况的监管应该成为公共服务监管的重要内容之一。[②]

2.预算监管

影响、监管和控制公共服务预算的主体有三类：一是政府或上级政府预

---

① 陈奇星.平衡与优化:完善我国公共服务监督体系的思考.中国行政管理,2013(10):18-20.

② 盛人云.有了公共服务,还需完善公共监督.农村工作通讯,2014(20):51.

算部门,可以通过"戴帽子"转移支付等方法向下级委派公共服务责任,或通过经济审计的方式监督公共服务支出;二是立法或权力机关,通过立法的形式决定政府预算案,讨论重大的公共服务项目和服务标准,同时对决算案进行审查,监管公共服务运行;三是公民和社会群体,在一定的制度设计下,可以通过参与式预算、民主恳谈等公众需求表达方式参与预算制定,监督公共部门用好公共预算,提供社会需要的公共服务。[①]

3. 项目监管

项目监管主要是对重大服务项目和实事工程的决策过程、实际效果的监管。例如,公共部门如何收集社会需求,并将之纳入议事日程,转化为公共服务项目和实事工程;这些项目和工程是否如期完成,达到预设的目标,以及在实施过程中是否达到服务标准。现在各级地方政府的实事工程和百姓工程非常多,因此对这些工程和项目实施情况的监管应予以重视。

(二)过程执行监管

公共服务过程是公共产品生产和供给的一系列程序,包含公共服务程序、公共服务标准、工作效能等因素。当前,借助现代信息化技术,往往能对公共服务生产的具体过程进行实时、全面和准确的展示,使得服务进程和情况一目了然,这对于提高监管水平和能力,起到至关重要的作用。[②]

1. 服务效能监管

服务效能监管主要是对公共产品的生产和供给过程的监管,包括办事效率、服务标准、服务态度、流程设计、成本费用监督等。效能监管的主要目的是推动、促进公共部门(或准公共部门)以尽可能低的成本完成特定的工作任务和服务项目。效能监管有内外部两种类别,前者如行政部门内部的服务标准化管理(标杆管理、信息化管理、技能竞赛等),如在行政审批过程的电子化监管中,审批时限控制和"亮灯告知"等都是典型的标准化管理。外部的效能监管近年来尤其多见,如政风行风评议、电视问政、市民评政府、市民巡访等。

2. 服务公平监管

服务公平监管主要是对公共服务提供过程中的公平、公正问题进行监管。如廉洁问题,公共服务人员是否在提供公共服务时收取额外的费用和

---

① 容志.公共服务监督体系的逻辑建构:决策、过程与绩效.中国行政管理,2014(9):39-40.

② 范献军.我国县域公共服务体系的构建与完善.武汉:武汉科技大学,2012:21.

提出其他要求，是否能公平对待所有服务对象；政府在购买服务时能否公平对待所有竞争者，并不发生贿赂等违法行为。

（三）事后效果监管

公共服务绩效是公共服务的结果。对绩效的监管，主要是对公共服务的具体效果、效益和效率进行的监管，主要手段和方式就是公共服务的绩效评价。即运用多种手段和方法，在特定的指标体系和框架的基础上，对公共服务的成本、收益、效果、满意度等各方面绩效进行测量和评估，并诊断公共服务供给存在的问题，以不断改进服务方式，提高服务效能，优化服务结果。

1.服务绩效评估

在建立科学的公共服务项目绩效指标体系的基础上，对公共服务是否达到预设目标，以及其经济性、效益性、效率性、效果性等方面进行评估，以确保公共服务真正达到预期效果。服务绩效评估既能倒逼公共服务决策和过程的科学化、效益化，也有益于下一年度公共服务立项和资源分配的科学化与合理化。内部性的绩效监管包括财政支出项目绩效评估、上级的工作检查、行政问责等；外部性的绩效监管包括人大、政协专项检查、电视问政、市民评政府、第三方绩效评估、民意调查等。

2.服务责任监督

绩效监管与主体责任紧密联系，对于服务绩效未完成预期目标和承诺的服务主体，要追究其应负的责任。责任监管就是要确保绩效评估结果得到切实应用，权力与责任真正匹配起来。这样监管行为才是有效的，监管体系才能正常运转。

三、地方政府公共服务监管能力的意义

（一）强化政府责任

长期以来，我国地方政府受到官本位思想的影响严重，把公共服务的提供当作一种恩惠，没有树立起为人民服务的基本思想，以致地方政府对于人民面临的问题不关心，只是一味对上级负责。为了政治前途，地方政府甚至违法行政，大搞面子工程、政绩工程。加强政府监管能力，建立健全监管机制，可以使得地方政府的责任意识逐步增强。如在行政问责中，不当的行政行为将会受到严厉的责任追究，接受党纪国法的查处，同时也要承担法律、政治、道德的责任。轻则受到党内警告、记过处理，重则撤职、开除，构成犯罪的还要依法追究刑事责任。这样极大增加了地方政府公共服务的风险意识。当前各级地方政府已经开始感受到权力背后的责任，不能再像过去无作为、不作为,无过即功。地方政府对于公共服务的提供负有直接的责任,必须承担因行政过错带来的惩罚与政治后果。可以说,服务意识的提高,可促进地方政府在公共服务方面有力的提高。

(二)保障公民权利

政府提供公共服务是"为人民服务"的具体践行,但当前单向的服务供给使得公民对服务的认知、选择以及评价都处于一种被动状态,如在公民和政府之间的表达及客户与提供者之间的客户权利方面,集中体现出了公民的力量薄弱等问题,同时又缺乏公民对公共服务供给者的激励与约束,导致公民的表达传导机制不是十分通畅,同时公共服务供给者对公民需求的反应也较为缓慢;再加上一些公共产品的供给仍处于垄断状态,导致公民的选择十分有限,无法充分发挥其客户权利。因此,加强地方政府公共服务的监管,将有力保障公民权利的实现。

第二节 地方政府公共服务监管能力的现状

当前地方政府公共服务监管体系已经建立起来,具体包括党委监管、人大监管、行政监管、司法监管以及社会监管等方面。监管体系的建立满足了能力的内在蕴含,如何通过外在表现,把地方政府公共服务的监管展示出来,还需要认真对待。

一、人大监管

(一)立法监管

我国公共服务的监管规则体系可以划分为四个层次:第一层次是《宪法》;第二层次是基本法律;第三层次是国务院颁布的行政法规;第四层次是行业主管部门及其他部门发布的规章制度。此外,地方政府也可以根据本地的情况和国家的授权,制定适用于本地区的地方性法规和规章。虽然我国已基本建立起公共服务的监管规则体系,但经济体制还处在转轨过程中,公共服务也处于改革进程中,相关监管规则存在以下一些问题:一是有的法律法规较为陈旧,已经不能适应新形势下公共服务监管的需要;二是规则不配套统一,主要体现在不同位阶的法律法规之间存在冲突,不同部门出台的规章缺乏协调性,地方性法规与国家性法规之间存在矛盾。特别是我国的立法存在着较为严重的部门立法现象,在管办不分的情况下,监管规则的制定往往缺乏公平性,很多公共服务监管规则都存在着部门、所有制和地区歧视。而且,由于监管者和被监管者并不是严格独立的,使得监管规则很难得到有效执行。在我国的公共服务领域,相对于无法可依的情况而言,有法不依、执法不严的问题更为突出。因此,需要我国人大针对这些立法上的不足,制定有效的法律法规,弥补监管基础立法不足的现状。目前,我国尚未出台专门的公共服务法、政府监管法,这是人大立法及修改法律值得考虑的方向。

（二）专项监管

《宪法》第七十一条规定:"全国人民代表大会和全国人民代表大会常务委员会认为必要的时候,可以组织关于特定问题的调查委员会,并且根据调查委员会的报告,作出相应的决议。"《宪法》第一百零四条规定:"县级以上的地方各级人民代表大会常务委员会讨论、决定本行政区域内各方面工作的重大事项。"上述规定,明确了人大除了通过立法进行监管外,还可以通过专项监管来推动地方政府公共服务的提供。地方各级人大通过深入开展专项监管活动,可有效推动地方政府公共服务提供的完善。通过开展专项监管活动,地方政府可进一步明确提供基本公共服务的义务,从而促使地方政府采取必要的措施建立覆盖全社会的公共服务体系,以保障全体公民享受基础教育、食品安全、卫生、医疗等基本公共服务。

二、行政监管

（一）上级监管

我国在行政监管方面,形成了一体化的层级制体系,上级监管下级,下级服从上级,具体制度表现为《监察法》《行政复议法》《行政处罚法》《行政许可法》《国家赔偿法》《公务员法》等。当前要做好上级监管的工作,需遵循相应原则。

1. 依法监管

上级监管的根本准绳是法律、法令和有关监管法令、法规实施的原则。上级行使监管职权是国家法律与法规授予的权力,各级政府必须依法进行监管和接受监管。上级监管工作如果离开了法律制度就会出现两种偏差:一是监管工作变得"无法无天",不受任何约束;另一种是无法监管,在监管上由于权限、程序规范、义务等方面的规定不明,使监管工作处于瘫痪状态。依法监管原则是上级监管的制度规范原则,它确定了监管的权力、职责、内容和程序。

2.公开监管

上级监管要公开,包括公开监管主体、对象和范围,公开监管制度,公开监管程序,公开监管结果,等等。正确实施公开原则,要注意区分三种情况:一是一般性监管,其公开性应该是无条件的,不论是自上而下的监管还是自下而上的监管都应该是公开的;二是特定监管,仅仅在一定的范围内公开;三是不允许公开,为了维护国家和人民的利益可以暂时不公开。实施公开原则,要建立社会协商对话制度,上级政府要同组织成员直接协商对话,向群众公开报告,听取群众的批评,及时准确地了解群众的愿望、要求、建议和批评,使监管工作更符合实际。

3.时效监管

上级监管必须讲究效率,注重监管的及时性和有效性。上级政府在监管过程中要认真把握监管的特点和规律,力求监管手段和方法的科学性,以便以最小的代价达到最有效的监管的目的。通过及时而有效的上级监管,可以促进地方政府决策、执行等行为及时运行,提高其办事速度和效率。

4.层级监管

从权力制约理论来说,上级监管的权力一般要高于被监管的对象。在层级监管中,按照纵向分为若干层次,每一个下级层次都对上一个层次负责。各个层次所管辖的地区和范围随层次的降低而缩小。在上级监管工作系统中,上级政府能够直接监管的部门在数量上应有一定的限度,数量少了不便于发挥作用,过多则难以兼顾和协调。当然,层级监管原则并不是绝对的,在特殊情况下上级监管部门可以越级检查下级的工作。

(二)内部监管

政府内部监管是指某一公共行政部门能够在保持距离的情况下监管另一部门,运用一揽子工具来审核被监管部门的行为,并在必要时予以纠正。[①]在传统的行政管理体制下,政府政策制定和实施、资金使用和审计、行为监督和管理等实行一体化模式,但由此所暴露出的激励问题、部门利益问题越来越严重。因此,在政府机构内、政府机构之间施加有效的控制措施就变得十分有必要,这就导致了政府内部监管的兴起。当前政府内部监管部门包括公共审计部门、监察部门等。此外,在教育和卫生等公共服务领域,地方

<hr>

① 张再生.基于资源基础理论的公共部门人力资源管理变革研究.行政论坛,2015(2):69-73.

政府赋予了事业单位较大的自主权,包括工作计划、预算制定、收益创收、内部激励与约束机制、银行贷款等,但政府依旧是公共服务的主要提供者,政府为此设立了专业化的监管机构负责价格和质量的监管,以致公共服务的政策、供给和监管在政府内部实现某种形式上的分离,从而使内部监管显得更加清晰。

三、司法监管

我国司法机关与行政机关都是国家权力的执行机关,都是由同级人民代表大会产生的,并对人大负责,因而司法机关与行政机关之间处于平行的位置,没有组织上的隶属关系。司法权和行政权都来源于国家立法权,都是统一的国家权力的组成部分,彼此之间相对独立,没有权力大小之分。[①] 这种组织结构和权力结构决定了司法机关可以依法独立行使监督制约权。这是对行政实施司法监督的前提条件。司法机关对地方公共服务的监管较之于其他监管主体,更具有独特的优越性,主要体现在以下几个方面:第一,司法监督具有公正性;第二,司法监督具有权威性;第三,司法监督具有补救性。但同时,也应看到我国司法监督的某些不足和弊病。如我国法律规定:人民法院独立进行审判,只服从法律;人民检察院依照法律规定独立行使检察权。但我国司法机关都是按行政区划设置的,它们的财政经费、人员编制等一系列问题均受制于同级政府。这种体制,不利于司法机关独立行使司法监管职能。因此,要实现客观公正的司法行政监管,必须进一步深化体制改革,完善国家权力结构。

(一)检察院监管

依据我国《宪法》,检察机关是与审判机关和行政机关并立的国家法律监督机关,其在国家宪政体制中的作用是通过行使检察权,保障审判权和行政权的依法行使,维护国家法制的统一,这是我国检察制度的应然性要求。然而,《人民检察院组织法》中人民检察院对于国家机关和国家工作人员的监督范围做了严格限制,把人民检察院的行政监管职能仅限定为职务犯罪侦查权。职务犯罪侦查权行使的刑事诉讼程序法定性,客观上使得人民检察院的行政监管职能实然性虚化。[②] 因为对职务犯罪案件的立案、侦查、公

---

① 周志忍.基于变革管理视角对三十年来机构改革的审视.中国社会科学,2014(7):66-86.

② 张志铭.对"中国检察一体化"的思考.国家检察官学院学报,2007,15(2):14-16.

诉,是刑事诉讼法赋予人民检察院的诉讼权力,其行使理所应当依据刑事诉讼法的有关规定,而行政权的行使则属于行政法律范畴。因此,人民检察院的职务犯罪监督由于缺少对行政执法权进行监督制约的前置行政法律程序,与行政执法行为产生不了行政法制监督关系,属于两条不能交叉的权力行使平行线,人民检察院就不可能脱离刑事诉讼的轨道去监督制约行政权。人民检察院的职务犯罪侦查权,除了体现人民检察院作为职务犯罪侦查主体异体侦查、一般预防的震慑犯罪意义之外,并没有有效实现对国家机关和国家工作人员行政行为的监督制约作用。一方面,有些地方政府在公共服务方面的不作为或乱作为,侵犯国家利益和社会公共利益已经成为一个严重的问题,严重影响我国社会秩序的健康发展;另一方面,在检察实践当中,如火如荼的督促性的行政检察监管却受到一定程度的限制。为此,应反思《人民检察院组织法》中人民检察院对于国家机关和国家工作人员监督范围的限制,科学构建人民检察院的行政监管职能。司法改革对检察机关而言,在某种程度上就是实现宪法价值的回归。通过立法授权,实现检察权预防、控制和纠正行政执法行为侵犯国家利益和社会公共利益的程序性保障,是我国行政监管制度和检察制度需要共同解决的基本法律问题。

(二)法院监管

地方政府公共服务的法院监管,就是将行政置于司法审查和裁判的状态下,以法律制度规范行政权力的行使。我国的审判权是国家权力机关即人民代表大会及其常务委员会赋予人民法院行使的,或者说,是国家权力机关制定的法律授权人民法院行使的。但是,法院监管行政权有一定的限度和范围,法律并没有授权人民法院对行政权力运行的所有空间都实施监管。根据我国《行政诉讼法》以及相关法律的规定,法院监管行政的范围仅限于行政主体针对行政相对人所做的具体行政行为,从而排除了对相关行政行为的法院监管:一是对国家行政机关制定的行政法规、行政规章和发布具有普遍约束力的行政决定、命令等抽象行政行为不得实施司法监管,这一类行政行为只能由全国人大及其常委会、有权力的地方人大及其常委会和上级行政机关实施监管;二是对行政机关内部公务员的奖惩、任免等内部管理行为和不产生法律效果的报告、通告等单纯的事实行为不实施司法监管;三是对国防、外交等国家行为不能实施司法监管;四是对法律法规授权行政机关做出最终裁决的某些具体行政行为不能实施司法监管。由此可见,人民法院对行政实施监管权只能在法律规定的范围内行使,如果超越范围,就是违法无效的监管,以致对于地方政府提供的公共服务,无法进行有效的司法审查。

四、社会监管

社会监管不仅可以对公共服务供给部门的行为的合法性及合理性进行监管,而且对独立、权威的监管主体可以进行反监管。社会监管主要包括公众、新闻舆论、群众组织及各种社会团体对公共服务的提供和效用进行监管。可以说,构建社会监管的根本任务就是要发挥社会公众在公共服务过程中的重要监管作用,从而确保公共服务的目标方向,保障公众利益的实现。

(一)公众监管

随着社会改革的深入,我国个体成员的公民意识、权利意识、政治参与意识不断增强,公民对于实现自身权利的意愿也不断高涨。马克思曾指出,市民社会的成员,是政治国家的基础、前提。如果公民的权利得不到有效的保障,如果他们的意愿和利益诉求不能被国家体制合理吸纳,必然会使执政体系的合法性基础受到损害。鉴于此,公众是社会监督的基础和主体力量,公众可以通过批评、建议、揭发、检举等方式对公共服务事业的经营主体及其监管部门进行监督。《宪法》规定,公民对于任何国家机关和国家机关工作人员,有提出批评和建议的权利;对于任何国家机关和国家机关工作人员的违法失职行为有向有关国家机关提出申诉、控告或检举的权利。我国公民可以通过信访,即给政府机关写信或要求面谈,表达自己的愿望,对政府工作或政府工作人员提出批评建议;各级国家机关都有专人负责处理群众来信和接待群众来访的工作;公民也可以提出申诉,对损害了自己权益的行政行为提出复议、复查或重新处理的要求;公民还可以就自己所了解的行政机关工作人员的违法乱纪行为,向有关部门提出控告或检举,要求对其依法进行处理;《行政诉讼法》规定,公民、法人或者其他组织认为行政机关和行政机关工作人员的具体行政行为侵犯其合法权益的,有权依法向人民法院提出诉讼。

(二)社会组织监管

伴随着市场经济体制的确立,政府职能的转变,多元性主体得以彰显,社会获得了相对宽松的经济场域和政治场域,并且其规模不断扩大,组织也逐渐成熟,这就为公众参与地方公共服务的建设提供了可能。民政部发布的《2016年社会服务发展统计公报》显示,我国社会组织已经成了人民群众参与社会管理和社会服务一个重要的形式。截至 2016 年年底,全国共有社会组织 70.2 万个,其中最多的是民办非企业单位,有 36.1 万个,但增速最快的是基金会,共 5559 个,比上年增长 16.2%。社会的蓬勃发展,为社会力量参与公共服务的建设奠定了基础,从而使社会组织监管地方政府公共服务成了可能。依据我国相关法律,我国各类合法的社会组织,如各级工会、共青团、妇联、青联等社会团体,以及各种协会、联谊会等群众组织,可以通过各种法律途径向地方政府反映群众意见,对政府工作提出批评和建议。

（三）舆论监管

舆论监管就是通过报刊、广播、电视、网络等媒介对公共服务的经营主体及政府监管的行为进行调查、报道和评论。虽然媒体及舆论监督本身不具有什么制裁力,但它却具有迅速及时、公开直接以及动员群众的实际效能,这也是其他监管方式所无法取代的。[1] 可以说,通过媒体可以放大社会公众的反映呼声,社会公众通过媒体来表达共同意愿。当前舆论监管主要有两种形式:一是公开报道政府公共服务的行政活动内容,直接促使政府公共服务的信息公开;二是揭露政府在公共服务工作中的不当行政行为,间接促进政府公共服务的信息公开。政府信息公开制度的理论基础是公民的知情权,舆论监管可以通过媒介要求政府各级行政机关按照法定的范围、程序和方式主动地或被动地向社会公开信息,方便社会公众知悉和适用。公开信息具体包括政府各行政机关的公共服务供给的基本情况、财政收支情况,以及其内部公共服务供给人员的考核任免信息等内容。舆论信息传递的迅速及时性使公众能在第一时间获取相关信息,从而维护自己的应有权利。

（四）政协监管

公民权利的主体性描述是人民政协主体性的正确回归。[2] 它契合了协商民主的治理形式,即平等、自由的公民借助对话、讨论、审议和协商,提出各种相关理由,尊重并理解他人的偏好,在广泛考虑公共利益的基础上,利用理性指导协商,从而赋予立法和决策以政治合法性。[3] 由此可见,人民政协民主监管职能的充分发挥实现了人民当家做主,对党政部门工作作风的

---

① 朱水成.对公选实践的理性反思.理论探讨,2007(2):166-170.

② 石绍斌.人民政协主体性的法治探究.宁波大学学报(人文社科版),2012(2):
106-110.

③ 博曼,雷吉.协商民主:论理性与政治.陈家刚,等译.北京:中央编译出版社,2006:50.

转变,防止政府官员惰性的产生,构建服务型政府等都起到积极的作用。由于政协的民主监管是一种有组织的行为,因而比无组织的群众监管更切实可靠,更有助于人民群众的利益通过政治协商过程得以实现。然而,当前人民政协的民主监管还存在很多不足,如政协民主监管的社会氛围还没有完全形成,部分政协委员民主监管的意识薄弱,同时政协民主监管的制度不健全,相关规章制度对有关部门的约束力也不是很强,政协民主监管的运行机制不畅。从目前情况看,人民政协还不能做到主动知情,只能被动知情,地方上的座谈会只是向政协通报情况,以致政协的民主监管往往处于被动的地位,造成其监督范围窄、监督层次低、监督措施不得力、监督手段和形式单一、监督效果不显著、监督流于形式等问题。

第三节 地方政府公共服务监管能力的问题

地方政府公共服务的监管源于现实中的问题,因为问题隐含着时代的脉动。每一个时代提出的问题或多或少是从其现实焦虑中建构出来的,故地方政府公共服务的监管能力是我国既有现实生态中存在问题的一种升华。

一、重实体,轻程序

"重实体,轻程序"是我国地方政府公共服务监管中存在的传统习惯,无论是在理论、制度方面,还是在实践方面都影响深远。实体主要是合理配置权力与权利,注重权利与权力的和谐统一。程序则主要体现公正与效率,规范权利和权力的适用,从而达到权力与权利的平衡。如果将实体简单地描述为"是什么"的话,程序则解决的是"怎样做,如何做"的问题。从现实实践来看,监管主体在日常生活中往往更关注行为结果,即哲学意义上,意识的目的性决定了人们将结果作为行为的最终归宿,从而淡化或掩盖了过程的重要性。这反映在制度层面,则出现"重实体,轻程序"问题。在我国历史上长期延续的行政司法一体的机构设置中,行政是以权力的纵向主导为主的,使得监管主体无法实现对权力的制约。机构设置及线性权力结构,使得刚性的程序规则无从真正确立。此外,地方政府将监管视为给政府"添麻烦",是对政府权威的挑战。基于维护政府权威以及自身独立性的考虑,监管主体常常主动配合政府,不承认当事人的主体地位,将当事人作为审理的客体,运用权力做出实体性裁断,当事人几乎无实质的参与权,这使得当事人所追求的实体性权利无法得到程序性权利应有的保护。在这种模式下,监管主体对地方政府公共服务的监管,只得退而求其次,在实体一定的情况下,对程序的规范采取淡化处理。

二、重政策,轻法律

从理论上看,政策和法律应有一致性,政策和法律对地方政府公共服务的监管具有同等重要性和必要性。但是设计完美的理论不能取代规定,法律和政策在具体运作中,常常出现重政策、轻法律的理论与实践相脱离的现象。政策在我国享有历史性的威望。在革命战争年代,在打破、废除旧制度束缚时,不可能一下子从整体上建立起新的法律制度,主要靠政策办事,政策替代了法律的作用。新中国成立后,我国长期处于法制不完备,靠政策办事的状况。直到 20 世纪 80 年代初,我国基本以人治为主,党和政府的政策仍然活跃于政治、经济、文化、教育等各个领域中,这种状况造成了人们根深蒂固的政策意识,人们习惯于以政策的思维思考法律问题,执行法律规定。政策与法律的矛盾,其实质是权与法的斗争。[①] 应通过法律来防止和制约监管权力滥用,否则就会导致监管自身的失控、滥用、自我膨胀。当前地方政府公共服务的监管机制不完善,各种法律形式的"控权"色彩淡薄,以致权力远离法律的约束,极易在监管保护下出现一些违反规则和原则的政策,从而导致政策凌驾于法律之上的现象。在现实中,一些监管主体人为地夸大了法律缺陷和政策优势,借口现行法律规则抽象、不易操作执行,制定了许多实施意见、办法等,这种做法名为贯彻落实规则内容,实为逃避职责,从而造成了公共服务监管过程中重政策、轻法律的现象。

三、重构建,轻执行

监管主体重制度构建、轻制度执行的现象在公共服务的监管过程中很常见,原因是目前地方政府公共服务的监管在执行过程中面临着压力型体制,以致常常出现"上有政策、下有对策",以及"悬而未决""不断反复"的现象。[②] 究其原因,一是"以政治稳定为基础""摸着石头过河"的渐进改革的监管执行环境;二是监管执行者受到来自各方的利益驱动;三是监管执行结构

---

① Lucian W P. China:Erratic state,frustrated society. Foreign Affairs,1990,69(4):56-64.

② 张金融.我国行政成本现状分析及优化路径.中国行政管理,2011(8):40-43.

中条块分割的结构性困境。如党政不分,党组织与人民政府都具有监管执行的功能,党、政之间又没有明确的监管职责与权限划分。条块分割,是指中央或上级政府职能部门对本系统实行直接领导,从而使各个层级的地方政府失去应有的监管权力和作用;而当中央把相当一部分权力下放给地方时,相应的上级政府职能部门将无法干预。由于我国幅员辽阔、人口众多,单一的"条条"或"块块"都无法有效地管理整个国家的经济和社会生活;而条块结合形成的矩阵结构有助于政策在广大的地域范围内推行,但同时也造成了条块分割的弊端。党政不分和条块分割使得每个官员、每个部门之间的权限并没有清晰的界定。由于权力配置上的重叠、交错,有些权力的分配在政策执行过程中因时而异、因地而异、因人而异、因事而异。可以说,有限分权的结构性因素导致地方政府公共服务的监管权力呈现出上下交错、左右交错和纵横交错的状态,形成监管主体的支离破碎,造成"政出多门",从而使得监管作用在执行过程中大打折扣。

四、重结果,轻过程

在我国,近代化及现代化历史是以急切地追求富强为主要驱动力的社会化过程。[①] 源于此,地方政府公共服务的监管过程中强烈的工具理性主义指向时常遮蔽其价值理性的要求。公共服务监管的价值仅被界定为以效率指向为中心的工具性目标,监管的过程价值无以呈现,至多也不过是作为结果价值追求的附庸而存在。文明的进步是以不断提升人类的自由水平为标准的,文明的发展应注重对人们生存状态的关注。工具理性的突进离不开价值理性所做的良好铺垫,作为人性尊严的具体化必须对公共服务监管的过程价值予以关注,偏于结果价值的视角必须转换,监管价值必须兼顾过程与结果价值的统合。只有过程价值与结果价值两者有机统合,才能真正实现行政监管的终极价值,即规范行政执法权行使,达致社会和谐。地方政府公共服务的监管过程在本质上追求的是一种人际的相互作用关系,其实际上是监管者作为公共利益的代表以监管主体角色与政府所展开的交涉过程,而不再是一种省缺交涉的直接推行,即我们一般所抽象化表达的行政监管运行过程。[②] 更为重要的是,进行交涉、商谈、沟通的前提是相互视对方为

---

① 邹永贤.国家学说史(下).福州:福建人民出版社,1987:314.

② 李强.国家能力与国家权力的悖论//张静.国家与社会.杭州:浙江人民出版社,1998:18.

主体,也即哈贝马斯所谓的相互主体性。① 地方政府公共服务的监管旨在通过程序自身运作以使实体标准获得某种统一性、确定性,从而使得结果价值过分简单化地直接展示结果(尽管这种结果事实上也可能经过整合过程),未能给人留下建立信服过程的空间和余地,也不曾给人受到重视、可展示能力的惬意感受。② 由此可见,过程价值较结果价值更具有可接受性。这点对于监管主体与政府尤其具有意义,能使政府在接受监管的同时,也维护其应有的权威。实践证明,遭政府强烈抱怨、排斥乃至反抗的监管行为,其性质属侵权或违法的概率非常高。

五、重经验,轻调查

地方政府的公共服务可以划分为基本公共服务和非基本性公共服务两个部分。政府应当把提供基本公共服务作为一项基本职责。现阶段,基本公共服务涉及四个方面的内容:包括促进就业和基本社会保障在内的基本民生性服务,包括义务教育、公共卫生和基本医疗、公共文化等在内的公共事业性服务,包括公益性基础设施建设和生态环境保护等在内的公益基础性服务,包括生产安全、消费安全、社会安全、国防安全等在内的公共安全服务。当前,公共服务主体逐渐呈现出市场化的趋势,公共服务提供者在生产过程中有着自身的运作程序,政府不能完全深入整个过程中对其进行监管,因此,政府的监管往往流于形式,重经验、轻调查的现象很严重。因此需建立以政府监管为核心的多层次公共服务监管体系。在我国公共服务改革过程中,政府在公共服务的立法、规划、投入和监管等方面仍要切实履行职责。考虑到很多公共服务的可测性较差,因此,不管是由公共部门还是由非营利组织、营利组织提供公共服务,都需要建立健全问责和监管机制,以确保公共服务目标的实现。不仅是公共服务提供中的市场力量需要监管,而且,即使采用传统的政府直接生产方式,也应当改变过去政府集政策制定、服务提供和绩效评价于一身,自己监管自己的传统模式,应利用政府内部监管工具,将政策制定、服务提供和服务监管职能适度分离。在监察过程中,政府要秉持"绝知此事要躬行"的态度,深入到群众当中去,调查清楚事实真相,用证据说话,而不是依靠平时的经验潦草了事。

---

① 哈贝马斯.在事实与规范之间:关于法律和民主法治国的商谈理论.童世骏,译.北京:生活·读书·新知三联书店,2003:28.

② 时和兴.论当代中国行政改革中的权力调整.社会科学战线,1994(5):91-101.

第四节　地方政府公共服务监管能力的完善

当前地方政府公共服务的监管理念愈来愈趋向于改造理念，颇类似于一种"休克疗法"，即无视既有的社会环境和法律秩序，一味以西方国家的美丽图景为参照，将大量无法适用的理念强行引入并高声鼓噪，希冀通过创新这个"点"带动整个"面"。① 由此使得地方政府公共服务的监管在理念上处于混沌状态。我国进入现代社会，固然是从学习西方开始的，但是我国现代化的完成，又必定是以更新固有传统结束的。任何一种外来文化，都只有植根于传统才能够成活，而一种在吸收、融合外来文化过程中创新传统的能力，恰又是一种文明具有生命力的表现。② 正视是完善的前提。针对当前地方政府公共服务监管能力存在的问题，我们必须结合我国具体的社会现实，提出卓有成效的完善举措。

一、拓展官员考核内容

地方政府公共服务的提供，归根结底由政府官员来实施，因此地方政府公共服务的监管应具体细化到政府官员的考核上。这就需要进一步完善我国的公务员制度，在遵循和完善《公务员法》的基础上，拓展并丰富公务员的考核内容。除此之外，也要加强党委对政府官员的考核，进一步完善《关于实行党政领导干部问责的暂行规定》《关于实行党风廉政建设责任制的规定》等党内法律法规。拓宽对政府官员的考核内容，丰富考察的方方面面。监管主体可以在考核内容方面，通过人民群众评分回馈等方式加强对政府官员的各项工作能力进行考核，在保证政府工作人员业务能力强、政治素质硬之外，也要保证其服务态度和道德素养良好，健全公务员评价机制和监督机制。

二、落实官员问责机制

监管机构是一个享有监管权力，并承担相应责任的权力组织，我们必须建立与之相配套的政府监管问责制。强化政府监管问责制度是监管职责能

---

① 刘欣. 当前中国社会阶层分化的多元动力基础. 中国社会科学，2005(4)：101-114.
② 梁治平. 用文化来阐明法律. (2015-04-22)[2016-04-03]. http://epaper. legaldaily. com. cn/fzrb/content/20150422/Articel11002GN. htm.

够得以落实的重要保障。当前,在政府官员问责机制方面,应健全责任追究机制,创新责任追究方式,对于官员的问责形式,不能局限于传统的引咎辞职、撤职、免职等,应就失职、渎职的责任性质进行处分,对严重者一定要追究其刑事、民事责任及其他相应法律责任。

当前我国地方政府公共服务供给问责体系的构建还处于初始阶段,与其相关的制度还不健全。构建有效的公共服务供给问责体系,必须对以下几个方面进行完善。

(1)培养问责主体。在某种意义上,公共服务问责的根本问题,并不是各级官员负什么样的责任和如何负责任,而是对谁负责,由谁来问责,即谁是问责主体。为此,民意机关和社会公众的问责应当放在首位。

(2)明确问责内容。即加强问责的内容建设。一般来说,责任有法律、行政、政治以及道义四个方面,这四个方面的责任各有各的特点。法律、行政责任的界限清晰,容易厘定,一旦违反这方面责任的规定,就必须受到法律制裁和法规处分。政治责任是指当政府方面的决策或行为出现问题,损害了公共利益时,政府及其领导成员要承担的责任。道义责任就是由道德形成的内在约束机制,不是一种强制力,而是一种政治文化和惯例,这是一种软性约束。要完善四个方面的责任建设。

(3)落实问责标准。当地方政府公共服务行为失范时,系统、明确、制度化的问责标准不可缺少。当前,完善问责标准应着重解决以下问题:一是明确是否需要问责。依据责任性质的不同,完善责任判断标准,行政责任和法律责任的判定必须满足制度和法律规范预先设定的条件,而政治责任和道义责任则要依据社会认可和接受程度等多种因素进行判断。二是明确问责客体。应完善问责客体的划分,要对不同责任客体进行明确划分。三是明确追究何种责任。要成立专门机构,公平、公开、透明地调查责任的原因、性质等,从而明确责任的种类,按规追究。只有这样,才能杜绝由于责任划分不当等因素造成的不当影响,保证问责的合理性和有效性。

(4)完善问责程序。问责的程序大致包括四大环节:提起、受理、调查、做出决定。应该完全向社会公开问责程序,创造公众参与的条件,鼓励社会公众积极参与。当前的问责程序不规范,这使得问责仍然停留在依赖于领导人的意志进行处理,这种不规范性不利于问责法制化的推进。基于当前和未来的多种考虑,完善公共服务的问责程序,要由问责主体根据同级或上级组织的要求提出问责,还要规定问责主体应根据公民、法人和其他社会组织的检举、控告、投诉以及新闻媒体曝光等提出问责。要具体规定群众、机构等个人和组织可通过什么方式、程序进行质询,而且要规定责任官员对群众、机构等提起的质询做出什么程度的回应,由什么样的机构来监督。对问责相关的内容进行明确规范,完善行政问责程序、步骤,做到问责制度化、程序化、规范化。

三、推动行政公益诉讼

行政公益诉讼是对地方政府公共服务进行监管的一种手段,也是民主政治进步的重要体现。社会公共性权利是公民权利的延伸,权利如果只是停留在纸面上的法律条文中,很有可能会成为一个虚设的权利而无法被公民所享有,如果赋予公民对社会公共性权利以诉权,那么该权利就多了司法这一层屏障。① 随着社会的进步,不同的社会对正义的理解也会不同,现在总体的趋势就是从个人正义的实现逐步过渡到对整体正义的实现,即追求社会公平、社会福利的最大化,对于关乎民生的地方公共服务,更是最大化地牵扯到了公共利益。加强对政府公共服务能力的监管,在很大程度上是对社会公共利益的维护。当前我国行政公益诉讼机制的建立还处于探索阶段。在实践中,虽然我国出现了一些关于行政公益诉讼的案例,但是出于明哲保身,对于行政机关侵害公共利益的案件,很多公民认为多一事不如少一事。总而言之,行政公益诉讼要建立起来仍然有很长的一段路要走。尽管如此,我们还是要对公益诉讼的发展抱有信心,现在越来越多的人开始关注公益诉讼的发展,媒体也对公益诉讼的案件加大了播报的力度。随着社会法制进程的加快,人民的维权意识在不断提高,社会责任感也在加强。更重要的是知识阶层对行政公益诉讼制度发展的支援力量不断加大,其中相当重要的是法官阶层整体素质提高,相信行政公益诉讼会在今后若干年内得到很快的发展。

四、规范公民参与机制

民意是问责的基础,但目前公众问责渠道狭窄,媒体舆论受制于政府。要想公民的监督发挥更好的效力,首先,应推进科学民主决策,让公共服务公开、透明,特别是像出让特许经营权、调整价格等重要事项,要引入公民参与,进一步强化社会监督,更为广泛地征求公民意见,让广大群众参与到公共服务事业的发展中来。针对群众举报的案件,要切实做到件件落实有回音。其次,应当尽可能地要求公共服务产品供给的经营主体公布其企业的

---

① 陈卫东,李训虎.检察一体与检察官独立.法学研究,2006(1):3-13.

各种信息,以便于公众获取所需相关信息,有利于监管。同时还可以通过建立监管信息网站,促进监管主体与公众之间的信息互动,也有助于将公众的意见反馈给相关部门。另外,要充分利用新闻媒体,将重大的监管行为通过新闻媒介直接向公众进行通报,这样一来,不仅有助于提高政府政务公开,而且便于公众对有效信息进行掌握。最后,要加强完善决策听证制度。一方面,从听证代表遴选机制入手,对代表的资格进行严格审查,避免某些利益相关方操纵听证结果。同时,要扩大直接消费者的代表比例,注意代表的成员组成要包括一定数量的法律、经济及技术方面的专家,这样便于提高听证代表参与决策的能力,听证代表在听证会召开之前,应广泛地征求各方意见,使其代表作用得到充分发挥。另一方面,在听证会举行过程中,允许与会者直接向监管主体口头提交证词,并就此相关问题展开相应讨论。对于听证结果的参考比例,目前还是很不理想。我们认为,听证结果应当成为政府决策的主要依据。因为公共服务事业的首要目的是保证广大消费者的利益,其终极目标也是为社会公众提供完善的公共服务,如不将听证结果作为决策参考依据,听证制度还是形同虚设。

五、完善相关法律法规

法律法规是政府监管的重要依据与保障。目前,我国政府关于公共服务供给监管方面的法律法规尚不完善,必须尽快健全相关法律法规体系。首先,坚持于法有据原则。在政府监管中,结合现实需求,尽快制定并颁布公共服务法、政府监管法,为政府监管奠定坚实的法律基础。同时,法律法规也是政府监管权力运用的重要约束力量,政府监管坚持有法必依。其次,整合并完善现有法律法规,形成系统性、适用性与操作性较强的法律法规体系。最后,在立法过程中,要兼顾公众、企业、政府监管机构的权益,关注法律法规的细节,加强对监管法律法规的司法监督,可依据相关法律程序对法律法规以及规范性文件进行相应的审查(如 2015 年修订的《立法法》中的第九十九条和第一百条、《行政复议法》中的第七条和 2014 年修订的《行政诉讼法》第五十三条),从而保证法制的统一。

六、构建监管反馈机制

反馈是检验政府公共服务监管能力成效的重要标志。不论采用哪种形式的监管方法,最终都要对当地政府起到监管和激励的效用,并通过一定的作为或不作为的形式反馈给社会及监督其的对象,若行政机关依然我行我素,置之不理,那所有的监管体系就都是一纸空文,及时负责的反馈既是监管发挥作用的体现,又有助于促进各监管主体不断提高监管能力,增强公共服务监管的效用。而最好的反馈机制则需要用法律法规来保障,这样才会有行使的强制性。应构建一整套科学的监管反馈机制,发现问题,反馈问题,改正问题,各监管主体要加强与政府部门的沟通,使得信息及时、对称。

地方公共服务的监管能力,不是简单地提升监管主体的角色意识和功能作用,而是要关注监管背后的目标价值,即保护公民权利的实现,因此,不管是监管主体,还是被监管的地方政府,都要意识到公共服务的监管与公共服务的提供都是社会价值的殊途同归,故监管与服务的和谐统一,才是地方政府公共服务能力现代化的主旨所在。

第五章　基础教育服务能力建设

　　地方经济要发展、社会要进步，提升居民素质、培育本土人才是关键，而基础教育便是国民素质教育，是教育的根基。作为公共产品的基础教育，政府的供给数量、质量和结构直接影响、决定着地方教育事业的发展水平。新公共服务理论下的服务型政府建设更给政府公共服务能力建设带来新的挑战，提高基础教育服务能力正是体现地方政府公共服务能力的重要内容和基本要求。近年来，宁波市政府和教育行政部门深化改革，以资源均衡促全面提升，在基础教育服务能力建设上做出了有意义的尝试和探索，但还存在不少问题。眼下，如何推动政府职能转变，提高基础教育服务能力仍是关键。

第一节　宁波市基础教育服务能力建设现状

一、宁波市现有的基础教育服务能力

　　"十二五"期间，宁波市基础教育围绕全面建设教育现代化的目标，深入推进素质教育，基本满足了人民群众让子女接受良好教育的愿望。2015 年，全市 11 个县（市）区全部通过国家义务教育发展基本均衡县（市）区评估认定。

（一）宁波市基础教育现状

　　2015 年，全市共有普通中学 289 所，在校学生 27.38 万人。初中 205

所,高中 84 所,小学 448 所,特殊教育学校 11 所。全市接收外来务工人员随迁子女 26.58 万人,其中在公办中小学就读的有 21.86 万人,公办学校接纳比例达 82%。全市共有省特色示范普通高中 33 所,其中省一级示范普通高中 9 所,省二级示范普通高中 24 所,总数名列全省首位,省特级教师 142 位,市名师 376 位,市专业首席教师 22 位。全市九年制义务教育的入学率、巩固率分别达到 100%、99.90%,残疾儿童入学率达 98.62%;初升高的比例为99.17%;普通高校招生考试报名录取率达 92.10%。

(二)宁波市"十二五"财政投入情况

五年间,教育的基础地位进一步确定,教育投入的增长机制逐步完善。宁波市政府落实了从土地出让金中计提教育资金的政策,财政性教育经费投入保持逐年增长,全市财政教育经费支出占一般预算支出的比例超过中央核定的比例,2012 年为 16%,2015 年达到 18%,全社会教育投入增长比例高于同期地区生产总值增长比例。到 2015 年,从学前三年到高中段的十五年教育实现高标准普及,全市义务教育段标准化学校已达到 95%,其中民办流动人口子女学校标准化比例达到 80%。五年里,实现生均公用经费"倍增计划",小学达到 900 元/年,初中达到 1300 元/年。贯彻实施《宁波市学前教育三年提升行动计划(2011—2013 年)》,到 2013 年,县(市)区财政性学前教育经费占同级财政性教育经费的比例达到 8%以上,不提供高中段教育的区达到 12%以上。教育经费使用管理得到加强,使用效益提高,支出结构得到优化,建立了各级各类学校生均公用经费动态调整机制,完善了教育经费与办学绩效挂钩的评价机制,有效防范了学校财务风险。

(三)基础教育硬软件建设状况

2015 年年底,由中国社会科学院马克思主义研究院、华图政信公共管理研究院、社会科学文献出版社联合发布的《公共服务蓝皮书:中国城市基本公共服务力评价(2015)》中,宁波基础教育满意度位列全国 38 个重要城市第三位,这一成绩得益于地方政府对基础教育的重视,尤其在优质服务和均衡化供给上所做的努力。以常住人口为基数,根据区域人口集聚状况,宁波市重点开展新一轮义务教育学校布局调整,合理安排中小学校位置和规模,最大限度满足社会需求,进行义务教育学校标准化建设,重点开展薄弱学校改造,让基础教育资源配置更均衡。2008 年年底,建成并开通国内第一个由政府主导建设的城市综合性数字图书馆——宁波市数字图书馆。2014 年宁波市政府共投入经费 5000 万元,用于数字图书馆中心门户建设、特色数据库建设、服务推广、网络课程建设等。宁波市数字图书馆中心门户用户近 90 万人,整合文献资源元数据近 5.5 亿条,传递全文文献 651 万余篇,下载文献量达 5000 万余篇。[①] 2015 年全市共有 38505 人参加普通高校招生考试,其中一批录取率达 20.98%,较全省平均高出 6.3 个百分点,市本级更是比全省高出近 10 个百分点。宁波市积极探索启动现代学校制度,逐步理顺政府、社会、学校之间的关系;启动初中生综合素质评价修订,积极构建科学的综合素质评价体系;完善直属普高教育质量发展性评价奖励办法,进一步提升普高办学水平和教学质量。

(四)监督能力

基础教育作为地方政府提供的基本公共服务之一。广受关注,更需监管,当地政府对教育工作进行监督和指导责无旁贷。近年来,宁波市陆续修订和出台《宁波市教育督导条例》《宁波市学校安全条例》《宁波市学前教育促进条例》等,督导机构和督学队伍建设不断加强,制定督学选拔聘任制度和督学资格认定制度,组建专业化督学队伍。同时,创新教育督导内容、手段和方式,重点加强教育现代化、教育公平和教育办学行为等方面的督查,建立督导检查结果公告、限期整改和劝诫问责制度,成效显著。

二、宁波市基础教育服务能力建设成效

(一)公共服务质量显著提高

宁波市政府强调增强社会公共服务意识,将公共服务能力建设作为长期和系统的工作目标,无论在思想认识还是在具体政策上都有体现。早在"十一五"期间宁波市政府就提出了要构建服务型教育体系,并将这一思想贯穿基础教育工作,教育内涵质量进一步提升,综合实力不断增强。"十二五"时期是宁波教育服务转型提升,率先实现教育现代化的关键阶段。随着现代化建设的加快推进,经济社会发展对教育改革发展提出了新的更高的要求,群众对教育的需求更迫切、更多样。宁波市政府和教育行政部门深入贯彻落实科学发展观和党的教育方针,围绕优先发展、促进公平、扩大开放、强化服务、争创一流的工作方针,改革创新,在完善服务型教育体系的前提下,全面实施素质教育,促进教育转型提升,重点提高教学质量和促进公平,全面提高教育服务现代化建设和人的全面发展的能力,力争在全省率先实

---

① 陈亚平,陈雅.图书馆大众化建设策略研究——以宁波市数字图书馆为例.图书馆理论与实践,2015(11):107.

现教育现代化,为宁波建成现代化国际港口城市提供更有力的人才支撑和智力保障。这几年,宁波市在基础教育的服务和供给上都进行了有益的尝试,政府管理水平和服务质量都有明显改善,一些公共服务指标处于全省乃至全国领先地位。

(二)城乡教育服务均等化加快

近年来,宁波市加大了推进实现教育公平的力度,各类群体公平受教育权利得到切实保障,城乡、区域和学校间的教育差距逐步缩小,全市义务教育阶段免费政策全部落实到位,帮困资助体系实现基础教育全覆盖,资助面不断拓宽,标准逐步提高。义务教育段标准化学校比例从"十一五"的83.76%上升到了2015年的95.00%,学前三年入园率达到99.50%,省等级幼儿园招生覆盖率达到92.00%,九年制义务教育巩固率达到99.90%,县域内实现高水平均衡发展。启动教育优质均衡示范乡镇(街道)创建工作,推出"名校集团化""共同发展学区"等办学模式,积极推广学区管理、集团化办学、九年一贯制办学、名校与薄弱校联盟等模式,促进区域内学校共同发展。完善优质普通高中招生名额合理分配到区域内初中的办法,使其比例不低于50%,并逐步提高,从2012年起全市取消公办普通高中"三限生"招生,努力减少各类择校现象。完善义务教育阶段公办学校免试就近入学制度,禁止各种形式的选拔考试,实行全市统一考试与综合素质评价相结合的普通高中学校考试招生办法,严格升学加分政策。符合条件的外来务工人员随迁子女平等接受义务教育权利得到保障。发布《关于参加事业养老保险的民办学校教师建立医疗补助金有关问题的通知》,规定民办学校(幼儿园)符合条件的专任教师,可参加事业单位养老保险、医疗保险等。

(三)基础教育服务供给与时俱进

教学模式改革不断深化,教育优质化进程加快,办学水平和教学质量不断提升。义务教育学校标准化建设达标率高,学校自主办学、政府依法管理的现代学校制度趋于健全。总结推广"优教乐学"的课堂教学模式,倡导参与式、探究式教学和动手实践,激发学生学习兴趣,提高教学效果。逐步推进小班化教学,落实减负责任制,严格执行国家课程标准和课时计划,减轻学生过重课业负担,政府、学校、家庭、社会协作联动,形成减负的共识和合力。构建并完善初中毕业生学业考试机制、高中招生录取办法、科学的综合素质评价体系,开展普通高中学校学生生涯规划指导教师培训,引进剑桥国际高中课程实验班项目。在兼顾公平的基础上立足自身资源优势突出特色,发展特色学科,形成独特的教学风格和学校文化,实现普通高中多样化发展,推进多元化的教育评价模式,强化能力考核,满足学生个性化发展需求,注重人才培养的个性化和选择性,增加学生个性化、多样化学习选择空间,为不同潜质学生的发展创造条件。探索培养新模式,鼓励学校根据培养目标开发课程,通过学生创新素养培育实验项目、个性化课程、拓展式教学和创新实验班,改进学生创新素养培养方式和评价方式。满足不同需求,支持高中与高校通过多种形式合作培养特色创新人才,推进分层教学、走班制、学分制等改革。现代信息技术在教育领域高水平应用,以校园数字化促进教育信息化,通过教育信息化带动教育内容、教学手段和方法、教育管理的现代化。建成了一批基于云计算的应用项目,全市中小学校基本实现校园数字化,逐步形成覆盖全社会的智慧教育服务体系。

师资力量日渐雄厚。教师整体素质明显增强,优质教育资源总量不断扩大,人才培养模式更趋多样,教育内容、方法、手段不断创新,学生的思想道德素质、健康素质和创新创业能力全面提升。近年来,宁波市的学校朝着教育国际化目标发展,选派中小学教师到国(境)外进修学习人数的比例不断提高。自2011年起,各地按每年不少于当地教职工工资总额3%的额度在财政性教育经费中安排教师培训经费,各中小学校按不少于学校年度日常公用经费总额10%的比例安排教师培训经费预算,实施中小学教师专业发展培训制度。到2015年,组织5万余名中小学校长、教师每人接受360学时培训,要求至少参加一次不少于90学时的集中培训。推进浙东名师和教育管理名家培养计划。组织5000余名中小学校长、骨干教师(其中农村中小学骨干教师3500名)赴国内外一流高等学校、研究机构、大型企业、培训机构进行访学、研修、培训。进一步提升中小学教师学历水平,小学、初中教师高一级学历人员比例均达到95%以上,高中段教师中具有硕士及以上学位人员比例达到12%以上。

学前教育公益普惠发展迅速。2015年,事业编制专任教师占幼儿园专任教师总数的比例达到1/3以上。全面落实城镇小区配套幼儿园建设,做到与小区同步设计、同步建设、同步验收、同步无偿交付使用。积极扶持民办幼儿园,引导和支持民办幼儿园提供普惠性服务。加快发展农村幼儿教育,优化村级幼儿园布局,逐步实现方便就近入园。

(四)市民参与程度不断提高

政务公开、校务公开力度加大,内容逐渐丰富,公开渠道不断拓展,并建立重大教育决策咨询论证制度、社会公示听证制度以及问责制度,建立市、县(市)区两级中小学生课业负担监测、举报、公告和问责制度,为广大市民监督、参与以及知晓基础教育工作广开言路,群众对政府和教育行政部门的工作满意度有所提升。推广学校教育议事会制度,鼓励社区、行业企业、学生家长积极参与学校事业规划、教育教学管理、考核评价等,建立健全由行业企业代表、社区代表、专家学者等参加的董事会、理事会等多种形式的决策议事制度。制定和完善各级各类学校章程,促进学校正确行使办学自主权。

随着群众和社会力量参与教育和办学意愿的增强,政府顺应需求逐步改革办学模式,接纳一部分民间力量,逐步形成以政府办学为主体,全社会积极参与,公办教育和民办教育共同发展的格局。贯彻《宁波市人民政府关于进一步鼓励民间资本进入教育领域的实施意见》,细化配套政策,明确鼓励民间资本进入教育的四大领域,通过落实用地、金融支持、税费优惠、财政扶持等优惠政策,加大对民间资本办学项目人、财、物等方面的扶持力度,建立起立体多元的民办教育保障体系,并通过实施分类管理、建立平台鼓励民间资本进入教育领域。加强对教育培训机构依法管理和开展诚信等级评估等模式进行规范化管理,打造特色品牌的民办教育,引导和支持民办学校科学定位、办出特色,力求通过市场机制配置教育资源,调结构、补短板,促进教育重点领域建设,形成民办学校与公办学校错位发展,高端化和个性化教育培训并存的格局,进一步激发教育活力,满足人民群众多层次、多样化的教育需求选择,共同促进宁波市教育事业的进步。要求各县(市)区参照公办学校生均经费拨款水平,根据民办教育发展规模,设立民办教育发展专项资金,用于资助民办学校(幼儿园)发展,加大对民办教育的资助力度。

第二节　基础教育服务能力建设存在的问题

近年来,宁波市地方政府加大力度增强公共服务能力,基础教育服务的供给基本上能满足社会公共服务的需求,但面对新形势、新任务,宁波市基础教育还面临着诸多深层次的问题和矛盾,仍然存在公共服务总量供给不足、供给结构不合理和公共服务水平落后等问题。优质教育资源配置不够均衡,城乡、区域、学校之间办学条件和教育质量存在一定差距;教育结构不够合理,学前教育、特殊教育、外来务工人员子女教育体系还比较薄弱;教育体制机制不够完善,学校办学特色不明、活力不足;教育服务能力还不够强,难以满足经济社会转型提升需要等。这反映出地方政府在供给基础教育这一公共服务能力上的欠缺和服务能力建设上的不足。

一、规划的宏观引领能力不适应社会发展

(一)财政保障力度不够

基础教育的公平性、公益性、公共性和基础性,表明基础教育是所有受教育者都能享受的,并为他们未来的发展奠定基础,当地政府必须确保基础教育的实施,努力做到教育公平。要保证教育的超前发展,必须把基础教育放在优先发展的地位,首要的就是增加基础教育在三级教育结构中的投入比重。财政投入是办教育的最根本条件之一,经费保障更是科学规划基础教育的第一步。作为东部沿海发达城市的宁波,其教育经费投入尤其是基础教育应与经济社会发展相匹配,与群众的受教育需求相适应,甚至更高,但事实并非如此。且宁波市政府对教育财政安排缺少全面科学统筹,近年来财政拨款集中于个别学校的新建和改扩建及少数学校的特色项目建设上,未能顾及区域内薄弱学校的发展需求和现状。如教育行政部门在安排项目经费拨款时常常采用逐年推进方式,而事实上总是前几年的学校享受到了,而后几年的学校因种种原因而被搁置或取消。区域内教育配备缺少统一的规范化标准,教育主管部门未能有计划、分步骤实施,未能通盘考虑、统筹兼顾,导致个别学校校舍、场地多年失修,专用教室、绿化面积等常年不达标,学校基础建设严重滞后,而个别学校又出现设施重复配备,更换频率过高等现象,各校办学条件呈现出好上加好和弱者更弱的不均衡现象。

(二)教育理念偏离初衷

如果说财政经费是教育规划得以实施的保障,那么教育理念则是规划引领基础教育的核心。教育活动理应重过程,重点应该是育人,但在当下的基础教育中,教育理念偏离了教育的这一初衷,不符合教育规律。教育的本体功能是培养人的高尚品质,塑造人的美好灵魂,推动人类文明向前发展,教育的工具功能是为政治、经济、文化、生态、军事与国防等方面培养能够创造有形价值与无形价值的各级各类各层次人才。照此理解,成功的教育活动,必须符合教育规律,最终目的应该回归到教育的本体功能上,事实上也只有着眼于本体功能的教育才能衍生出教育的工具功能,而工具功能看似重要却必须服务于本体功能。但现实是,由于地方政府和教育行政部门追求政绩,社会、群众追求眼前利益和立竿见影的效果,目前我们的教育也变

得急功近利,只重视教育的工具功能而轻视了本体功能,在基础教育中尤其突出。成功的符合教育规律的基础教育,应该是激发中小学生的学习兴趣,保持他们对社会、自然、知识的好奇心,引导其创造性思维,发现其潜质和特长,纠正小毛病和小缺点,培养良好的学习习惯、生活习惯和纪律意识,开阔视野,增强互联网平台下自主学习的自控能力,启发他们对国家、社会、家庭、班级等责任的初步认知。

(三)服务意识仍然淡薄

政府的职责是为人民服务,当地政府在提供公共产品时更应该体现这一理念,从政府、教育行政部门到行政工作人员都应该牢固树立服务意识,增强公共服务意识,在具体行政活动中,扮演好服务者角色,维护和实现公共利益,自觉主动为社会、公众提供良好服务并承担服务责任,这直接关系到地方政府公共服务职能的加强、服务能力的提升和供给质量的提高。近年来,宁波市围绕提高行政效率、降低行政成本、整合行政资源目标,努力推进行政体制改革,政府部门和公务员的公共服务意识正在逐步增强,但由于历史与现实、体制与观念等多方面原因,官本位思想依然严重,公共服务意识还比较淡薄,无法从心底接受"领导就是服务"、政府必须"为人民服务"等观念,落到实处更无从谈起。究其原因,长期以来,政府在公共政策的制定和实施过程中,习惯于自上而下下达行政命令,身处其中的多数公务员更是认为这种模式理所应当,他们仅仅把行政作为治民的活动,把人民当作管理、统治的对象,却忘记政府的管理权力是社会公众通过一定方式授予的,只有在为社会提供的公共服务质量中才能实现其行政合法性。因此,多数公务员的主人意识、权力意识和优越感极度膨胀,他们甚至为了追求自身利益而背离行政权力的服务性本质,根本不愿意聆听公众的声音,做到为民着想,为民服务。而行政职能的不确定和行政权责的不明确,导致公务员中普遍存在互相推诿的官僚主义,他们对公众的承担责任、谋求公共利益、提供公共服务的承诺往往流于形式。

二、教育行政部门职能行使不到位

在推进地方政府基础教育公共服务能力建设,明确政府功能定位、理顺权责关系基础上,要科学开展教育教学改革,强化教育管理民主,关注个体需求。但眼下,政府和教育行政部门在提供基础教育公共服务的同时,在其职责履行上存在缺位,管理薄弱,监管不到位。

（一）职能转变不到位

当地政府和教育行政部门基础教育服务能力的提升在很大程度上取决于其职能定位的准确和科学，职能定位中，政府和教育行政部门必须明确在基础教育服务中"为与不为"的内容。近年来，宁波市社会发展变化加快，市场化改革向着纵深化方向发展，社会发展和公众需求都对政府基础教育服务的内容提出了新的要求，政府职能必须随之做适当调整，做到与时俱进，才能不断提升公共服务能力。政府职能转变是否顺利实现，直接影响基础教育服务的供给质量和效率。现阶段，宁波市政府的教育行政职能转变尚未到位，越位、缺位和错位同时存在。习惯了大包大揽的教育行政部门承担了不少也可以让市场去做的事情，重复建设和盲目建设等问题依然存在，导致财力、人力和物力多重浪费，脱离经济发展阶段和财政承受能力的形象工程、政绩工程屡禁不止，财政资金使用效率低下。与此同时，政府一方面介入了市场有效的领域，另一方面对自身职能范围内的工作没有完全尽到责任，供给一般公共服务的财力紧张，在基础教育上的支出不足。政府和企业、市场分工不清，政府行使了不应由政府行使的职能。当前，中国政府仍是一个经济建设型政府，还没有完成向公共服务型政府的转变，而经济建设型政府所固有的重经济、轻服务的观念加上对自身职能理解的模糊，使得政府职能的转变和准确定位需要一段时间，宁波市也同样如此。

（二）管理体制不够民主

从管理走向治理，是深化基础教育综合改革，提升教育质量和发展水平的重要途径和手段。我国基础教育行政管理实行"地方负责，分级管理，以县为主"的体制，受长期以来政府大包大揽的单向管理传统影响，至今教育主管部门也惯于机械地接受上级命令。在基础教育行政管理过程中，出现行政干预过多且行政主观意识强烈的现象，而缺少与基础教育一线的沟通交流和对实际情况的了解把握，在此基础上制定实施的教育政策势必不"接地气"、不符实情，阻碍了公共服务追求公共利益最大化的进度，甚至背离了教育规律。此外，行政主管部门受财力制约，将有限的财力用于体现政绩，致使关注面狭窄，集中关注和投资名校建设，忽略薄弱学校生存，人为造成教育资源失衡的结果。即使在师资配置上是由教育行政部门组织招聘的，但在主观意识作用下，一些学校优先挑选教师，相对优秀的教师进入相对优质的学校，而相对一般的教师被分配到薄弱学校，个别学校个别学科专任教师长期得不到补充。招聘起点不同导致学校师资入口不均，部分学校长期处于弱势地位,招不了好老师就带动不了好学科,更达不到好质量,阻碍学校办学水平发展。目前的教育监管制度,在基础教育领域主要是对义务教育、普通高级中等教育的监管,所涵盖的内容并不完整,而且侧重于对教育活动的合法性和合规性的监管,对教育服务的效益性关注较少,这有悖于教育规律和服务型地方政府建设。而对基础教育实行监管的机构是县级以上各级政府设立的教育督导机构,既是基础教育的主要提供者,也是基础教育的管理者,并没有脱离政府的行政系统,未能形成独立的教育监管机构,缺乏独立自主性,并且其行政层级与教育事业相关的部门属于平级,缺少权威性,很难实行横向监督。

(三)评价体系有待完善

对基础教育公共服务的评价是公众和社会对政府提供的基础教育服务数量、质量、方式和结构是否符合需求、是否满意的调查评价,作为另一种监督形式对教育起着重要的促进作用,尤其是由上级主管部门制定的事关财政拨款等大事的评价体系,引导了学校办学的方向。当地政府和教育行政部门应该遵循教育规律,在科学规划的框架内,制定一套科学合理、契合实际的评价体系,引导教育机构实现教学目标。然而,现有教育管理模式下的评价体系在政绩考核时注重教育结果而忽视教育过程考核,注重器物考核而忽视教育质量的自我考评,注重包装形式而忽略教育内容,这使得各校疲于应付各种表面化达标验收,在形式上做足文章,以求获得下一个周期的办学经费。而政府不仅是基础教育政策的制定者、执行者,还是基础教育公共服务绩效的评估者,三种角色集于一身,使监管缺乏有效监督而流于形式。但真正的监督与管理不能是形式主义,不是只参观重点学校,而应是根据教育规律在监督与管理中发现问题、研究问题、解决问题。能够把基础教育当作百年大计去做的地方政府的监管,才是有正面引导作用的监管。

(四)公众参与滞后

众所周知,作为服务对象的公众,对政府提供的基础教育服务是否满意及满意程度,直接反映出地方政府公共服务供给的质量和水平,并对其下一步服务能力的建设和改进指明方向。很明显,地方政府在提供公共服务过程中与群众之间缺乏互动已成为制约公共服务能力提高的关键因素。目前,宁波市地方政府和教育行政部门与公众在基础教育上的互动仍然比较滞后,公众参与程度不高,这主要表现在:①政务公开力度弱。虽然从上至下都开通了门户网站,也在网站上公布政务、校务信息,但仍存在信息过于简单,或者公布内容避重就轻的情况,不能满足群众的了解需求,参与和监督更是无从谈起。大部分公众习惯于顺应现有的基础教育模式,主动参与的意识淡薄,更缺乏政治责任感和历史使命感,在政府公共服务中没有行使自己应有的监督权。②参与渠道不完善,选举制度、听证会制度、信访制度、民意调查制度等是公众参与监管的重要渠道,但这些制度在很大程度上都只流于形式,实际功效非常差。③公众参与的制度化程度不高,参与渠道有限,影响了制度化建设,比如信访或会议形式很难满足普通公民表达意见的需求,就连时下流行的政府热线等也呈现出无规律性,造成了制度化程度较低的结果。

三、教育资源分布不均衡

作为基础教育公共服务供给者的政府,对基础教育公共服务的供给包括资源供给和制度供给。资源供给表现在对基础教育公共服务的人力、物力和财力资源的供给,制度供给主要表现在对基础教育法律法规和政策规章的制定上。受传统公共行政模式的影响,政府对公共政策的制定和实施仍依赖于权力运作,即自上而下的行政命令,这在很大程度上造成了教育资源分布的不均衡。投入,是办好教育不可或缺的条件。

（一）提供总量不足

在"以县为主"的基础教育财政投入机制下,县级地方政府成了基础教育经费的主要筹措者。但县级地方政府还承担着比较繁重的社会、政治和经济任务,在一味追求 GDP 的时代背景下,往往不能兼顾和保障基础教育的经费投入。尽管宁波地处东南沿海,经济较发达,宁波市地方政府的基础教育公共服务能力已经在改革中得到提升,但随着近年来经济和社会的快速发展,公民在基础教育需求的层次和特征上都发生了深刻的变化,不断向多样化、个性化的公共服务和公共产品需求发展,面对这些快速增长的公共需求,宁波市政府公共服务能力远远不能适应和满足,公共需求与地方政府公共服务能力之间的矛盾突显。公共财政服务仍没有实现均等化,地方政府注重的仍是本地区的经济增长与财政收入,热衷于招商引资和城市经营,使得用于经济建设的支出过高,而用于社会性公共服务的支出偏低,导致学校班级标准化建设困难,小班制难以实现,甚至学校的招生超出建校规模,影响教学质量。

（二）供给结构不合理,发展不均衡

一直以来,供给结构不均衡现象在中国教育领域长期存在,经济发达的宁波的供给结构较内陆和其他不发达地区有明显优势和进步,但也仍然不合理,尤其是基础教育供给的不均衡,严重阻碍区域教育公平的实现。首先是城乡供给不协调,即城市与农村的基础教育资源配置不均衡,这主要源自财力投入的不平衡,特别是农村义务教育的落后,是制约基础教育发展的主要因素。地方财政对基础教育的投入在教育经费、教育设施、师资配备上都主要集中于城市,而农村基础教育的底子本就薄弱,多年以后,与城市教育的差距就被日渐拉大。其次是校际不平衡,这最早源于重点学校制度,后于20 世纪 90 年代被取消,但随之又出现了各类名校建设,集中吸引了一部分教育资源,这实际上是以教育效益为由忽视了教育公平,集中发展重点学校的同时,给普通和薄弱学校带来了不公平的竞争环境,导致校际间在各方面的差距加大,引发了严重的择校现象。校际间的不平衡还表现在学校的地理位置、自身机制上,这与基础教育规划中对中小学校的选址布局和规模控制有较大关系。

(三)供给效率低下,教育资源浪费

由于历史原因,政府成为公共服务的唯一供给者,长期垄断公共服务的供给,没有非政府组织参与,缺乏有效的竞争,造成了服务手段单一、服务水平低下的局面。近年来,虽然也开展了市场化改革,但其进程迟缓,往往不能适应市场经济发展的要求,质量也未达到公众的要求。一是服务效率低下,政府行政服务过程中,不愿意将权力下放,没有提升效率,反而增加了行政成本和群众负担。行政人员没有树立服务理念,没有纪律性,在一定程度上降低了服务效率,或者不注意办事方式方法,无法达到社会对政府教育工作的要求,阻碍了政府公共服务的供给效率。二是教育行政部门内耗过多。由于人事、职能等行政体制上的问题,导致教育行政过程中的资源内耗,在一定程度上造成了教育资源的浪费。

(四)受教育者受教育机会不均等

在宁波,存在受教育者受教育机会不均等的情况。首先是农民工随迁子女的受教育需求不能满足。农民工是我国城市化进程中的特有人群,他们带动了经济的发展,也带来了一系列的社会问题。农民工随迁子女就学问题是当今社会的一大热点和难题,已引起社会广泛关注。根据相关法律规定,当地政府有义务保障适龄儿童、少年入学接受义务教育,随迁子女在其父母或者其他法定监护人工作或者居住地接受义务教育的,当地政府应当为其提供平等接受义务教育的条件。但现实是由于流入地政府的财权与事权不对称，加重了流入地政府在教育经费、校舍建设、师资配备等各方面的压力，学校教育资源本就有限，学校出现择优录取、变相收费的情况，使农民工难以承受，地方政府在针对农民工子女的基础教育公共服务供给上无法满足他们的需求，使得他们在城市上学难。政府对上述问题没有积极的作为，相应的扶持力度小，未能完成法律的规定，对弱势群体的援助不力，造成了政府职责的缺位。其次是家庭经济状况、社会地位、背景不同使得受教育机会不均等，如有不少学生因家庭经济困难而不能上学，父母学历对孩子选择学校影响不同等。最后是弱势群体受教育机会不均等。基础教育阶段的弱势群体主要包括家庭困难子女、留守儿童、残疾儿童等，由于受经济、生理等客观因素的影响，他们在受教育时处于不利地位，需要特别帮助。

第三节 推进基础教育服务能力建设的对策

发展教育百年大计，提升全民素质，基础教育是根基。宁波市政府要基于全市教育现状和群众需求，不断提升基础教育服务能力，为广大群众提供更多更好的基础教育公共产品和服务，在推进基础教育服务能力建设过程中逐步实现教育公平。

一、制定科学的宁波市基础教育纲领

（一）加强规划引领功能

全面推进基础教育事业发展，科学规划的引领功能不可或缺，这是可持续发展的保障，也是公共服务能力建设的基本要求。要由政府牵头，协调相关职能部门、整合专家力量，按照以人为本、均衡发展、科学高效的布局理念，研究制定宁波市基础教育专项规划，倡导科学规划、统一引领。科学的规划须站在人类历史和教育发展的长河中，符合教育规律，紧跟国家、省教育规划纲要、市经济社会发展纲要和分项规划要求，基于宁波市实际情况，有高起点，有前瞻性。统筹规划与分步实施相结合，扩大规模与就近入学相结合，盘活资源与加大投入相结合，适时调整与全面改革相结合。至少不能低于省义务教育优质均衡发展指标和省义务教育学校现代化办学标准，力争构建一个科学合理、健全完善的现代化教育格局。

规划要有稳定性。一经制定完成，就应该保持并维护规划应有的严肃性，体现其价值意义，不能随意改变。在规划实施过程中，要分类分层推进，

多措并举,逐步落实到位。教育行政部门应将学校的撤并、改建、新建工作分轻重缓急,制定近期、远期实施计划,每年列入重点工作计划。考虑到原有学校公建配套的老问题及由此产生的后遗症,建议由政府牵头,建立相关职能部门共同参与的教育公建配套设施建设联席会议制度,对教育公建配套设施的规划、建设、使用和管理等工作加强统筹协调,各部门各司其职,确保教育配套设施早规划、早启动、早建设、早到位。学校建设与发展应该在新一轮城市地块开发、楼盘推出、小区建设中同步发展,甚至优先发展,小区配套校园教育建设超前谋划、提前介入,政府要加强教育统筹,充分利用区域优势与资源,着力在重点经济发展片区和园区打造新的教育品牌。新建小区配套学校建设在规模、档次、设施配置上应尽量超前于城市发展,教育行政部门应提前介入并提供指导。在前一轮规划实施中总结经验和教训,发现问题,研究对策,从社会和公众的多样化需求出发,引导下一步基础教育事业的发展。要坚持"满足适龄儿童、少年就近入学的需要"原则,按"相距 1500 米规划一所中学,相距 1000 米规划一所小学"要求,合理配置学校,并根据形势变化不断整合资源,优化配置,促进均衡发展,以适应教育现代化和宁波经济社会发展的需要。

规划要有可操作性。对规划提出的目标任务进行分解,明确责任分工,制定具体实施方案。对改革试点项目和重点工程,要制定时间表、路线图。组织相关部门和专家对规划实施情况进行中期评估和跟踪监测。定期发布教育改革发展动态,及时总结各地在实施规划中的经验教训,积极推广先进经验。

(二)财政投入继续加大

社会和经济的发展对基础教育提出新的、更高的要求,同时也为加大财政投入提供可能,两者相辅相成,而公共财政的投入又决定着公共服务供给和服务能力的提升,公共财政的支出情况很大程度上体现了政府公共服务能力。要建设服务型地方政府,需要加大财政支出力度,加快转变政府职能结构,防止在公共服务领域发生缺位现象。政府的社会性支出逐渐增加,虽然通过财政支持和转移支付等方式促进了公共教育等社会公共服务的发展,但也存在政府资金过多进入应由市场主导的领域的情况。要建设公共服务型地方政府,需要在教育领域建立科教优先的公共服务供给形式,因此宁波市政府在公共财政支出结构方面要有所调整,将财政经费更多地用于保障基础教育等方面。首先,要增加教育投入,保障基础教育经费支出比例提高,重视基础教育的教学质量和普及率。作为基本的公共服务,基础教育是整个教育事业的基石,夯实基础尤其重要,经费投入则是强有力的保障。因此要加大基础教育硬软件设备的投入,消除资源配置不均衡,促进城乡、校际教育的均衡发展,实现教育公平。针对目前的不足,政府必须加强对教育公共服务的财政支持力度,提高其在地方 GDP 中所占的比重,向发达国家的比重指数靠近,以响应我国科教兴国战略的号召,完成建设公共服务型地方政府中提供教育公共服务的职责。其次,要优化经费支出结构。在加大宁波市财政性教育投入的同时还要优化教育经费支出的结构,在资金使用效率方面,宁波市政府应当依据不同阶段教育的不同性质和特点,制定不同的财政投入政策。要在扩大教育经费投入的过程中加大对乡镇教育机构的帮扶力度,将农村地区的教育情况作为重点考量对象,本着城乡公平的原则调整公共教育政策,实现宁波市公共教育的均衡发展。虽然增加了教育经费的投入,但是要促进宁波市基础教育的全面发展,光靠政府的力量是不够的,为了满足社会文化发展的多样需求,还需要多渠道筹措资金,形成以政府办学为主,社会各界投资筹资的多形式办教育的良好模式。第三,要重视师资力量的建设,确保教育经费中有一定比例用于师资培训。

(三)强化意识,突出服务职能

登哈特倡导的新公共服务理论认为在公共服务领域,政府的职能是服务,而不是"掌舵",政府要追求公共利益最大化,要树立"为公民服务,而不是为顾客服务"的理念。在这一理论指导下,政府在提供基础教育服务时,要体现服务立场,即要重视公众教育和受教育事项,在制定教育行政策略和行政决定中首先考虑自身的责任,并制定行政指令。政府对教育的优先,体现在教育公平的具体落实上,应把基础教育摆在首要位置,即教育资源必须配置均衡,这首先要从政府执政理念的转变开始。加快基础教育服务能力建设,必须加快转变政府的行政理念,将传统官本位思想转换到公民本位和社会本位观念,明确公众才是公共权力的主体,而政府只是服务者。与此同时,新公共服务理念带来的是公共服务主体的多元化,更加强调以人为本、责任意识和服务至上,认为人本精神是服务型政府的灵魂,公共性质决定了其本质是服务于民,并追求利益最大化和分享最广化的公众服务。教育行政要寻求多渠道、全方位的方式实现学生、家庭、社会的多维度满意。

基础教育公共服务体系涉及的是公共事务,体现的是公共价值,追求的是公共利益,因此教育行政部门与教育对象之间不是管理与被管理的对立关系,而应该为了共同价值利益形成合力,成为真正意义上的价值共同体。教育行政部门及其工作人员应具有公共责任意识,相关公共事务应该通过公共决策的方式进行决策,保障决策公开民主。在建构教育公共服务体系过程中,应重视培养社会公众的公共精神和公共理性,增强公众的民主意识。

(四)建立科学的基础教育评价体系

提供公共服务是各级政府的共有职能,高效率、低成本地提供基础教育优质服务则是地方政府公共服务能力建设的最好佐证。建立一套科学合理的基础教育公共服务评价体系是促进地方政府公共服务能力提升的有效途径,有什么样的考核评估制度就有什么样的政府行为,有什么样的基础教育公共服务评价体系就会推动产生什么样的基础教育公共服务。地方政府公共服务能力绩效考评评估体系应以地方政府承诺为内容,注重从宏观上和整体上构建一个全面、系统、科学的政府公共服务绩效评价指标体系,以注重公共服务结果为导向,着重考量投入与产出、成本与效益,重视服务成本与绩效之间的关系,使得政府和行政官员更加关注公共服务的质量,提高公共服务的效率。在市场经济条件下,公众对基础教育的需求呈现多元化,评价体系中应适当引入基础教育公共利益需求的实现和基础教育权利的共享这类非量化指标。在评估主体上,要改变原有由政府行政领导组成的评估组织,吸收专家、专业人员、利益相关者代表参与评估,提高基础教育公共服务绩效评估的公正度和准确度。充分发挥中介组织的力量,建立独立于执行机构和监管机构的评估机构,避免由执行机构既当"运动员"又当"裁判员"所造成的监督主体缺位以及评估机构权责不对称现象。探索引入第三方评价体系,建立由社会、行业企业、中介组织、家长、学生等共同参与的社会化评价体系。

(五)创新基础教育公共服务方法

公共服务改革应以市场化为取向,积极推进基础教育公共服务市场化,以市场竞争打破政府垄断,转变政府职能,提高服务效率。积极推进公共服务社会化,打破地方政府对基础教育公共服务大包大揽的方式,探索公共服务社会化道路,以社会需求为导向,调动社会力量参与公共服务的提供和改善,建立以地方政府为主导、各社会主体共同参与的公共服务供给格局,实现公共服务供给主体的多元化。加快推进公共服务电子化,这是地方政府公共服务能力的重要体现。电子政务是公众接受公共服务最便捷的平台及政府公共服务最经济、最方便的供给渠道。电子政务可以极大地拓展政府提供公共服务的空间,能够进一步促进政府职能转变,提高政府管理的效率和透明度,增强政府提供公共服务的能力。创新办学机制,在公益普惠的基本原则下,积极扶持民办教育,为群众提供多样化的优质教育服务,积极推动交流结对向宽领域、高水平、深层次发展。

二、建立合理的基础教育管理机制

(一)完善政务公开,推动多元共治

让社会力量和公众更多地了解、参与基础教育公共服务趋势势不可挡,而在教育领域引进竞争机制和选择机制,改变政府垄断教育的局面,实现教育服务的多元供给,也已成为世界上许多国家改革教育体制的一个基本思路。如美国政府未对基础教育实行完全垄断,私立学校与公立学校并存;巴西政府也重视私立学校与公立学校的共同发展。宁波市地方政府和教育行政部门应顺势而为,随着政府职能的转型和市场机制的引入,与时俱进地完善政务公开、校务公开制度,利用好网络时代新媒体,丰富公开形式和内容,建立良好的与社会和公众的互动机制。为满足人们多元化的教育需求,地方政府和教育行政部门也应积极主动地改革基础教育公共服务提供形式,吸引更多社会力量成为基础教育公共服务的供给主体,打破政府单一供给的格局,形成以政府办学为主体、社会各界共同参与、公办学校和民办学校共同发展的基础教育发展大格局,建立政府、市场和社会等多元主体并存的基础教育公共服务供给机制,提高供给效率,建立与社会经济发展相适应的基础教育公共服务。基础教育作为基础性公共服务内容,政府在鼓励引导社会力量提供公共服务的同时,需把握好介入的度并做好监管工作,如在学前教育提高公办比例的基础上适度鼓励民办。义务教育以公办为主,允许民办;高中教育则应在保证公办比例的基础上适度鼓励民办,并加强对其供给方式、供给质量、供给效益的监督。政府要将社会力量办学纳入当地教育事业的发展规划中,加强引导调控,统筹兼顾各方利益与发展,实现各类教育资源最优化配置,全方位服务社会大众公共利益。

(二)完善监督制度和行政问责制

基础教育的均衡发展需要社会公众的监督,需要一套科学完善的监督制度与之相适应,需要立章建制,如建立政务公开制度、建立合理反馈机制、创新回应渠道、拓宽公众发表言论渠道等。事实上,公众和社会需求的多样化,基础教育公共服务供给主体的多样化,更需要政府和教育行政部门广开言路,建立相应方便快捷的渠道,及时有效地接收社会各界的意见和建议,

可以通过发展社区公共组织及利用网络技术等开辟公众参与的有效途径，使社会公众能够主动参与到基础教育管理中来。通过参与公共教育管理活动，社会公众的教育理念、价值和利益得到表达和实现。根据反馈的信息，政府能感知到民众的真正需要，解决各类公共服务主体在实际生活中存在的问题，从而有针对性地提供优质的管理和周到的服务，促进公共服务效率和服务质量的提高。教育行政部门还应该是互动开放的，能迅速有效地对公众教育需求做出正确适当的反应，应致力于建立和完善各种快捷方便、行之有效的公众对话机制，协同促进教育这一民生事业的均衡发展。地方政府和教育行政部门在履行基础教育职能时，必须遵循责任政府的行为规范，做到权责相称，要明确教育行政部门的管理职责权限，并落实到各机构、岗位和各行政人员，建立岗位责任制，强化责任追究制度，建立行政问责制度，规范行政问责的权力、事由、程序，并完善相关的配套措施。

（三）提高公众参与率

公众参与基础教育公共服务有助于形成政府与公众的良性互动，从而增加公共服务供给的种类、数量，提升地方政府服务水平，更好地鼓励引导公众的参与，这也是地方政府公共服务能力的体现。首先，应培养社会公众对公共服务的参与意识和参与能力。社会公众的参与意识是政府提供公共服务的前提，如果没有良好的公众参与意识和公众责任，公共服务就不可能实现真正意义上的公众参与。其次，在提供公共服务前，要做好前期的民意调查。可以通过实地调研、热线电话、电子信箱及接待日等方式建立民意调查分析机制，广泛了解公众的需求、意见、建议，在此之后再决定是否提供某项服务，并根据公众的需求决定由谁提供、怎样提供、提供什么，实现决策于民。这样，可使政府的行为较为准确地反映社会公众的意愿和偏好，公共服务在种类、数量和质量方面符合社会公众的要求，节省社会资源，保证政府提供服务的有效性。

三、推进教育资源均衡化发展

追求教育公平最终会落实到教育资源的均衡化配置上，合理平衡配置基础教育资源正是地方政府公共服务能力的体现，也是提升服务能力的有效途径。新公共服务理论为我们描述了充分重视民主、公民权利和为公共利益服务的理论框架，这对基础教育管理极具指导意义，而基础教育资源的人本化管理，是推进基础教育资源配置均衡化的基础与前提。

(一)优化教育资源分配结构

根据福利经济学原理,极具公共性和基础性的基础教育需要保证公平,这也是新公共服务理论指导下的基础教育改革最显著的标志。尤其要保障弱势群体的利益,向弱势群体倾斜让优质资源受众面和辐射面最大化,从而整体提升教育均衡化水平,让人人享受优质教育。其中财力资源的均衡配置是教育资源均衡配置的核心,物质基础的均衡化为教育公平扫除障碍,让教育公平成为可能。政府要转变观念,在目前财力有限的前提下,必须想方设法致力于区域内教育财务的均衡,从而促进教育公平的价值体现,整体提升区域教育水平,真正对教育公平有所作为。通过完善巩固"以县为主"的教育管理体制,优先将教育经费纳入财政预算,义务教育阶段经费单列,财政、发改、审计、人保、教育等部门加强沟通,保障基础教育供给的公平。基础教育的问题主要通过发展私立学校和利用教育券来实行。

(二)建立强有力的师资队伍

追求教育公平,推进均衡化发展,除硬件设施的均衡配置外,基础教育师资配置均衡化是必要条件,这有赖于合理和有效的教师政策。首先要促进教师合理流动。教育行政部门要打破原有的封闭式人事管理制度与现状,科学核定中小学教职工编制标准,优化人力资源良性发展,做好区域内中小学师资的区域配置和统筹,及时调整各校师资。组织鼓励教师在不同学校,尤其是优质学校和薄弱学校、城区学校和农村学校间的常规流动,促进师资平衡的同时,也有利于教师间的学习交流和共同促进。其次要配足专用教师。根据规划配足学科专用教师,改变学科教师结构失衡状况,开齐国家课程。建立健全稳定的教师招录机制,适度向音乐、体育、美术、校医、心理健康教育等专业倾斜,探索教师转岗及退出机制,加快改变教师结构性缺编状况。第三,科学管理教师队伍。推行盟校教师联动模式,在学校间采取盟校模式,同步开展教师培训、校本教研、学科教研等,推动教师之间的教育交流。建立健全考核机制和评价体系,创造发展空间,畅通晋升途径。根据学校实际发展需求和规划,对不同学科建立专门的人才评价体系和考核指标,配备最合适的人。在做好外部人才引进的同时,要加大对现有教师群体的培养与开发力度,创设人才孵化的合理安全空间,真正降低人才引进成本。

(三)提高资源供给效率

地方政府在不断增加教育资源提供总量的同时,要不断提高资源配置的效率,使全市基础教育事业能在优先的财力投入下取得最大的公共利益,能够适应经济和社会的发展,满足广大群众的需求。调整财政支出政策的趋向,调整和优化政府教育资源供给结构,将教育资源有计划地重点投向基础教育,推进非义务教育的市场化进程,特别是要加大农村义务教育的扶持和投资力度,从根本上解决农村义务教育落后问题。整合资源配置,提高经费利用效率。深化教育人事制度改革,减员增效,严格控制人员经费增长,提高公用经费投入比例。调整中小学校布局与规模,充分利用现代网络信息技术,发展远程教育,节约成本。提高教育经费监管水平,推进义务教育和基础教育投入目标责任制,充分发挥各级人大的监督职能,把义务教育和基础教育投入情况作为考核领导干部政绩的一项重要指标。建立义务教育和基础教育经费预算和监测制度,严格监督各级政府是否依法将教育资金投入到位,定期公布教育投入及资金到位情况,接受全社会监督。要通过制定义务教育和基础教育成本标准、规模标准和人员配备标准,建立起比较完备的预算经费管理、核算和使用效益评价制度,从而提高义务教育和基础教育资金使用效率。加大对弱势群体的关注,他们无论是在受教育权利的保障上,还是在基础教育资源的享受方面均与一般群体存在较大差距。要逐步缩小教育差距,实现教育公平,体现基础教育的公益性、公共性,就必须对弱势群体进行补偿,实行有倾斜性的教育政策。

第六章　公共卫生服务能力建设

近年来，宁波市医药卫生体制改革取得了阶段性成效，公共卫生服务水平有了明显提升，但卫生事业发展不能完全满足人民群众日益增长的医疗卫生需求，基层卫生队伍的量少质低、不稳定问题亟待破解。要通过分级诊疗，推进县乡村医疗卫生一体化管理，完善城市卫生帮扶基层卫生长效机制，推进医疗服务价格调整与医保报销配套跟进等措施，引导广大群众到基层医疗卫生机构解决基本医疗卫生问题。要在人事招聘和使用上实行一体化管理，在管理模式上因地制宜、多管齐下，实行乡村联动，乡镇卫生院派出卫生人员常驻村卫生室指导开展卫生服务工作；出台明晰的绩效分配政策，打破收入"大锅饭"，调动基层医疗卫生人员的积极性，切实提高基层医疗卫生服务水平。

深化公共卫生服务体制改革，发展公共卫生服务事业，努力为人民群众提供安全、有效、方便、廉价的公共卫生和基本医疗服务，是全面建成小康社会的重要内容。破解"看病难，看病贵"难题，要找准问题产生的根源，从制度上破题，以务实的作风和敢于担当的精神纵深推进医药卫生体制改革。要坚定改革的决心和信心，明确改革的重点和难点，加快推进公共卫生服务能力的改革，优化医疗资源配置，加快建立合理的公共卫生服务体系。政府要切实负起在医疗卫生事业中的责任，明确界定政府与市场的关系，提高服务效率，扩大公平享有范围。要把基层卫生人才队伍建设纳入人才工作总体规划中，加强人才培养培训和引进工作，提高现有卫生院人员的学历层次，改善基层医疗机构的工作条件。

第一节　公共卫生服务能力：概念、构成与现实意义

一、公共卫生服务能力的概念

公共卫生服务是指卫生部门以提高人民健康水平为目的，使用卫生资源，向社会居民提供适宜的预防、医疗、康复、健康指导等各种卫生保健活动的总称。公共卫生服务具有两个显著的特点：一是广泛性。卫生服务的对象及服务范围普遍而广泛，涉及医疗、预防、生理、社会、心理等各个方面；卫生服务要求卫生部门与工业、农业、教育等部门通力合作。二是综合性。综合性是指防治疾病与促进健康相结合，临床治疗与心理治疗、预防保健相结合。

公共卫生服务能力是指在卫生服务过程中，掌握一定医疗卫生技术知识的人，运用一定的物质技术手段，与疾病及各种致病因素作斗争，防病治病、保障人民身心健康的能力。公共卫生服务能力是卫生服务机构满足居民卫生服务需求的可能性与行为表现，它反映了在卫生服务过程中人与物的关系。在人的因素中，包括各种不同专业、学历、技术水平、年龄等的卫生人员；在物的因素中，涉及各种设施设备、器械、药品、卫生材料等。从功能方面分析，公共卫生服务能力一般可分为医疗服务能力、公共卫生服务能力和卫生服务相关能力三个方面，对不同级别的医疗卫生机构来说，其服务能力是有所区别和偏重的。

公共卫生服务是一种成本低、效果好的服务，但又是一种社会效益回报周期相对较长的服务，它与普通意义上的医疗服务是有一定差距的。为了能够公平、有效、合理地配置公共卫生资源，必须要明确什么是公共卫生。美国城乡卫生行政人员委员会对公共卫生定义是：公共卫生是通过评价、政策发展和保障措施来预防疾病、延长人的寿命和促进人的身心健康的一门科学和艺术。

在国外，政府在公共卫生服务中起着举足轻重的作用，并且政府的干预作用在公共卫生工作中是不可替代的。许多国家对各级政府在公共卫生中的责任都有明确的规定和限制，以更好地发挥各级政府的作用，并有利于监督和评估。在我国，农村的部分行政决策者受经济利益驱动，更重视一些有短期收益的项目，削弱了政府对公共卫生的重视程度和行政干预力度。政

府对于公共卫生并没有十分明确的分工和职责范围,尤其是关于农村公共卫生的政府职责更是含混不清。因此,尽快明确各级政府的职责和任务,使其各自履行职责是当务之急。

以"health service""capacity""service capacity""evaluation""assessment""rural areas""remote sites""卫生服务""服务能力""评价""能力评价""农村地区"为检索词,检索 SCI、Emerald、Elsevier Science Direct、知网、万方、维普数据库发现,国内外研究的侧重点不尽相同,国外学者对于公共卫生服务能力的研究主要集中于卫生部门、社区卫生服务或针对某一卫生项目能力建设或实施效果进行评价,对于农村或偏远地区的公共卫生服务能力研究侧重于基础设施及卫生人力建设方面。国内的研究则更关注对公共卫生服务能力现状的分析以及对评价指标体系的构建。

二、公共卫生服务能力的构成

对于公共卫生服务能力的构成,可以运用战略管理理论进行分析,战略管理理论认为,组织能力分为静态能力和动态能力。前者是组织运用配置资源来达到特定目标的能力,体现为短期竞争优势和组织绩效;后者是组织对环境的一种适应和变革能力,它促使组织获取长期的、持续的竞争优势。动态能力是静态能力生成与演化的前因,它促进形成新的和环境适应的静态能力;静态能力通过动态能力来获得发展和修订。

根据以上理论,组织能力系统可对应地划分为能力要素和能力结构两大部分。前者是对组织能力的存在和发展有重大影响的资源要素,包括人力要素、财力要素、物力要素、技术要素、信息要素等;后者包括管理能力、学习能力、应变能力、创新能力、文化能力等。由于静态能力直接与组织的产出联系,它决定了在既定的资源基础上组织能提供什么样的产出,因此公共卫生服务的静态能力就体现为公共卫生服务投入能力和各类公共卫生服务能力。投入能力主要是财政能力和人力资源开发能力,各类公共卫生服务能力则为各类公共卫生服务的产出绩效——效果和效率。而公共卫生服务的动态能力体现为公共卫生服务的实现过程和资源配置手段,即公共卫生服务供给能力和公共卫生服务治理能力,如图 6-1 所示。

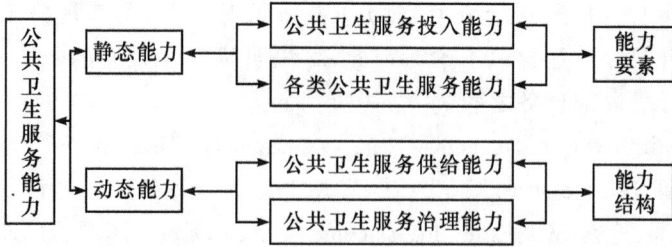

图 6-1　公共卫生服务能力的基本维度

　　按照系统论的观点,公共服务是一个资源输入输出的系统,公共卫生服务能力则体现为投入的资源在这个系统中转换为产出过程中的相关能力,如图 6-2 所示。

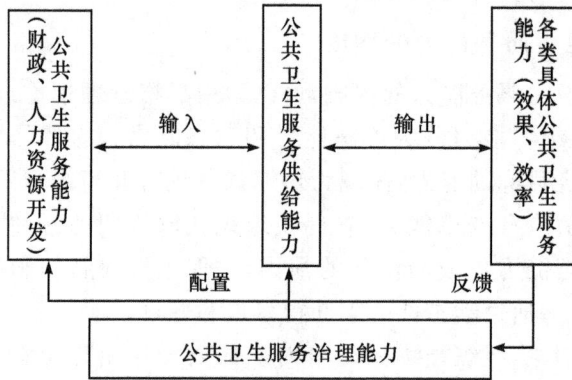

图 6-2　公共卫生服务能力构成要素关系

三、公共卫生服务能力的现实意义

　　加强基本公共卫生服务能力建设研究,有利于提高基层卫生资源利用效率,减轻国家、社会和个人的经济负担,提高城乡居民的卫生意识和健康水平;有利于建设城乡统一的公共服务体制,提高基本公共卫生服务可及性,为广大群众提供高水平的公共卫生服务,缩小城乡居民享受基本公共卫生服务数量和质量差距,促进城乡的统筹发展和进步,早日达到"人人享有"的战略目标;有利于早日建立一个健全和完整的公共卫生体系,为公共卫生事业的发展奠定坚实的基础。健康是促进人的全面发展的必然要求。党的十八大报告明确了医药卫生事业改革发展的重点和目标,充分体现了保障人民健康权益、在病有所医上持续取得新进展的重要政策导向。今后,需要从六个方面重点落实公共卫生服务能力建设:深化医药卫生体制综合改革;

完善公共卫生服务体系;健全全民基本医疗保障体系;加强城乡医疗卫生服务体系建设;巩固基本药物制度;改革和完善食品药品安全监管体制机制。

深化公共卫生体制改革,是保障和改善民生的重大举措,关系人民健康福祉,关系民族未来。党的十八届三中全会从经济社会发展全局出发,对继续深化医改做出了全面部署,我们要准确把握这一部署的内涵和要求,认真学习、深刻领会,全面贯彻落实,确保完成中央提出的改革目标任务。与此同时,也要清醒地看到,公共卫生服务体系改革取得的成绩还是初步的、阶段性的,与人民群众的期盼相比,还有一定的差距。医疗资源总量不足的矛盾依然突出,以药补医的局面尚未得到根本扭转,实现医改的长远目标任重道远。特别是,当前医改已经进入深水区,触及的深层次矛盾和问题越来越多,改革难度越来越大。人民群众对医改的要求越来越高,医改对经济社会的影响也越来越广泛。面对新的形势和要求,我们必须从全局和战略高度出发,充分认识深化医改的重大意义。对此,继续深化医改是实现全面建成小康社会宏伟目标的内在要求。在朝着实现 2020 年基本建立基本医疗卫生制度目标迈进的决战决胜阶段,改革任务艰巨繁重。要继续坚持把公共卫生服务体制作为公共产品向全民提供的基本理念,按照保基本、强基层、建机制的要求,统筹安排、突出重点、循序推进,进一步深化医疗保障、医疗服务、公共卫生、药品供应以及监管体制等领域的改革,持续不断地把改革推向深入。

第二节　宁波市公共卫生服务能力建设的现状与成就

一、公共卫生服务机构的建立

国务院 2009 年 4 月 6 日发布新医改意见,新医改界定的公共卫生机构包括各级卫生行政机构、疾病控制机构、卫生监督机构、妇幼保健机构、慢性病防治机构、社区卫生服务机构及公共卫生研究机构。

广义的公共卫生机构是指一切能够保护健康、促进健康、预防疾病的机构。包括各级政府,各级卫生行政机构、医疗机构、疾病控制机构、计划生育机构、卫生监督机构、药品食品安全机构、烟草控制机构、环境保护机构、妇幼保健机构、慢性病防治机构、社区卫生服务机构及公共卫生研究机构。人类社会发展进步的目的只有一个,即人类大家庭中每个成员的生命健康发展,这就是生活质量的不断提高和生命的不断延长,而这主要是通过公共卫生事业的发展来体现和衡量的。现代公共卫生最简单的定义为"3P",即 promotion(健康促进)、prevention(疾病预防)、protection(健康保护)。新的医学模式和国家卫生方针都明确提出,卫生工作要社会广泛参与,要搞大卫生,要加强部门间的合作与参与,即将相关部门纳入公共卫生体系当中,如计划生育、药品食品检验、环境保护等,形成一个有机的整体。

2003年7月28日,时任国务院副总理兼卫生部部长吴仪在全国卫生工作会议上对公共卫生做了一个明确的定义:公共卫生就是组织社会共同努力,改善环境卫生条件,预防控制传染病和其他疾病流行,培养良好卫生习惯和文明生活方式,提供医疗服务,达到预防疾病、促进人民身体健康的目的。因此,公共卫生建设需要政府、社会、团体和民众的广泛参与,共同努力。其中,政府主要通过制定相关法律、法规和政策,促进公共卫生事业发展;对社会、民众和医疗卫生机构执行公共卫生法律法规实施监督检查,维护公共卫生秩序;组织社会各界和广大民众共同应对突发公共卫生事件和传染病流行;教育民众养成良好的卫生习惯和健康文明的生活方式;培养高素质的公共卫生管理和技术人才,为促进人民健康服务。

狭义的公共卫生机构定义为:人力、设备、预算都是为实现其卫生职能和卫生目标进行规划和配置的组织。公共卫生机构主要针对群体服务,医疗机构针对已患病的个体;公共卫生机构重在预防,医疗机构重在治疗;公共卫生机构是预防疾病,促进健康和延长寿命,医疗机构是治疗疾病,维护健康,挽救生命。

自20世纪90年代开展农村医疗卫生建设以来,宁波市的农村卫生投入不断增加。1996—2013年,全市农村卫生基本建设投入累计达14.96亿元,其中,政府投入专项经费为13.73亿元。随着农村医疗卫生建设的持续推进,农村医疗卫生条件得到了迅速改善。1996年,全市完成区县卫生院、县疾控中心和妇保院(所)改造,基本实现"一无二配套"的目标,并提前3年完成以县为单位的农村初保规划目标。2001年,全面完成以镇(乡)为单位的初保达标工作。根据2003年9月宁波市第二次卫生服务调查显示,全市84.10%的农民到最近医疗机构所需的时间只要10分钟。

以社区医疗卫生建设为例,我国社区卫生服务自建立之初,就定位于基本医疗服务体系和公共卫生服务体系的网底,承担着基本医疗及公共卫生服务的职责。《WTO与公共卫生协议案》中明确规定了公共卫生包含八个方面的内容:传染病控制、食品安全、烟草控制、药品和疫苗的可得性、环境卫生、健康教育与健康促进、卫生服务、食品保障与营养。所以说,公共卫生有非常广泛的内涵与外延,从我国社区卫生服务的功能看,上述功能均已涵盖。《浙江省城市社区公共卫生服务项目实施方案(试行)》指出"城市社区公共卫生服务依托社区卫生服务中心和站开展工作",而社区卫生机构公共卫生能力现状如何,能否满足城市公共卫生工作对其的要求,如何进行社区卫生机构建设以强化其公共卫生服务功能,是目前迫切需要解决的问题。

截至 2013 年年底,全江东区已设立 15 家社区卫生服务中心、68 家社区卫生服务站,机构设置已达到每 0.92 万居民设立 1 家社区卫生服务中心(站)水平,形成了完善的"10 分钟社区卫生服务圈"网络布局,优于其他 4 个中心城区 1.18 万居民设立 1 家社区卫生服务中心(站)的建设水平。同时,全区积极推进机构标准化建设,规范社区卫生服务机构硬件设置。按照《浙江省社区卫生服务中心、站基本标准》,全区社区卫生服务中心用房面积的达标率为 100%,社区卫生服务站用房面积的达标率为 76.47%,建设水平等于或高于其他 4 个中心城区社区卫生服务中心用房面积的达标率(100%)和社区卫生服务站用房面积的达标率(57.20%)。明楼、白鹤、东柳、百丈 4 家街道社区卫生服务中心对社区卫生服务机构的基本设施、人员配备、科室设置、基本功能进行全面提升,并加大对社区责任医生服务模式、社区卫生服务"五个转变"的建设力度,先后荣获"省级规范化社区卫生服务中心"的称号。全区省级规范化建设合格率为 66.67%,明显高于其他 4 个中心城区的建设合格率(43.11%)。

二、公共卫生服务人员的配备

2009—2013 年,宁波市新增基层卫生技术人员编制 3000 余人,基层卫生技术人员达到 1.43 万人,平均每万常住人口拥有基层卫生技术人员 18.5 人、全科医生 6.47 人、社区护士 4.08 人,逐步建立起一支以全科医生为主体的适应宁波市基层医疗卫生事业发展的卫生技术人员队伍。人力资源总体较为充足,理论上可以满足城镇居民日益增长的卫生需求。根据 2000 年吴秀云等对北京市宣武区、东城区社区卫生人力配备进行的调查研究的结果显示,按健康需要法,每千人口应配备医生 0.54 名,预防保健技术人员 0.43 名;按健康需求法,每千人口应配备医生 0.45 名,预防保健技术人员 0.43 名。[1] 据此标准,宁波市已经达到了要求。但人力资源年龄构成、学历

---

[1]　吴秀云,李曼春.宣武区、东城区社区卫生人力配备研究.中国全科医生,2000(4):285-286.

结构、职称结构均存在缺陷,这依旧极不利于开展公共卫生工作。调查中发现,无论是服务中心还是服务站,30 岁以下的职工占相当大的比例,服务中心和服务站分别为 41.3%、44.2%均接近半数,年龄结构明显不合理,不能很好地迎合社区卫生服务以及公共卫生工作要求。工作队伍相对年轻可能与近期各机构为满足人员规模上的要求批量引入人员有一定的关系,缺乏有效的系统性人员培养和引进计划,造成了人员的脱节。虽然年轻人占主导地位,但总体的学历结构与以往相比并没有发生实质性的改变。中专学历的员工依然占很大的比例,服务中心和服务站分别是 50.7%和 48.7%。学历高低反映受医学教育程度的差别,学历低说明接受基础医学教育的时间少,基础医学知识缺乏,不能不说是影响服务水平提高的一个重要因素。学历层次偏低将制约社区卫生机构拓展服务范围以及深化发展,也将影响公共卫生工作开展的成效。中高级人才短缺,初级人才过剩,也是比较明显的不足。世界卫生组织对中等发达国家制定的标准为高、中、初三级卫生技术人员比例为 1∶3∶1,而我们与这一标准有相当大的差距。社区卫生人力资源的学历、职称较低是各地社区卫生服务机构的普遍现象,各卫生服务机构应该重视社区卫生服务人员的学历教育和技能培养。重视和加强社区卫生服务人才在各层面的教育、培训是当务之急。在学历教育的同时,为满足社区卫生服务及公共卫生服务需求,提高社区卫生服务人员整体素质是一项迫在眉睫的任务。

以宁波市江东区为例,区社区卫生服务机构拥有卫生技术人员 506 名,每万名居民社区卫生技术人员配备数为 13.91 名,其中非在编人员占 63.64%,大专及以上学历者占 43.48%,中级及以上职称占 28.46%。每万名居民社区卫生技术人员配备数较其他 4 个中心城区低 15.08%,非在编人员、大专及以上学历者、中级及以上职称者所占比例较其他 4 个中心城区分别低 31.74%、6.37%、6.19%。由此可见,江东区在社区卫生技术人员配备数量和质量上均差于其他 4 个中心城区。

三、公共卫生服务技术设备的投入

公共卫生服务技术设备设施建设完备和经济状况较好,具备了发展城区公共卫生的基本条件。宁波市各社区卫生服务机构建筑面积、服务人口以及仪器设备均满足浙江省社区卫生服务先进区的标准,为社区进行公共卫生服务工作提供了硬件设施的保障。与相近条件的城市相比,宁波各社区卫生服务机构的经济收入明显好于其他各地,平均年收入超过 4.5 万元。

较好的经济收入在一定程度上调动了社区卫生服务人员从事公共卫生工作的积极性。

一方面,继续加强医疗卫生基础设施建设,加快市级医疗卫生单位十大建设项目进度。确保市妇儿医院扩建工作圆满完成,缓解宁波市妇女儿童"看病难,住院难"的问题。市中心血站等公共卫生服务机构迁建项目、市急救中心迁建项目和市病理诊断中心新建项目在2014年6月竣工,2014年下半年已投入使用。李惠利医院东部院区项目和市康宁医院改扩建项目竣工。此外,抓紧启动市第一医院西部院区建设项目前期工作,开工建设宁波杭州湾新区医院。同时,统筹区域资源,让优质医疗资源下沉。另一方面,推行精细化管理,优化服务环境和流程,方便市民就诊。

四、公共卫生服务经费的保障

自2003年7月1日起,新型农村合作医疗制度试点相继在宁波市镇海、余姚、慈溪、北仑等地展开。宁波市新型农村合作医疗制度有两大特点:一是同步推进农民大病统筹、医疗救助和医疗服务三大体系建设;二是筹资能力强,每人每年达到75到130元,其中,市、县(市、区)、镇(乡、街道)政府资助不低于45元。截至2003年年末,全市已有159多万人参加新型农村合作医疗,其中镇海、慈溪、余姚、北仑四地农民的参保率分别达到了92.20%,83.10%、87.40%和92.90%。

2014年10月,国家卫生计生委在其官方网站发布通知:2014年我国人均基本公共卫生服务经费补助标准由30元提高至35元,农村地区新增人均5元经费全部用于村卫生室,城市地区新增经费统筹用于社区卫生服务中心和服务站。通知指出,新增人均5元经费全部由政府财政承担,中央已经预拨2014年基本公共卫生服务项目补助资金177.8亿元。新增经费主要用于适当增加高血压、糖尿病患者规范管理目标人数,提高随访补助水平;适当增加重性精神疾病患者管理目标人数,提高随访补助水平,增加患者随访次数;适当提高村卫生室承担高血压、糖尿病、重性精神疾病患者和老年人健康管理任务比重等。

以宁波江东区为例,宁波市江东区于1998年开展社区卫生服务工作,随后全区逐年加大对社区卫生服务的投入。为确保政府的投入产生最大的效果和效益,江东区卫生局进行了积极有益的探索,并于2006年对政府下拨的社区卫生服务经费进行绩效管理改革,通过制定绩效评价体系,搭建管理运行平台,严格质量控制,健全激励机制,促使全区社区卫生服务机构不断夯实其作为公共卫生和基本医疗基础网底的功能和作用。

五、公共卫生服务监管制度的建立

经过20多年的改革探索,我国传统计划经济体制下国家通过公费医疗和劳保医疗等免费医疗卫生服务的供给模式正在逐步解体。与此同时,以"摸着石头过河"为主要特征的渐进式改革使得我国医疗卫生服务在融资机制、付费方式、医疗机构治理结构以及政府监督管理体制等四个方面改革上出现了不匹配和不协调,导致了医疗卫生服务市场扭曲、国有医院公共责任缺失等不合理现象,广大群众"看病难,看病贵"的问题日益突出。如何在社会主义市场经济体制条件下,通过建立现代医疗卫生监管体制来重构医疗卫生服务体系,是未来我国医疗卫生体制改革面临的重大挑战之一。近年来,宁波市医疗卫生事业取得了长足发展,城乡医疗保障体系框架基本形成,基层卫生服务网络日益健全,疾病控制、医疗救治、卫生应急体系进一步完善。但我们也要看到,由于经济发展水平和历史等方面的原因,宁波市居民医疗卫生保障水平还存在区域和城乡之间发展不平衡,卫生资源配置不尽合理,卫生服务的可及性、公平性差等问题。要解决这些问题,必须优先发展公共卫生事业,建立基本公共卫生服务制度,落实以预防为主的卫生工作方针,使城乡居民人人享有基本公共卫生服务。这是我国也是宁波市卫生事业发展的必然选择。

宁波市在公共卫生服务能力建设过程中,充分引入市场竞争机制,与监管体制的建设同步推进。国际上公共服务领域的改革实践表明,在容易出现市场失灵的公共服务领域,在引入市场机制的同时,应建立一个相对独立于原有政府行政管理部门的新的监管机构,并及早引入现代监管理念和监管方式。严格执行监管规则是监管机构保障公众利益、维护社会公平的重要职责。同时,医疗卫生服务领域又可能由于负外部性导致市场失灵。因此,通过严格监管建立医疗卫生机构的良好声誉,维持公众信心也是保证医疗卫生服务事业健康发展的重要条件。正是从这个角度来讲,如果把引入市场竞争机制,鼓励各类不同性质的机构参与医疗卫生服务作为控制服务费用不合理上涨、改善服务质量、提高服务效率的重要手段之一,那么就需要将监管体制的建设及早纳入未来改革方案的设计之中。同时,建立独立的医疗服务监管机构是医疗服务监管发展的方向。在社会主义市场经济体制条件下,为建立一个多元供给、有效竞争、高质高效、基本公平的医疗公共服务体系,医疗卫生监管体制建设应同强化政府公共服务责任、改善公立医疗机构的治理模式、推进竞争格局的形成同步推进。如果仍选择主要依靠公立医疗机构作为提供服务的主体,那么,监管体制建设的重心应是建立高效的政府内监管体制,以实现政策制定、监管和服务供给的有效协调和制衡。加强对公立医疗机构的财务审计、基于任务和绩效的预算资金使用评估、公共资源使用的成本－收益分析以及对公立医疗机构从业人员的职业道德审查和履行公共职责的业务审查。如果选择鼓励不同性质的医疗服务供给者以竞争性的方式提供医疗卫生服务,那么监管体制改革的重心则是建立包括政府部门监管、行业自律组织和消费者保护组织参与以及公众舆论监督在内的完善的现代监管体系。因此,建立功能明确、问责严格、相对独立的专业化监管机构,仍是未来我国医疗卫生服务事业健康稳定发展的重要制度保障。

另外,还应通过树立现代监管理念,加强监管能力建设。现代监管体制必须遵循市场经济和法治社会条件下所要求的基本原则。

(1)公正:现代监管要体现公平对待各种不同性质的市场主体的原则。

(2)透明:监管规则、监管程序、监管过程都必须做到透明公开。

(3)独立:监管机构必须独立于被监管主体,保证不被被监管者"俘获"。

(4)可问责:监管机构必须代表公众利益,接受公众的有效问责。

医疗卫生服务作为一个具有高度技术复杂性和高度专业化分工的行业,能力建设对于监管机构履行好监管职责具有非常重要的意义。因此,在确定主体准入资格、协调价格控制机制运行、监督复杂的交易活动、保护消费者权益等方面首先就需要监管机构拥有一支包括资深医疗服务专家、经济学家、律师、会计师、财务分析师、保险师等在内的稳定的专家团队。此外,政府内部监管机构需要逐步掌握和运用现代监管手段和监管方式对公共医疗机构进行监督和管理,如业绩合同管理、预算绩效评估、成本－收益分析、监管影响分析等。

第三节 宁波市公共卫生服务能力建设的缺陷与不足

一、公共卫生服务机构设立不科学

公共卫生服务机构建设,是为了适应医学模式的转变,是我国医疗卫生服务体系改革所采取的一项重要举措,但目前公共卫生服务机构的设置由于历史和现实的原因还存在急需解决的问题。以城市社区卫生服务机构为例,主要有以下几个问题。

其一,顶层制度设计缺乏。自2006年《关于发展城市社区卫生服务的指导意见》出台后,各级地方政府都制定了城市社区卫生服务机构能力建设项目管理办法,加大了对城市社区卫生服务机构基本建设和全科医生培训的投入,社区卫生服务机构的潜在服务能力得以迅速提高。社区卫生服务机构提供公共产品服务,其服务具有公益性。政府和学界对社区卫生服务供给采用"政府主办模式、政府主导模式和合作伙伴型模式(完全由市场供给的民营化模式)"有很大争议,社区卫生服务涉及政府、社区卫生服务机构和社区居民等利益相关者,但在治理模式构建中政府并没有发挥应有的作用。政府作为民众的代理人,对社区卫生服务机构的建设、服务项目的划分、筹资等方面均起着至关重要的作用。虽然地方政府注重规划与建设社区卫生服务机构,以监管与考核等手段作为保障社区卫生服务机构投入及居民利益的主要手段,但并没有设计合理有效的社区卫生服务机构服务激励约束机制、信息公开机制等,治理机制顶层制度设计的缺失制约了社区卫生服务的发展。

其二,城市社区卫生服务机构内部没有构造出合理的权力结构。就卫生服务机构内部治理机制而言,在其内部还没有构造出一个合理的权力结构,在投资主体、理事会与经营管理人之间尚未形成一种有效的激励、约束与制衡机制,难以保证卫生服务遵守有关法律法规,并实现卫生服务机构及投资主体利益最大化。在对社区卫生服务机构经营管理人员的半结构化访谈中,80%以上的管理者将治理模式问题等同于经营管理问题,认为社区卫生机构资产规模比较小,卫生技术人员比较少,只要能够完成"六位一体"工作,达到主管部门的考核标准,就能达成政府、机构和居民多赢的局面,就是良好的治理模式。由此可以看出,社区卫生机构经营管理人员普遍缺乏对治理模式问题的系统认识。

其三,社区居民的被动选择削弱了外部治理机制应有的作用。社区卫生服务机构提供的是基本医疗服务和公共卫生服务,因此在辖区内的发展具有一定的垄断性。由于社区卫生服务机构的资格认定、服务项目及绩效更多由政府相关职能部门通过行政手段进行管理,在居民选择定点门诊统筹以后,支付方式的变化对居民的就医行为产生了很大的影响。门诊统筹支付方式将居民就医的选择权在签约期限内限定在指定的卫生服务机构,居民对其提供健康服务反应性评价情况等对卫生服务机构难以产生激励约束作用,既不能"用手投票"去影响社区卫生服务机构的经营管理,也不能"用脚投票"去选择自己满意的卫生服务机构。在社区卫生服务机构治理中,垄断性剥夺了民众行使自己相关权利促使社区卫生服务机构治理结构完善和提高社会医疗福利的可能性。

与此同时,社区卫生服务中心(站)无论是由原机构转制而来的还是新设置的单位,都没有摆脱旧有医疗模式的影响,单纯开展医疗行为的现象广泛存在。首先是社区卫生服务机构本身对社区卫生服务没有足够重视,在服务模式上没有实现真正意义上的转变。社区卫生服务机构依旧习惯于在医院等病人上门和以临床医疗为主,忽视社区群众的健康保健服务,忽视对社区的健康干预作用。其次是人力资源匮乏、基础差、来源少、相关政策跟不上。社区卫生服务机构由地段医院(确切地说由卫生院)转制而来,由于历史原因,社区卫生服务人员学历、职称及专业结构都不合理,他们的文化程度以中专学历为主,大专及以上学历仅占 1/3 至 2/3,职称以初级最多,高、中、初级人员比例失调。第三,全科医学职称评定体系还未真正实施,在开展社区卫生服务的诊疗规程上还存在着法律风险,这样水平的一支全科医师队伍必然影响社区卫生服务的整体质量。同时人才流动的政策导向、职称晋升问题等也是造成社区卫生服务中心(站)人才缺乏的原因。要开展和完成真正意义上的"六位一体"工作尚有一定难度。

二、公共卫生服务人员配备不均衡

一是结构不合理。从表 6-1、表 6-2 和图 6-3、图 6-4 可以看出,截至 2015年年底,在学历构成方面,在编医师的学历以大专为主,占 68.0%,大学本科及以上占 29.9%;而从职称构成方面来看,初级、中级职称的在编医师的占比分别是 46.9%、49.0%,而具有高级职称的在编医师仅占 4.2%。对于在编护士而言,中专学历占绝大多数,为 77.3%;多为初级职称,占 82.0%,无职称的有 5 人。医护人员的知识面偏窄,因此在提供综合性卫生服务方面尚有一定难度。

表 6-1　2015 年年底宁波市社区卫生服务机构医护人员学历构成

学历	在编医师		非在编医师		在编护士		非在编护士	
	人数/人	占比/%	人数/人	占比/%	人数/人	占比/%	人数/人	占比/%
初中以下	0	0	0	0	0	0	0	0
高中	0	0	0	0	0	0	4	11.8

续表

学历	在编医师		非在编医师		在编护士		非在编护士	
	人数/人	占比/%	人数/人	占比/%	人数/人	占比/%	人数/人	占比/%
中专	4	2.1	0	0	326	77.3	30	88.2
大专	132	68.0	7	21.9	78	18.5	0	0
本科	56	28.9	25	78.1	18	4.3	0	0
本科以上	2	1.0	0	0	0	0	0	0
合计	194	100	32	100	422	100	34	100

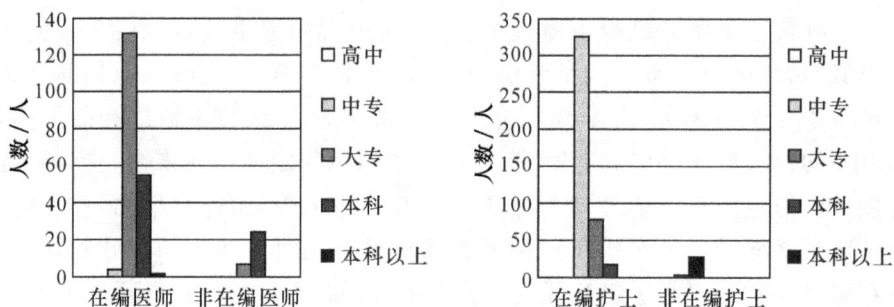

图 6-3　2015 年年底宁波市社区卫生服务机构医护人员学历构成

表 6-2　2015 年年底宁波市社区卫生服务机构医护人员职称构成

职称	在编医师		非在编医师		在编护士		非在编护士	
	人数/人	占比/%	人数/人	占比/%	人数/人	占比/%	人数/人	占比/%
无职称	0	0	0	0	5	1.2	0	0
初级	91	46.9	0	0	346	82.0	18	52.9
中级	95	49.0	8	25.0	71	16.8	16	47.1
副高级	4	2.1	21	65.6	0	0	0	0
正高级	4	2.1	3	9.4	0	0	0	0
合计	194	100	32	100	422	100	34	100

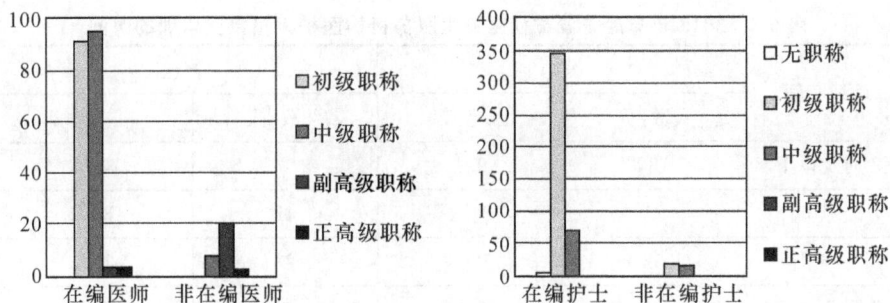

图 6-4　2015 年年底宁波市社区卫生服务机构医护人员职称构成

二是素质偏低。从表 6-3 可以看出，截至 2015 年年底，在医师当中，有 69.9％的人员对内、外、妇、儿常见疾病的一般诊疗知识和技能都能掌握或基本掌握，有 84.6％的人员对预防、保健知识能掌握或基本掌握；在护士当中，有 63.7％的人员对内、外、妇、儿常见疾病的诊疗知识和技能都能掌握或基本掌握，有 71.4％的人员对预防、保健知识掌握或基本掌握。这些指标明显低于上海、杭州等地区。

表 6-3　2015 年年底宁波市社区卫生服务机构医护人员的专业技能情况

专业技能	医师				护士			
	掌握或基本掌握		未掌握		掌握或基本掌握		未掌握	
	人数/人	占比/％	人数/人	占比/％	人数/人	占比/％	人数/人	占比/％
内、外、妇、儿常见病	113	69.9	49	30.1	261	63.7	148	36.3
防预、保健	137	84.6	25	15.4	292	71.4	117	28.6
中医知识	72	44.4	90	55.6	177	43.4	232	56.6
计算机应用	34	20.9	128	79.1	283	69.3	126	30.7
康复理疗	65	40.1	97	59.9	284	69.5	125	30.5

三是全科医生的队伍未形成。从表 6-4 的数据来看，2015 年宁波市城市社区医师的培训时间为 2 周及以下的有 8 人，5～6 周的人数最多（52 人），7 周及以上人数为仅为 2 人；而从护士培训来看，情况较为糟糕，培训时间为 2 周及以下的比例高达 48.2％，7 周及以上的比例只有 1.4％。这从总体上表明了接受全科医生培训的人数少、时间短，而培训的需求其实非常高。

表 6-4　2015 年年底宁波市社区卫生服务机构医护人员接受培训的时间

培训时间	医师		护士	
	人数/人	占比/%	人数/人	占比/%
2 周及以下	8	9.1	67	48.2
3～4 周	21	24.1	42	30.2
5～6 周	52	59.8	23	16.5
7 周及以上	2	2.3	2	1.4
时间不详	4	4.6	5	3.6
合计	87	100	139	100

注：超过 2 周不满 3 周的，属于 2 周及以下范围；超过 4 周不满 5 周的，属于 3～4 周范围；超过 6 周不满 7 周的，属于 5～6 周范围。

三、公共卫生服务设备投入与配置不合理

加大公共医疗卫生检查，提高治疗仪器的使用频率，扩大医疗服务的受众范围，有助于减少医疗卫生人力资本的劳动负担和劳动成本，这亦为我们科学准确的判断带来了更快捷的依据，高性能的医学离不开先进设备的支持。社区卫生服务中心对设备的投入不能仅仅关注"有"或者"没有"，正确认识设备功能才能准确高效地对其进行使用。社区卫生服务中心作为公共健康服务保障的最基层控制机构，能正确有效地使用设备是至关重要的。如果产生了服务公益性问题就意味着不利用设备，无收益就闲置设备的观念，那么每一个环节都将会制约基层社区公共医疗服务中心的全域性发展，也会制约基础公共卫生的发展。此外，因存在卫生医疗仪器及设备不正确使用、购进设备手续繁杂、重点设备配备少之又少的问题，高效的诊疗无从谈起。社区卫生服务中心公益性机制的理念是先进的，但是如何从根本上配备各类设施建设，还存在着这样或那样的矛盾。仪器设备的购进，是财政拨款的一项重要投资，但是一味地等待拨款、等待配备，让服务中心陷入了另一个僵局，也对国家和地方政府宏观调控的配备提出了新的要求。

怎样打破这个僵局？还需要从根本上加速体系的正常循环，进一步完善社区医疗卫生服务体系的建设。根据卫生部和浙江省的示范社区卫生服务中心参考指标体系以及宁波市卫生局的发展要求，结合宁波市实际情况，样本社区卫生服务中心科室设置基本达到了我国的基本标准。从宁波市卫生服务中心发展现状来看，许多卫生服务中心都是由过去厂矿机关单位的卫生室、卫生院改组而来的，中心领导队伍也对社区卫生服务的认识不够全

面,个别科室设置也由于中心条件的制约没有开展,个别科室闲置现象突出。科室的设置是集房屋设置、设备配套、人员配备等于一身的基本服务系统,但有些科室仅悬挂了科室名称牌,其大门紧闭,他人无法进入。科室设而不用的问题突出,这是对资源的浪费,是不利于社区卫生服务中心发展的。"加强中心内涵建设,强化社区服务功能"一直是社区卫生服务中心秉承的发展目标,然而一味地按章办事,配套设施、科室设置只是为了"完任务,做样子",不但浪费人力、物力、财力资源,社区中心的建设也只将是空中楼阁。如果只是为了完成一系列标准,不能发挥它真正的功能,初级健康网络的建立就很难实现。社区卫生服务中心的服务虽看似简单,但是它是一个连贯的、全面的监控人群健康最基本的科学可行的动态过程,每一个环节都相互关联,缺一不可,不能产生"只配套,不使用"的错误观念。

在部分农村社区中,医疗卫生资源不足,现有医疗、预防保健用房残旧,设备落后等问题依然如故。除了听诊器、血压计及简陋的输液设备外,所有社区卫生服务中心基本没有其他辅助检查设备,有的社区卫生服务中心虽有 X 光机、心电图仪器、B超仪器,但几乎全为二手货,检查效果差,诊断水平低,严重影响检查结果的可信度。很多社区卫生服务机构由于缺乏基本的医疗设备,导致居民往返于大医院与社区服务中心之间,浪费了时间,耽误了最佳治疗时间,有的居民索性不再进社区卫生服务中心接受治疗,社区卫生服务机构的收入减少也就在所难免。

四、公共卫生服务经费保障不充分

从实践调研情况来看,宁波市公共卫生投入经费已然呈现逐渐递增之趋势,但与宁波市的地方 GDP 增速相比,其尚未与之匹配。此外,更为重要的一点是,宁波市政府及各个区级政府对社区公共卫生服务的经费投入比例(4.6%)远远低于对整体性卫生服务的投入比例(8.6%),在一定程度上说明社区卫生服务机构主要的收入来源越来越依赖自身创收。个别县(市)区 2015 年预算虽已安排专项资金,但没有及时足额配套到位,或者采取捆绑打包方式以卫生事业费及其他专款抵顶专项配套资金,没有达到规定的配套要求。

随着社会发展,城乡居民公共卫生服务需求在不断增加,基本公共卫生服务成本也越来越高,资金投入不足仍将进一步制约基本公共卫生服务能力的长效性提升。从宁波市的情况看,无论是乡村农民,还是城镇居民,都对国家基本公共卫生服务政策知晓率不高,即使人们已享受了其中的某项免费服务项目,也未能与促进城乡居民平等地享受基本公共卫生服务、切实提高人民群众健康水平联系起来。从现实图景来看,大部分居民并不清楚自己应享受的基本公共卫生服务项目和标准,一部分长年在外务工抑或在他地居住的公众尚未从整体维度上建立健康档案,基本医疗服务项目尚未全面惠及辖区内的社会大众,由此这些群体对开展全域公共医疗服务工作的理解和配合不够,而且,相关地方行政部门对公共卫生服务工作存在认识上、管理上的不足,具体表现为:①承担基本公共卫生服务项目职责的基层医疗卫生机构对基本公共卫生服务工作重视不够,未能如实完成免费服务项目,有的机构还采取混淆服务对象、以少充多、虚报年度工作量指标等弄虚作假手段冒领、套取、骗取专项资金。在建立居民健康档案项目上,虽然大部分已建有档案,但档案内容不完整,服务项目不全,利用率也不高。②地方卫生行政主管部门也存在没有认真履行项目的组织管理、绩效考核、督促监督等问题,对其下属的各基层医疗卫生机构基本公共卫生服务项目年度绩效考核多流于形式,考核结果不够真实,专项资金分配和结算缺乏依据。③部分县级财政部门对基本公共卫生服务项目资金的分配、拨付、使用缺乏有效监督管理,没有积极参与年度工作量的分解落实和绩效考核工作,分配结算专项补助资金很难做到科学合理。如城区在分配基本公共卫生服务就业专项资金时,简单采用"一刀切"的办法,统一按每人每年 136.37 元的标准核定社区基本公共卫生服务经费,没有形成奖勤罚懒的激励机制,在一定程度上影响了基层公共卫生服务机构的工作积极性;资金使用存在挤占挪用现象,县级卫生主管部门对基本公共卫生服务资金管理、使用、会计处理等方面的指导、培训还不到位,一些基层医疗卫生机构将基本公共卫生服务经费理解为弥补经费不足,账面反映专款主要用于基本公共卫生服务人员经费支出,而用于基本公共卫生规定的 11 项服务支出相对较少;部分基层医疗卫生机构不按财务会计制度规定对基本公共卫生服务项目资金进行专项会计核算,而是把专项资金与其他业务收支混合核算,专项收支和结余无法清楚反映;有的医疗卫生机构在专项资金中还直接列支非公共卫生服务公用经费及人员经费、基础设施建设费、设备器械购置费和其他违规开支等;一些基层医疗服务机构由于历史债务和人员负担问题,在提供免费的基本公共卫生服务工作上做手脚,存在服务质量不到位、折扣工作量的情况。

五、公共卫生服务监管制度有漏洞

在近 30 年的时间里,公共卫生在行业准入、科研支持、政府拨款、税收减免、医保定点等政策上一直受到不公平的待遇,而政府对公立医院的过度保护,使公共卫生无力与已偏离公益性的公立医院展开竞争。除了监管不公之外,政府对公共卫生监管不力也影响了公共卫生的发展。长期以来,卫生行政部门对公共卫生监管责任不明,监管力度不足,导致行业内部乱象频发,出现一些急功近利的行为,损害了行业信誉,使公共卫生社会公信力降低,陷入了诚信危机。这既有医院内部管理的问题,又有行业自律机制还未形成的原因,也是政府对公立医院管办不分的连带后果。概而言之,政府对公共卫生的监管在体制机制上主要存在以下三个方面的问题:一是监管机构缺乏必要的独立性。直到现在,我国在医疗服务领域采用的仍然是管办不分、政监合一的监管模式,政府内卫生行政部门承担了大部分的监管职能,集政策制定者、执行者、监管者于一身。而公立医院隶属于卫生行政部门,在这种情况下,卫生行政部门在制定监管规则和监管过程中难免偏向公立医院的利益,对公共卫生形成事实上的歧视,难以站在中立的立场上公正执法。如果不剥离卫生行政部门与公立医院的"血缘"关系,公平的市场竞争环境和监管体系就无从建立,"鼓励社会办医"只能是一句空话。二是医疗卫生服务监管规则体系不健全。我国的医疗服务监管法律法规可以分为宪法、卫生法律、卫生行政法规、卫生行政规章四个层次,在社会转型过程中,许多原有的法律法规已不能适应新的形势,造成了不同法律法规之间的矛盾和冲突。同时现有监管规则不清晰、不健全、不透明,在监管过程中,卫生行政部门更多的通过上下层级行政命令直接进行控制,而不是基于规则的监管,随意性较大。对公共卫生的监管只是参照原来已有的陈旧的法律法规,还未建立起一个适用于公立医院、民办非营利性医院和民办营利性医院的统一、公平、透明的监管规则体系。三是政府对公共卫生多头监管。我国的医疗卫生管理职权相当分散,在权力分工专业化的同时,多头管理导致的职责不明易使医疗机构陷入管理的真空,形成"谁都有权管,谁都不来管"的相互推诿的局面,加大了政府问责的难度。对民办营利性医疗机构而言,还要经过卫生主管部门审批,工商局注册,物价局定价,税务局纳税,以及药监局等更多部门的参与,给监管带来了更多的难题。因其属于医院实体,又需要受到行业监管,因此医疗卫生服务行业的监管在很多时候可能与常规的工商、税务、物价监管产生冲突。对于民办非营利性医院的监管,我国实行的是分级管理、双重登记的办法,要成立民办非营利性医院,在经过卫生行政部门的审核批准后,还要到民政部门进行登记,民政部门负责对其非营利性进行监管。但在实际操作中,即使民政部门发现民办非营利性医院政策执行存在偏差,在没有卫生行政部门配合的情况下也很难有效落实监管职能。综上所述,行政机构的多头交叉管理和部门间相互协调机制的严重缺乏造成公共卫生事实上的监管缺位,以致公共卫生的日常经营活动无法受到有效监管。

六、公共卫生服务信息化程度较低

当前,我国卫生服务的可及性差是中国卫生改革与发展的主要问题。世界卫生组织 2012 年的报告指出,中国卫生系统的绩效为全球 199 个国家的第 86 位,卫生筹资的公平性为全球倒数第 4 位。为此,要通过调整城市医疗卫生资源、加大政府投入、加强人才培养、完善服务功能、推进机制创新等措施,加快构建以社区为基础的新型城市医疗卫生服务体系。公共卫生事业是一项需要全社会共同努力的事业,其中政府的作用占主导地位。政府必须发挥宏观的和微观的职能,促进资源合理分配,提高资源利用率。随着民主化进程的推进,政府必然要加强公共服务职能,真正体现以人为本。政府在公共卫生服务中必须本着"有限、服务"的原则。"有限"是为了提高政府投入的绩效,强调医疗卫生投入的有效性问题;"服务"则强调政府医疗卫生要回归公益性属性,彰显服务至上的理念,提高患者的满意度与获得感。医疗卫生信息化是提高服务质量和有效控制成本的最佳出路,将成就医疗卫生相关产业的未来。通过社区卫生服务信息化建设,可以完善和规范社区卫生服务功能,提高社区卫生服务质量,加强信息互通互联,提高国家的卫生资源宏观调控和卫生应急能力。中国大城市的社区卫生信息化建设已取得初步进展,但也存在问题,其瓶颈在于:医疗卫生事业发展不均衡,信息化应用差异明显;财政经费短缺,信息技术无法获得重视;传统管理理念下信息化建设的积极性不足;封闭环境和标准化不足造成"信息孤岛";存在信息弱势群体的"数字鸿沟"现状。

我们对宁波的多家卫生服务中心做了信息化建设调查访问,试图以此为样本对中国大城市社区卫生服务机构的信息化建设现状进行分析,并以此提出构建城市社区卫生服务中心信息化建设理想模式:以顾客为中心,提高健康管理质量;实现信息集成与标准化的数据共享;开展全局化的信息建设。以新公共服务理论的人本精神和服务理念来主导城市社区卫生服务机构的信息化建设。

第四节　提升宁波市公共卫生服务能力的路径选择

一、理顺公共卫生服务机构组织体系

由区卫生局、财政局共同负责基本公共卫生服务管理与考核,区卫生局落实公共卫生专业机构分工,并负责基层指导与考核;在基层医疗卫生机构专门设立基本公共卫生服务管理办公室,下设疾病控制、健康宣教、慢病管理、妇幼保健、卫生监督五个工作室,安排不少于单位编制 20％的人员承担基本公共卫生服务;在社区卫生服务站和村卫生室普遍明确包片、包村责任医生,协助开展基本公共卫生服务。区、镇、村三级体系健全、目标明确、责任清晰、步调一致。优化公共卫生服务的治理结构,重点工作在于设置各县级的医院管理委员会,同时建构医管委的理事会和监理会,以便于协调医药行业的服务供给,从而有效贯彻并落实好中央政府以及各层级政府对卫生工作的政策要求和计划方针。具体而言,一是设立医院管理委员会。医管委的会员主要由县(市)区医疗工作人员、辖区所在地的村两委委员、县(市)区的各级人大和政协委员、企业业主代表、群众代表、卫生主管部门代表和本县(市)区医疗机构代表等组成。会员一般按本县(市)区服务人口的 1％的比例来构成,并且会员总数在原则上最低不得少于 30 人,最多不超过 80人,其中本县(市)区医疗机构代表不少于会员总数的 30％。会员大会的职权是制定有关章程、决定其他重大事项等。二是设立医院管理委员会理事会。理事会设理事、理事长、副理事长等。理事长一般情况下由所在层级政府内分管医疗卫生工作的副县(市)区长兼任,三年一个任期。理事会主要职权是:督促指导各项任务;聘任或解聘本县(市)区医院院长;制定医院目标管理和绩效考核办法,负责医院年度考核和院长目标的管理考核;提出修改医院管理委员会章程议案;审议年度工作报告;决定其他重要事项;完成会员大会交办的其他事宜等。三是设立医院管理委员会监事会。医院管理委员会监事会由会员大会选举产生,设监事 3～5 人,监事会主任一般由行业主管部门或政府监察部门干部兼任。监事会的职权是:监督检查医疗机构执行卫生政策及工作计划情况;督查、指导医疗机构完成卫生工作任务;对机构工作开展和职能履行情况提出意见建议;检查医疗机构财务状况;提议召开临时理事会;列席理事会会议。

另外，要积极且有效地构建运行机制。面对公共卫生服务能力的治理现代化要求，重点深化医疗卫生体制的改革，着重落实并促进沿海地区卫生事业的跨越式发展。由此，具体工作在于如下三个方面：一是建机制。按照省、市医改工作部署实施好公共卫生和基层医疗卫生事业单位绩效工资制度；完善考核指导意见和各社区卫生服务中心考核办法；进一步强化基本医疗与药物的制度建设，并完善药物中标产品的临床使用目录的审定工作。二是强基础。不断推进社区卫生服务中心人事制度改革，做好在职编外人员择优纳编、面向社会公开招考等工作，特别是全科医生的引进工作。制定社区卫生服务中心人才培养发展计划，在完成社区卫生服务中心主任公开选聘试点工作的基础上进一步加强中心班子队伍建设。三是促发展。以全区卫生事业发展"十三五"规划为统领，坚持深化医药卫生体制改革重点，坚决明晰并落实县（市）区单位发展公共卫生事业的主体责任，并有效完善具体的政策安排。此外，进一步加大对基层医疗卫生机构在人才队伍建设、设施设备完善、标准化推进等方面的外部投入力度，从而提升公共卫生服务能力，以便继续深入推进宁波市的"一工程、三计划、一模式"。

二、均衡配置和发展人力资源

为改善当前现状，从市情出发，当务之急是采取"走出去，请进来"策略，必须对宁波现有卫生人力资源进行充分开发和利用，加快社区卫生服务中心人才引进步伐，以满足社区卫生服务需要，进而满足宁波市城市居民的基本卫生服务需求。

做好社区卫生服务工作，加快人才培养，提高社区卫生服务队伍整体素质，人力资源的建设是关键。由于缺乏系统的人力资源规划，人力资源在各地区分布不均匀。这要求我们加大现有社区医护人员岗位培训力度，培养人员全科医学意识，强化公共卫生职能，加强医务人员培训机制建设，定期组织医务人员培训，对现有社区卫生服务机构的人力资源进行合理配置。政府也应在卫生政策制定过程中对财政投入、组织协调和人事管理等方面给予一定的支持，结合当地实际情况，适当调整社区卫生人力资源，转变观念，加大社区卫生人力的引进力度，加强宣传，尤其应鼓励全科医学学生到社区卫生服务机构工作，鼓励高中层次的医护人员留在社区工作和发展，引进临床和预防交叉学科的人才和管理人才。

不断完善社区人才的培养政策，强化继续医学教育和培训制度。加强社区在职人员的培训和继续教育是提升社区卫生服务中心人员业务水平的重要举措,是不断提升社区卫生服务能力的重要方法,是短期内培养社区卫生服务人才的有效途径。各社区卫生服务中心应注重本社区人才的培养,制定本社区卫生服务人员的年度培训和继续医学教育计划以及年度考核计划,进行全科医学和社区医学等相关课程的短期培训,鼓励社区卫生服务人员积极参加社区卫生服务继续教育相关学习班。同时,各社区亦应定期组织本社区服务人员进行业务学习,邀请综合性医院的专家到社区讲学,贯彻和执行继续教育学分登记制度,将每年的个人学分登记作为年终考核的重要内容之一,与个人职称晋升、聘任和收入相挂钩,保证每位业务人员的学分都能达到国家规定的标准。此外,还应制定积极的人才政策,努力改善社区卫生人力资源的学历结构和职称结构。针对宁波市社区卫生人力资源学历低、职称低的现状,宁波市政府要积极利用宁波市的区域优势和人才集聚优势,出台强而有力的就业导向政策,从经济收入、职称晋升、子女教育等多方面对基层医疗机构的工作人员加以倾斜与照顾,降低社区人员的流动性,使社区人员能安心为社区卫生服务中心发展做贡献;引导和鼓励优秀的本科毕业生和研究生到基层医疗机构就业,以优化基层医疗机构的学历结构;加大人事制度改革的力度,鼓励包括三级医疗机构在内的医务人员向社区卫生服务机构流动,积极鼓励三级综合性医院经验丰富的医疗专家及护理人员到社区卫生服务中心发挥余热,出台政策鼓励社区聘用大医院已退休的医疗专家来社区工作,对社区卫生服务人员起到传、帮、带的作用,以提高宁波社区卫生服务机构医疗服务水平;加大人才引进的力度,对社区卫生服务机构急需的高级专业技术人员尤其是全科医生和公卫医师,采取多措并举的策略加以引进,以解决社区卫生服务中心人员不足等问题。

三、优化公共卫生服务设备投入方式

一是做好社区卫生服务机构的科学规划与合理分布工作。具体而言,卫生主管部门在进行社区卫生服务机构规划与分布时,要根据城市社区的经济和社会发展水平、现有卫生资源配置情况、社区疾病谱以及慢性病的发病率,合理制定社区卫生服务机构设置规划,构建合理、经济、适宜的社区卫生服务网络。社区卫生服务机构的建设、分布除了要以市场需求为导向,还应当引入市场竞争机制。在竞争的市场中,市场主体应该是多元化的,社区卫生服务市场也是如此,因此可充分考虑吸引社会资源进入社区卫生服务市场,无论社区卫生服务主体是何种所有制形式,均一视同仁,平等对待,使其站在同一起跑线上公平竞争。社区卫生服务机构之间的有序竞争,在某

种程度上能解决目前宁波市卫生资源配置不合理的状况。

二是强化各层级政府对既有公共卫生资源的宏观调控力度,其关键在于创建多项措施路径,以此来调控既有公共卫生资源的存量与增量,积极鼓励二、三级医院以市场为导向,将富余的人员与床位转向护理、康复、老龄服务或社区需要的专项卫生服务,成为卫生系统的合理补充。市政府应当有效引导镇海炼化厂、大红鹰集团等国有大型企业的职工医院立足所在社区,辐射周边,向社区居民提供社区卫生服务;政府卫生管理部门要转变过去厂矿医院不由地方管理的观念,财政补助和扶贫等优惠政策应当一视同仁,最终使其完全转变为社区卫生服务机构。

三是将卫生资源结构调整作为工作重点。各区域在落实卫生资源配置标准时,不仅要注意从数量上对卫生资源合理增减,还必须注意从结构上对机构、人员、业务、层次、地域等进行调整。因为配置标准是从宏观上重点解决供需总量基本平衡问题,它并不能完全解决微观上卫生资源结构不合理的问题。或者说,卫生资源配置标准不能完全代替结构调整。因此,落实卫生资源配置标准的重点是解决"量"的问题,只有数量适度才能实现供需基本平衡;进行结构调整的重点是解决"质"的问题,只有质量优化才能提高供给能力。因此,在开展区域卫生规划中,两者应紧密结合,使卫生资源从数量上和质量上相统一,达到优化配置的目的。

四、强化公共卫生服务经费保障力度

政府是社区卫生服务能力建设的第一责任人,社区卫生服务能力的提升需要政府全方位的投入和支持,因此,政府要强化服务意识,有效发挥政府主导作用,在区域卫生规划的总体框架下,明确政府各相关职能部门的职责。

一是建构出可持续的财政投入机制,以明晰各层级政府间的财政投入与资金流转用途。发展社区公共卫生服务是国家深化医疗卫生体制改革的重要内容,因此宁波市卫生行政部门和规划部门应将发展社区卫生服务、提升社区卫生服务能力作为宁波医疗卫生改革优先发展的领域。要在宁波发展规划的大框架下,按照卫生资源合理配置的要求,对所管辖区域实行区域卫生规划,对社区卫生服务机构从事基本卫生服务所需的各种诊疗设备、基础设施、人力资源、各级财政投入等进行统一规划、科学论证、合理配置。设备配置、基础设施、人力资源、各级财政投入均有利于提升社区卫生服务中心基本卫生服务水平,按照相关规定及所服务人口的数量和结构等因素,合

理购置所需设备、配备符合要求的基础设施、核定足够的人员数。对设备配置不足的机构要及时进行补充和完善,保证该社区日常工作的有序运行;而对于超期服役的陈旧设备应及时淘汰或者强行淘汰,并及时予以更新。由于宁波社区卫生服务中心缺少较为精良的医疗设备,因此还应根据实际情况配备较为高端的设备,尤其是万元以上的设备。加强对基础设施的改造,使社区卫生服务中心基础设施更加人性化,体现以人为中心的服务理念。

二是利用各种相关经济政策,积极引导宁波群众到社区就诊。劳动保障部门应组织全市社区居民参加城镇职工基本医疗保险和城镇居民基本医疗保险,把社区卫生服务机构纳入医疗保险定点单位,扩大对社区卫生服务机构与大医院医保支付比例的差距,有条件的社区卫生服务机构对双向转诊的患者按照社区卫生服务机构报销比例标准核销费用,从而从经济政策上引导居民到基层医疗机构就诊;逐步推行分级诊疗制度和双向转诊制度,借鉴国外社区卫生服务改革的经验,引导社会公众患常见病、多发病后集中到社区卫生服务中心就诊,经社区医生同意转诊后,再在大医院享受基本医疗保险待遇;经医院治疗出院的患者,应及时转诊至社区,由社区医生根据大医院医生的建议进行后续治疗,方可享受医保待遇,这将有利于实现双向转诊制度和引导患者下沉至基层医疗机构;同时,加大对社区卫生机构的业务补助,包括医疗卫生服务和公共卫生服务,社区卫生服务机构所有的药品价格均应低于医院,实行零差率销售,提高对公共卫生服务补助,尤其是对慢性病患者的补助,有效引导人民群众到社区就医,缓解大医院的压力,充分发挥社区卫生服务机构的初级卫生保健功能。

加大政府投入力度,建立多层次的医疗保障体系,是实现全民医保的必然措施。2009 年新医改方案明确提出,"加快建立和完善以基本医疗保障为主体,其他多种形式补充医疗保险和商业健康保险为补充,覆盖城乡居民的多层次医疗保障体系""完善城乡医疗救助制度"。而《医药卫生体制改革近期重点实施方案(2009－2011 年)》进一步具体指出,"三年内,城镇职工基本医疗保险、城镇居民基本医疗保险和新型农村合作医疗覆盖城乡全体居民,参保率均提高到 90％以上"。由此可见,随着医药卫生体制改革的推进,以公共卫生、医疗救助制度为基础,基本医疗保障制度为主体的多层次、多形式医疗保障制度体系将成为基本医疗服务的国家安全网络。而基于现行的医保状况,我国未来的医疗保障体系架构可分为四个层次:第一个层次是基本医疗服务,也是最基本的层次,由政府承担主要责任。第二个层次是医疗救助,主要由政府对低保人员、特殊困难群体与贫困家庭等进行救助。第三个层次是基本医疗保险,包括城镇职工基本医疗保险、城镇居民基本医疗保险与新农合三大块,其覆盖率将达到90%以上,是我国医疗保障体系的主体部分。第四个层次是商业医疗保险,主要针对基本医疗保险范围外的人群或基本病种,提供个性化、多样化的保障服务,从而进一步提升社会公众的医疗保障水平。

五、切实完善公共卫生服务监管制度

卫生政策的制定和执行是提升社区卫生服务能力的关键因素之一。为保证各社区卫生服务机构能及时贯彻落实有关政策,政府要建立有效的监督管理机制,将卫生政策的落实程度作为社区卫生服务机构绩效考核的重要内容,将卫生政策落实的结果与卫生服务机构绩效奖励以及政府的各级财政补助力度相挂钩。同时为每项政策的实施制定相应的配套措施,及时跟踪调研,确保各项政策都能够顺利落实,并在政策执行过程中善于听取群众、各医疗机构和医务人员等多方意见,针对政策中的不足之处及时予以反馈和修正。此外,应转变"重医疗,轻预防"的服务观念,积极拓展预防保健业务,加大对高血压、糖尿病等慢性病的全程防控机制的建设,做到"未病先防",不断增强社区卫生服务的"六位一体"功能。

一方面需要加强对公共卫生的合理监管,另一方面也需要对现有的政府监管制度进行必要的改革与创新。政府在公立医院的管理中,需要合理放权,将公共卫生的管理与公立医院的管理纳入统一的管理机制中,这样才能给公共卫生一个自然和谐的发展环境,最大限度地遏制其不良经营活动,让公共卫生充分发挥在我国医疗卫生体系中的作用。监管只有在目标和手段都具备合法性的情况下才有效,要尽快出台相关法律法规,制定非营利机构的登记办法、经费会计准则、税收准则以及财务管理制度。我国处于经济体制转轨阶段,许多原有的医疗卫生服务监管法律法规已经不能适应新的形势,也造成了不同法律法规之间的矛盾和冲突,比如现有的医疗机构准入制度比较笼统,缺乏细化标准,医疗服务质量评价体系不够科学完善等,需要修订和完善这部分法律法规,为改革后的授权型和独立型医疗服务提供机构以及非营利组织制定运作和监管规则。在各类规则当中,规范政府监管行为的程序法规尤其重要。通过公正、严格的程序法规限制政府的任意行为,是政府监管取得理想效果的前提与保障。有限政府应是法治政府,政府必须在法律的明文规定下行使权力,依法行政,才能创造适应市场经济体制的公开、公平、公正和透明的监管环境,才能起到鼓励和支持公共卫生发

展的作用。在赋予医疗卫生服务机构更多自主权的同时,必须强化医疗卫生服务的监管机制,在决策部门、监管机构、社会组织、医疗卫生服务机构和病患之间建立起多层次的监管体系。从逆向维度来看,医疗服务需求方的集体行动,会影响并作用于供给公共卫生服务的决策者的现行决策安排,会达到监督并制约医疗服务的内卷化恶效,而这就需要增加患者在医疗卫生服务提供中的选择和参与,患者的选择可以创造竞争,约束医疗卫生服务的提供者,而加强患者参与医疗卫生服务绩效评估的广度和深度,能够因地制宜地使用可行性强的政策工具,如反馈表、绩效排名表等,以此来督促公共医疗卫生服务者提高其卫生服务供给质量和效率。此外,需要培育和完善其他监管主体的发展,在现阶段我国民间协会组织力量薄弱并且分散的现实情况下,应大力加强外部环境中的社会组织等民间力量,如成立公共医疗卫生协会、公共医疗卫生的监督组织等,并且结合医疗保险机构、新闻传媒和公众对公共卫生的监管,最终形成以专业化的政府监管机构为中心的对公共卫生的多层次、多主体的监管体系。

根据西方发达国家政府购买及合同外包的实践经验可知,公共医疗卫生服务供给过程中政府扮演四大角色,分别是:保险者(创建普惠性的医疗保障体系)、购买者(约束公共医疗卫生的费用)、监督者(监督市场供给主体避免市场失灵的发生)、生产规划者(建立并健全公共医疗卫生的基础体系)。如上,政府扮演着公共医疗服务供给过程的多方角色,其亦会产生诸多角色的内在冲突,这是因为政府的自利性一方面致使政府管制逾越合理边界,另一方面又存在应有职能没有切实履行的现象,具体表现为监管者的寻租腐败、行政效率低下和失职渎职等。监管者监管政府,确保公共权力不被滥用,避免监管者被"俘获",这就要求对政府监管权力的行使、政府监管责任的实现进行有效监督。有限政府的基本特征是权力受到有效制约监督,而问责是基本实现形式。从大的方面来说,政府在医疗卫生服务提供中的四种角色即代表了四种责任,必须设计可行的制度与机制,增强政府权力的可问责性。就政府对公共卫生的监管而言,患者和社会组织有权对政府监管失责进行监督和问责,而公共卫生及其相关组织有权对政府监管不公和权力滥用进行问责。只有政府成为真正意义上的有限政府,政府职能真正有了合适的定位,一个统一有效的医疗卫生服务监管体系才能够建构起来,公共卫生才有更大的动力和空间与公立医院一起为社会提供更多、更优质的医疗卫生服务。

六、提升公共卫生服务智能化程度与水平

逐步推行社区卫生服务中心信息化管理的相关措施,是社区卫生服务建设的趋势,是当前社区卫生服务中心管理的热点,同时也是提高社区卫生服务工作效率以及资源利用效率的有效手段。各有关部门要利用宁波市卫生信息综合服务平台的建设优势,在业务流程管理的基础上,不断完善社区卫生服务中心各个信息系统的功能建设,同时,改善社区信息系统的运行环境,加大计算机硬件和软件的投入支持,促进医疗服务系统、公共卫生服务系统和单位内部各个信息系统之间的信息共享,实现全面的信息化管理。在此基础上,使各社区卫生机构和医院之间实现患者医疗信息共享,有效实现双向转诊,进而及时加强对慢性病患者的管理,提高慢性病管理率。与此同时,要引入绩效管理理念,管理最重要的部分是评价,可以通过全面的绩效评价对社区卫生服务中心的医疗、预防、保健等工作进行全面检测、控制,保证目标的成功实现。

近些年来,随着现代信息技术的发展及其在医疗卫生服务中的广泛应用,公共卫生信息化已经初见成效,数字化医疗机构与卫生信息服务网络建设不断被推进。特别是自2010年宁波市委、市政府提出智慧城市建设目标以来,医疗卫生服务领域中的信息化建设更是加大步伐,智慧健康体系成为新时期宁波医疗卫生体制改革的重头戏。为了推动宁波市智慧健康体系的发展,政府需要坚持以人为本原则,进一步推进医疗卫生服务信息化建设,深化医疗卫生体制改革。

第一,坚持建设数字化医院与数字化社区卫生服务中心,提高医疗卫生机构工作效率与服务质量。在医院、社区卫生服务中心实施医护工作、检查检验、医学影像、手术麻醉和移动医疗等临床信息系统建设,加强各信息系统间的无缝链接和数据整合,并应用现代信息技术,优化医疗业务流程,提高医疗服务水平和质量,降低医疗费用。

第二,持续推进数字化居民健康档案系统建设,实时、动态地管理居民健康状况。遵循卫生部有关标准,以全市统一的居民健康卡作为居民健康档案系统建设的载体,从而实时、动态地了解与管理居民健康状况。该居民健康卡不仅全面记录与实时反映居民健康状况和医疗卫生服务的全过程,而且支持医疗保障服务、资金支付、新农合结报等多种应用功能。宁波市民凭一卡在手,可以方便、有效地获取医疗卫生服务,了解本人的医疗服务信息。

第三，建设公众健康服务平台，为公众提供全面、及时的信息服务。遵循尊重公民知情权、参与权原则，建设宁波市统一的居民医疗卫生服务信息平台，提供在线导医、预约诊疗、诊疗信息查询与个人健康信息查询等服务，保障公民及时获得各类医疗卫生服务信息，理性选择就诊医疗机构，实时掌握自身健康状况。

第七章　公共文化服务能力建设

第一节　公共文化服务能力：概念、构成与现实意义

党的十六大报告第一次把政府职能归结为四个方面：经济调节、市场监管、社会管理和公共服务。党的十六届三中全会进一步提出了"完善政府社会管理和公共服务职能，为全面建设小康社会提供有力的体制保障"的目标。国家发改委在《推进 2004 年经济体制改革的意见》中，提出了公共文化服务的建设要求。随后由国务院下发的《关于 2005 年深化经济体制改革的意见》，又一次强调要加快公共文化服务体系建设。党的十七届六中全会提出，要"大力发展公益性文化事业，保障人民基本文化权益"。党的十八大提出，要"加快推进重点文化惠民工程""继续推动公共文化服务设施向社会免费开放"。党的十八大以来，党中央对公共文化服务体系的建设高度重视。党的十八届三中全会提出"建立健全现代公共文化服务体系"。党的十八届四中全会提出，要制定公共文化服务保障法。2015 年年初，中共中央办公厅、国务院办公厅印发《关于加快构建现代公共文化服务体系的意见》，对现代公共文化服务体系建设进行了顶层设计。①

总之，自从"公共文化服务"这一概念在《国家"十一五"时期文化发展规

---

① 金晶.我国文化改革发展取得辉煌成就. (2015-10-12)[2015-10-22]. http://cpc. people. com. cn/n/2015/1012/c83083-27686313. html. .

划纲要》中被首次正式提出以后,"公共文化服务"这一词汇便频繁出现在中央和地方有关部门的文件和领导讲话中。

一、公共文化服务能力的理论溯源和概念

公共服务是源于西方现代公共行政学及其行政实践的概念。19 世纪后半叶,西方资本主义社会的阶级矛盾与冲突不断加剧,催生出了有关社会福利与公共服务的思想。可以说,这是比较早的关于公共服务的思想。之后,英国经济学家庇古的《福利经济学》一书为公共服务思想的发展提供了比较系统的理论依据。20 世纪 50 年代后期到 70 年代初期,西方社会的公共服务得到很大的发展,实施了普遍福利政策,随之出现了福利国家。20 世纪 70 年代以后,西方国家的经济滞胀和政府腐败使得经济增长无法保障社会公共服务投入的增长,于是传统的公共行政管理模式受到严重的质疑和挑战。在这样的背景下,20 世纪 80 年代以来,以新自由主义为思想和价值支撑的新公共管理理论出现,并成为西方国家改革公共行政和公共服务的指导原则。新公共服务理论主要源自美国公共行政学家登哈特,该理论作为对新公共管理理论的一种反思与批判应运而生。新公共服务理论试图建立一种更加关注民主价值和公共利益,更加适合后工业社会,更加适应公民社会发展和公共管理实践需要的理论模式。与新公共管理理论建立在个人利益最大化的经济观念之上不同,新公共服务理论建立在公共利益的观念之上,建立在公共行政为公民服务的观念之上,其主旨是公民权在民主社会中的实现,以及政府如何为公民服务。

对于什么是公共文化服务,学者们可谓"仁者见仁,智者见智"。有的学者把公共文化服务纳入文化事业与文化产业的二元框架内来理解,认为公共文化服务是政府提供的公共服务职能的重要组成部分;有的学者侧重强调公共文化服务的公益性特征,认为公共文化服务是基于社会效益,不以营利为目的,为社会提供非竞争性、非排他性的公共文化产品的资源配置活动。结合学者们的观点,对公共文化服务的内涵可以做这样的阐释:公共文化服务是由政府主导、社会组织参与,为满足人民基本的文化需求,保障人民的文化权益,从社会公益性出发,向人民提供公共文化产品和服务的一种政府公共服务职能。公共文化服务是基本公共服务的有机组成部分,是政府基本公共服务职能在文化领域的明确体现。

所谓公共服务能力,简单地说,就是公共服务主体能否意识到公共服务客体的需求并及时提供公共服务以及提供公共服务的水平如何。确切地

说,公共服务能力是指公共服务主体为生产和提供优质的公共服务产品以满足公共服务客体的公共服务需求而具备的技能、技术和技巧。公共服务能力的强弱决定了公共服务主体在整个公共生活过程当中是否能够真正承担并办理好所有的公共服务事项。

综合以上关于公共服务、公共文化服务、公共服务能力的相关概念,我们可以这样定义公共文化服务能力,即政府从社会公益出发,生产公共文化产品和服务,以满足人民基本文化需求和保障人民文化权益所具备的技能、技术和技巧。

二、公共文化服务能力的构成

《中共中央关于全面深化改革若干重大问题的决定》指出,要构建现代公共文化服务体系。公共文化服务体系是政府举办的、非营利的、传播先进文化和保障大众基本文化需求的各种文化机构和服务的总和。关于国家公共文化服务体系建设的主要内容,有的学者认为其主要包括确保公共文化服务基本性、均等化、便利性的文化政策与制度设计,城乡公共文化设施与网络的建设与完善,丰富多样的公共文化产品与服务,结构合理的专业化人才队伍建设,以及相应的资金保障机制等五个方面[①]。有学者认为,基本公共文化服务体系的内容主要涵盖五个方面:一是与基本公共文化服务相关的政策法规;二是支撑基本公共文化运作的基础设施;三是参与基本公共文化服务运作的机构和人才;四是参与和享受基本公共文化服务活动的主体;五是基本公共文化服务的经费投入。[②] 还有学者认为,基本公共文化服务体系由三大体系构成:一是基本公共文化保障体系;二是基本公共文化组织管理体系;三是基本公共文化评价体系。[③]

在以上三种观点中,笔者比较认同的是第二种观点。公共服务能力肯定是围绕其内容而发展起来的,因此,公共文化服务能力也相应地包含以下几个方面:一是制定相关政策法规的能力;二是基础设施建设的能力;三是人才引进和创新的能力;四是动员公众参与的能力;五是经费投入的能力。

---

① 高福安,刘亮.国家公共文化服务体系建设现状与对策研究.现代传播(中国传媒大学学报),2011(6):1-5.

② 柯平,朱明,何颖芳.构建我国基本公共文化服务体系研究.国家图书馆学刊,2015(2):24-29.

③ 王洛忠,李帆.我国基本公共文化服务:指标体系构建与地区差距测量.经济社会体制比较,2013(1):184-195.

第一，制定相关政策法规的能力。政府首先要为公共文化服务提供制度保证。政府是否能够制定和实施实效性、操作性比较高的制度、政策和法规，一方面体现了政府对公共文化服务的重视程度，另一方面也体现了政府的成熟程度。

第二，基础设施建设的能力。即政府能否提供以及能提供多少相关的设施和设备，是基本公共文化服务能否得以有效运作的物质保障。比如，政府所提供的博物馆、图书馆、美术馆、群众艺术馆、文化馆（站）、影剧院、农村文化礼堂等基本公共文化机构的数量、公共文化机构蕴藏的文化资源、保证公共文化服务正常运行的技术手段和设备条件等。

第三，人才引进和创新的能力。公共文化服务的正常运转，最关键的是人才引进。优秀人才是开展基本公共文化服务的核心力量。能否引进能够推动公共文化服务大力发展的关键人才，对公共文化服务产业化有很大的影响。随着生产力的发展和人民生活水平的提高，人们的文化需求也在不断地发生变化，创新能力在一定程度上决定了一个文化机构是否会随着时代发展而不断繁荣发展。因此，公共文化服务也要不断地进行发展和创新，创造出更多的能够满足人民需要的文化产品和服务。

第四，动员公众参与的能力。广大人民群众的文化权利影响着现代政府以及公共事业设计者与管理者进行制度模式制定、管理理念选择以及政策模型具体操作等内容，它们是基本公共文化服务体系赖以存在和发展的根基。公共文化中公民参与的重要意义在于它反映了公共文化产品和服务是否融入群众，是否反映公民文化诉求与呼声，是否创作出喜闻乐见的公共文化产品。公共文化产品只有面向公众、面向社会、面向实践才能经得起时间与历史的检验，才是一个真正成功的产品与服务。评价政府公共文化建设是否成功的一个重要指标就是公民参与程度。

第五，经费投入的能力。每一个机构和组织，都应有自己的经费和固定的经费来源，否则这个组织便无法正常开展活动。因此，政府对公共文化服务的经费投入是公共文化服务体系正常运转的资金保障。经费投入不仅决定了公共文化服务机构最基本的物质基础、技术设备、文化资源和人才引进等，而且决定了公众的参与程度、公众享有公共文化服务的数量、公共文化产业化和构建公共文化服务体系的进程。

三、提升公共文化服务能力的现实意义

公共文化服务体系建设是服务型政府履行公共服务职能的重要体现，

是构建和谐社会和大力弘扬社会主义核心价值观必不可少的文化价值目标，也是当前政府部门和理论界关注的热点课题。当下阶段，不断增强政府的公共文化服务能力具有非常重要的现实意义。

第一，有利于缓解社会基本矛盾。进入新时代，我国社会的主要矛盾已转化为人民日益增长的美好生活需要和不平衡不充分的发展之间的矛盾。今天的中国，在经济方面取得了突出的成绩，但是，中国的文化却远远落后于经济发展。提升政府的公共文化服务能力，可以最大限度地满足人民群众日益增长的美好生活需要，从而缓和社会矛盾，为国家的发展创造一个稳定的社会环境。

第二，是全面建设小康社会的必然要求。党的十八大报告提出"两个一百年"奋斗目标，其中一个是在中国共产党成立一百年时全面建成小康社会。小康社会不仅仅是单纯的经济增长，还包括政治、经济、文化、生态的全面发展与进步，因此，只有坚持"五位一体"的建设布局才能真正实现全面建设小康社会的目标。公共文化服务体系的发展与完善可以为全面建设小康社会创造良好的文化环境。

第三，是加快构建服务型政府的有效手段。通俗来讲，所谓的服务型政府就是为人民服务的政府。国家公共文化服务能力的增强是实现好、维护好、发展好人民群众基本文化权益的关键。公共文化服务体系的建设，可以为人民提供更多、更好的精神食粮，满足人民的精神需要，保障人民基本的文化权益，促进人的全面发展。通过为人民服务可以增强人民对政府的认同感，提高政府的合法性，从而实现政府和人民之间良性循环。

第四，是大力弘扬和践行社会主义核心价值观，构建社会主义和谐社会的本质要求。文化具有较强凝聚力，公共文化服务体系的建设可以凝聚全体人民的思想观念、价值取向，以和谐文化、和谐精神加强对人民的教育、引导和鼓舞，可以增强他们对社会主义核心价值观等主流意识形态的认同，并以自己的实际行动去践行社会主义核心价值观，为经济和社会发展提供更多的"正能量"。

第五，是建设中国特色社会主义文化强国的必由之路。自从美国哈佛大学教授约瑟夫·奈率先提出"软实力"（soft power）的概念以后，文化软实力受到了各国政府和学者的青睐，中国也相继提出了文化强国战略、建设中国特色社会主义文化强国、文化自信等。加快推进政府公共文化服务能力建设，可以让更多的公民学习和了解中国优秀的传统文化，避免文化"自卑镜像"和"阐释焦虑"，以及盲目的崇洋媚外，增强文化自信，从而加快中国特色社会主义文化强国的建设步伐。

第二节　宁波市公共文化服务能力建设的现状与成就

2015 年年初,中共中央办公厅、国务院办公厅印发《关于加快构建现代公共文化服务体系的意见》,为了加快构建宁波市现代公共文化服务体系,宁波市颁布了《宁波市文化产业发展三年行动计划(2015—2017 年)》,力争到 2017 年,全市文化产业规模明显扩大,发展水平显著提高,产业结构更加合理,文化产业成为国民经济支柱性产业,产业规模在全国同类城市中的位次进一步提升,文化引领支撑经济社会发展的作用更加明显。这标志着宁波市将着力推进公共文化服务体系再上新水平。宁波的公共文化服务体系建设一直走在全省乃至全国的前列,11 个县(市)区个个成为"浙江省文化先进县",实现"满堂红",其中有 7 个县(市)区还被授予"全国文化先进县"称号。2011 年,鄞州区被文化部列为首批"国家公共文化服务体系示范区"之一,慈溪市被列为"浙江省首批公共文化服务体系示范区"之一。文化部有关领导充分肯定了宁波的成绩:宁波公共文化服务建设政府给力、部门合力、文化工作者得力,创造了许多新经验,在全国起到了很好的示范作用。①

一、宁波市公共文化服务能力建设的现状

作为国内对公共文化服务体系探索较早的城市,在政府文化惠民政策和资金的大力支持下,宁波市公共文化服务能力建设获得了非常好的发展。

(一)公共文化设施建设

(1)实施标志性文化设施提升计划。《宁波市"十二五"时期文化发展规划》提出要打造一批标志性的公共文化设施。具体指施如建成宁波文化广场,改建宁波市艺术剧院(凤凰百花剧场),实施天一阁博物馆陈列改造、保国寺古建筑博物馆整体提升两大工程,新建中国国家水下文化遗产保护宁波基地暨宁波·中国港口博物馆、宁波·中国大运河出海口博物馆等。《宁波市委关于制定"十三五"规划的建议》再次提出,统筹重大文化设施建设,建成一批标志性公共文化平台。

---

① 宁波市文化广电新闻出版局.以文惠民,以文兴城——写在宁波当选 2016"东亚文化之都"之际.宁波通讯,2015(19):50.

（2）积极推进"三江六岸"提升工程。甬江、余姚江、奉化江是宁波水生态体系的骨干,三江及其交织形成的三江口更是承载了宁波城市商、港、水的文化精髓,传承了宁波"以港兴市"的历史文脉,可以说是宁波独有的文化资源。2014 年 7 月 3 日《宁波市三江六岸拓展提升总体规划》(以下简称《规划》)在网上公示,其描述了规划的范围、愿景、目标、提升重点和格局。其中,规划愿景是实现"走读三江,乐享山水",《规划》特别提出要沿三江形成以三江口核心区为主,大剧院和湾头休闲商务区、南塘老街和鄞奉商务综合区、高新高教创智水湾为三个层次的空间结构,并建设余姚江及奉化江滨水休闲带。2015 年 2 月 6 日,三江六岸拓展提升总体规划全面展开,并于 2015 年 4 月 28 日,宁波市十四届人大常委会第二十二次会议通过了该《规划》。

（3）完善"十五分钟文化活动圈"建设。宁波市在全国率先提出"人人享受文化"理念。2009 年,初步建成城乡"十五分钟文化活动圈"。2011 年,城乡"十五分钟文化活动圈"全面建成。2012 年,宁波在全国率先提出的构筑"十五分钟文化活动圈"初见成效,基本形成了市、县、镇、村四级联动的公共文化设施网络。据统计,多年来宁波市群众对本地文化生活满意度均在 85％以上,公共文化服务各项指标位居国内同类城市前列。2016 年 1 月 6 日,《宁波市委关于制定"十三五"规划的建议》全文发布,在提升城市文化软实力方面提出,要完善"十五分钟文化活动圈"。

（4）加快乡镇(街道)综合文化站和基层文化阵地建设。乡镇(街道)综合文化站是农村基层文化工作的主阵地,它和其他基层的文化活动中心共同组成了乡镇公共文化服务体系,乡镇(街道)综合文化站和基层文化阵地是保障广大农民群众基本文化权益的重要基础。2008 年 11 月 27 日,《宁波晚报》发表了题为《乡镇综合文化站建设要加快推进》的文章,文中提出,到 2010 年基本实现乡乡有综合文化站的目标。宁波市"十三五"规划建议提出,推进农村文化礼堂均衡覆盖,提升乡风文明,加强基层综合性文化服务中心建设,推进更多优质文化资源向基层倾斜、向社会开放等。

（5）重点建设了若干市级公共文化设施。公共文化设施是公共文化服务体系建设的首要任务和基础平台,是文化服务建设展示的重要成果,是开展群众文化活动的重要阵地。近年来,公共文化设施建设与管理受到宁波市各级党委、政府高度重视,各级党委、政府坚持"人人享受文化,人人参与文化,人人建设文化"的理念,着力构筑"十五分钟文化活动圈",不断建设完善公共文化设施网络,公共文化设施建设与管理取得了显著成效。宁波市还规划建设了一批满足区域群众文化需求的大型公共文化设施,宁波大剧院、宁波美术馆、宁波音乐厅、宁波市游泳健身中心、宁波市图书馆、宁波博物馆、宁波影都、宁波书城等标志性文化设施镶嵌在三江六岸，为宁波这座国家历史文化名城增添了浓郁的文化色彩。

（二）公共文化服务体系建设

（1）城乡一体化公共文化服务网络基本形成。大数据时代下，公共文化服务与信息技术的结合将使人民群众体验到更加便捷、新颖的公共文化服务新模式。2015年9月1日，由宁波市文化广电新闻出版局重点打造的宁波市首个公共文化服务平台"文化宁波"正式上线，为市民开启了全新的城市文化生活方式。作为宁波市首个公共文化服务平台，"文化宁波"向公众提供数字图书馆、博物馆、展览馆的网上服务，发布全市各种文化活动和演出信息，展现全市文化娱乐场所的地图和详情，发掘民间文化创意作品，提供一站式公共文化服务。为了让城乡人民在家门口就可以享受到丰富的公共文化服务，宁波市大力优化公共文化设施网络，已基本形成市、县、镇、村四级联动的公共文化设施网络。

（2）公共文化产品和服务供给不断优化。在公共服务供给方式上，宁波市财政对面向公众的文化服务实行政府买单的方式，有力保障了群众基本文化供给。比如，实施文化信息资源共享、广播电视"村村通"等惠民工程，举办各种文化节庆活动，开展各种免费的培训和讲座等；除了政府买单，宁波市采用服务外包的竞争机制，提高了公共文化服务的效能和水平，这一做法走在全国前列；2005年开始实施"万场电影千场戏剧进农村"活动。此外，宁波市放宽市场准入标准，全市民办博物馆的数量已占博物馆总数的三分之一，丰富了公共文化服务内涵。

（3）公共文化队伍建设不断加强。为了加快文化强市建设，宁波市深入实施文化人才支撑战略，"六个一批"人才培养工程成效明显，文化领军人才和创新团队不断涌现，人才队伍建设得到进一步加强。社会和高校的志愿者队伍，他们从学习相关知识到主动投身文化惠民事业，已经成为宁波公共服务体系的一个重要的组成部分。

（4）文化精品创作和活动品牌建设得到推进。深入实施文化品牌提升战略，文艺精品在"五个一工程奖"等评选中屡创佳绩，"书藏古今，港通天下"的城市形象得到不断提升，文化"走出去"步伐不断加快，宁波文化影响力得到进一步增强，文化强市目标不断加强。近年来，宁波市的文艺创作精品佳作不断涌现，比如舞剧《十里红妆·女儿梦》、电视连续剧《向东是大海》、歌剧《红帮裁缝》等。宁波市还推出了一系列"接地气"的品牌文化惠民活动,培育打造出"天一讲堂""天下汇""天天演""天然舞台"等文化服务品牌。同时,以"文化下基层"为代表的一批文艺活动已形成品牌效应。比如,江东区的社区文化艺术节、镇海区的雄镇大舞台、北仑区的海享大舞台、慈溪市的全民读书节、宁海县的农民文化艺术节、象山县的中国开渔节等。

(三)公共文化惠民工程建设

(1)政府购买公共文化服务的长效机制得到完善。政府向社会力量购买公共服务,是推进社会事业改革、加快转变政府职能、创新社会治理体制的重要体现。近年来,宁波市各级政府积极探索,政府购买公共服务的体制机制逐步建立,政策措施不断完善。实践中存在的购买模式相对单一、购买领域有待拓展、信息网络技术应用不足和监管体系有待完善等方面问题也得到了很大的改善。比如,购买模式方面,政府除了采取传统意义上的购买方式以外,还采取发放补贴、消费券等变相的购买模式;信息技术方面,专门化的文化服务平台、微信、微博等一应俱全;同时,还进一步建立健全监管体系,并取得比较大的成果。

(2)农村文化礼堂建设蓬勃发展。2013 年 4 月 11 日,宁波市召开了全市农村文化礼堂建设工作会议,提出了文化礼堂五年规划:2013 年建起 120 家农村文化礼堂;2014—2015 年,全市将有 20%～30% 的建制村建起文化礼堂;到 2017 年,全市将有 60% 以上的建制村建成布局合理、功能完备、管理有序的农村文化综合体。截至 2016 年 4 月底,全市农村文化礼堂共举办各类活动 6000 多场次,文化礼堂成了每个村的文化地标。文化礼堂在潜移默化中承担了传承优秀文化、培育道德风尚、形成文化地标的职责。文化礼堂正在悄然改变着农民的生活,使得隐藏于农民内心深处的文化情感苏醒过来。

(3)"广播电视对农宣传服务"工程建设趋于完善。广播电视是农村最重要的文化服务载体。2008 年 5 月 21 日,宁波市文化广电新闻出版局、宁波市广播电视学会在宁海广播电视台召开全市广播电视对农宣传研讨会。2014 年积极推动农村应急广播体系建设,完成 1401 个行政村终端安装任务。建立了市级广播电视台、县(市)区广播电视台、乡镇广电站三级对农宣传体系,奉化荣获全省对农宣传服务考评三连冠。2015 年,继续提出完善"广播电视对农宣传服务"工程建设。

(4)图书"一卡通"系统建设大步推进。"一卡通"工程的实施是宁波市推进文化大市和文化强市建设,构建公共文化服务体系的重要组成部分,是公共图书馆工作从传统分离独享的图书馆走向合作共享的现代图书馆的重要一步,为全市公共图书馆的发展搭建了一个可扩展的平台。公共图书馆文献借阅"一卡通"工程的实施,一方面方便了读者的借阅,进一步满足了市民的阅读需求;另一方面也促进了公共图书馆自身建设,推动了公共文化服务体系的建设步伐,取得了良好的社会效益。此外,鄞州区等县(市)区还开动流动书车进企业、工地、学校、部队、社区活动,采用开架借阅方式,读者借阅图书时可上车自取,下车时办理外借手续。如果所需要的图书没有配备,可以向工作人员预约。在余姚市,对于如何满足群众各类文化需求的问题,采用了"量体裁衣"方法。余姚市通过周末文化系列活动、市公共文化服务中心配送平台等载体,特别照顾老人、少儿、民工、残疾人等群体的特殊文化需求。"人人享受文化,人人参与文化,人人建设文化"的理念在宁波贯彻到位。

(5)文化节庆惠民常态化。近年来宁波市公共文化服务建设工程进行得热火朝天,以丰富百姓文化生活为出发点和归宿,宁波市各社区和乡镇都建立了自己的文化活动项目,并逐渐常态化,使得广大市民在家门口就可以享受到一道道文化大餐。比如,海曙郎官社区的"家门口文化"活动、北仑大碶街道的"融"文化节、鄞州邱隘镇的"周日文化"活动、江北区的"星期六·相约老外滩"等。2009年1月,"星期六·相约老外滩"作为一种新的文化活动形式推出,每周六举办一期,亮点是外国人参与度高。

二、宁波市公共文化服务能力建设的成就

宁波作为港口城市,不但经济发展迅速,而且重视文化建设。以建立文化强市为目标的宁波,在公共文化服务能力建设方面取得长足发展。

(1)文化执法方面。更新执法理念,改进执法方式,提高执法质量,进一步推进执法机构标准化、执法队伍规范化、市场监管科学化建设,各项工作亮点纷呈。具体表现在以下几点:文化市场监管有新作为;重大案件查办有新突破;执法案卷质量有新提升;智能监管建设有新拓展;规范化示范建设有新成效;执法队伍建设有新提高;对口交流协作有新实效;执法监管工作树新形象。

(2)基础设施方面。着力完善文化消费设施,构建了市、县、镇、村(社区)四级文化消费设施网络,基本建成"十五分钟文化活动圈"和"三江文化长廊"。在中心城区规划建成了大剧院、博物馆、音乐厅、美术馆、东部文化广场、文化馆、图书馆等一批标志性文化设施,所有县(市)区都有文化馆、图书馆,乡镇(街道)均设有综合文化站,95%的行政村建有文化活动场所。

(3)人才引进和文化创新方面。不断加强文化队伍建设,一是引进高学历的文化人才,二是对文化工作者进行不同层次的素质能力培训。同时,打造文化精品,加强活动品牌建设,舞剧《十里红妆·女儿梦》、音乐剧《告诉海》、歌剧《红帮裁缝》等作品连续三届获得全国舞台艺术"五个一工程奖",《少年阿凡提》列入国家"一带一路"工程、中非影视合作工程,动画电影《回马亭》入选2015年弘扬社会主义核心价值观动漫扶持计划,动画电视片《布袋小和尚》摘得"金猴奖"最具潜力剧本奖等。

(4)动员公众参与方面。着力实施文化惠民政策,"百姓点单,政府买单",通过"文化加油站"为人们配送自己需要的活动、演出和培训。各个社区和乡镇(街道)培育了自己的文化活动,甚至打造成品牌活动。很多地方的文化活动举行时间固定、主题鲜明、形式稳定,文化活动逐渐常态化,而且政府还通过降低门票和免费发放消费券的形式吸引人们参与。通过调研了解到,有80%以上的民众对宁波市的公共文化服务感到满意。

宁波作为公共文化方面的先行者,它的公共文化服务体系建设一直走在全省乃至全国的前列,获得了浙江省文化厅乃至文化部的一致好评。坚持文化"引进来"和"走出去"共同发展,例如,2016宁波特色文化产业博览会之法国电影周在宁波举办,《梁祝》献演2016东亚文化之都日本开幕式,宁波小百花应第34届中国洛阳牡丹文化节组委会邀请专程前往洛阳演出等。值得一提的是,宁波、奈良、济州三个城市当选为2016年东亚文化之都。这意味着宁波可以通过文化交流与合作、文化产业合作、非物质文化遗产保护与传承、公共文化服务体系建设经验交流与共享等,带动宁波市更积极地参与东亚区域文化合作。

第三节　宁波市公共文化服务能力建设的缺陷与不足

近年来,宁波市公共文化服务走在全国前列,公共文化服务体系建设呈现出蓬勃发展的良好态势,但多头管理、条块分割、缺乏统筹等情况也同时存在。

一、公共文化基础设施建设与管理存在的问题

虽然宁波市的公共文化设施与场馆建设不断完善,但是公共文化服务

的发展并没有跟上公共文化设施的建设,公共文化设施与场馆的利用率并不高。公众对公共文化服务的满意度明显低于对公共文化场馆和设施建设的满意度。

(一)现有公共文化基础设施供给不足

公共文化设施总量依然不足,分布不够合理。随着宁波社会经济的快速发展、人口的激增,市民对公共文化设施的需求也越来越多,在这种情况下,宁波公共文化设施日益显示出总量不足的弱点,特别是基层文化设施,由于城市区域规划不合理等历史原因,一些社区公共文化设施严重缺乏,影响了社区的文化生态环境。另外,从宁波公共文化设施的分布来看,目前一些大型公共文化设施主要分布在城区内,基层和农村文化建设缺少符合基层文化发展的具体项目,使得城乡之间文化发展水平存在较大差距;新建居民小区往往只重视住宅和商业设施建设,忽视配套文化设施建设。这些都对市民使用文化设施,参与和开展文化活动造成了不利影响。

(二)公共文化设施与活动的社会参与度还不够高,公共文化设施与场馆管理工作亟待完善

公共文化设施与活动的社会参与度还不够高。公共文化服务的对象是广大市民,因此衡量其发展水平的一个标准是市民的社会参与程度的高低。但由于种种原因,目前宁波市民对公共文化的参与度普遍还不够高,没有很好地形成服务主体与服务对象的良性互动。社会参与程度不高的原因在于:①部分设施选址不当,作用发挥不明显;②开放时间短,服务人群少,文化活动基地的作用未能得到最大限度的体现,这是目前一些文化馆(站)的通病;③设施不配套,功能定位不准确;④管理不到位,公共文化设施与场馆管理工作有待完善;⑤街道文化站、社区文化活动中心被挤占、挪用的现象较为普遍。这些都直接或间接地影响了市民对公共文化活动的参与热情。

(三)公共文化服务的社会化、市场化程度不够,公共文化设施与场馆使用率不高

公共文化服务的社会化、市场化程度不够,其体制与机制有待进一步改革和完善。公共文化产品与服务供给不足的原因与其社会化、市场化程度不够直接相关。目前,公共文化服务的提供和实施主要由政府和文化事业单位承担,非政府组织的作用还没有得到充分发挥。作为公共文化服务体系的主体部分之一,从事公共文化服务的非营利组织不仅数量少,而且参与的公共文化服务活动也很少,这种状态限制了公共文化产品和服务的多元

化、多样化发展,阻碍了文化服务市场化改革的步伐。从现实情况看,一方面,公共文化服务设施总量不足;另一方面,建好的公共文化设施并没有得到很好的利用,造成了部分场地闲置与浪费。这些都与公共文化设施的经营管理机制不够合理、灵活直接相关。

二、公共文化服务保障机制建设困境及其制约因素

(一)公共文化服务发展滞后于公共文化设施建设

公共文化硬件设施建设与公共文化服务不协调,公共文化服务滞后于公共文化硬件设施建设。公共文化设施与场馆,能够为市民提供享受并参与公共文化服务的物质基础与场所,但广大市民更需要丰富多彩的公共文化活动,以提升文化素养。

同时,宁波的公共文化服务信息化建设仍主要以国家层面的四大数字文化惠民工程项目为抓手,信息化建设的政策保障、财政支持、人员配备主要依靠项目推动来获取,缺乏长效性。在这样的情况下,地方没有动力和余力构建富有区域特色的公共文化数字服务体系,地方特色文化资源库开发受限。并且,即使是宁波已建成的数字图书馆,其地方特色数据库也不同程度地存在数据更新慢、访问量少、利用率低的问题。在公共数字文化工程的标准化建设中,客观上存在重形式轻内容、重硬件轻软件、重设施轻数据、重新建轻整合维护、为达标而达标的问题。

(二)公共文化产品和服务供给不够

随着市民生活水平的提高,市民的公共文化需求也不断增长,公共文化服务体系并不能完全满足市民的公共文化需求,因此供求不均衡成为公共文化服务领域的一大问题。公共文化服务属于公共物品的范畴,具有公平性、均等性、公益性等特征,应致力于满足公民的基本公共文化需求,实现社会效益的最大化。但是由于公共文化服务设施与场馆管理制度不完善,导致矛盾冲突的产生。

宁波市的公共文化服务设施与场馆建设虽然不断完善,为公众提供了享受公共文化服务的场所,但由于公共文化服务发展滞后、公共文化服务宣传力度不够等,公共文化服务设施与场馆的利用率不高。从受众人群来看,集中于某一特定人群,如老年人,他们是公共文化服务设施与场馆的主要受众,其他人群参与公共文化服务的积极性不高;从时间维度上来看,公众利用公共文化服务设施与场馆的时间集中于周末或者工作日晚上,工作日白天则很少有人参与。因此,如何提高公共文化服务设施与场馆的利用率已

经成为宁波市公共文化服务发展过程中急需解决的一大问题。公共文化服务的上述特性,也反映出公共文化服务保障机制建设的不健全。

（三）公共文化服务区域发展不均衡

随着公共文化服务体系示范区创建工程的不断推进,市区包括各乡镇、街道的公共文化服务设施不断健全,文化场馆也不断增多,在一定程度上满足了公民的公共文化需求,但是公共文化服务非均等化现象依然存在,公共文化区域发展不均衡。

其一是公共文化设施建设不平衡。城乡之间、县域之间公共文化设施建设不平衡,基层文化设施相对落后,特别是村镇文化设施落后,一些农家书屋条件简陋,许多行政村没有文化礼堂。其二是部分大型公共文化设施不达标或标准较低。其三是人均公共文化服务设施水平较低。

（四）公共文化服务专业人才缺乏

宁波市已有相关的文化人才引进制度,但是实施效果并不理想,主要原因是公共文化服务人才保障机制不完善,不能为专业人才提供良好的发展支撑体系和发展空间,不能够吸引高端的专业人才。宁波市尚未建立完善的公共文化专业人才激励机制和环境发展机制,无法满足专业人才的发展需要,也就无法激励专业人才加入宁波市公共文化服务体系构建工作。

一些基层文化干部的分外工作多、流汗多、贡献大,却提拔少、待遇低,他们感到不被重视,从事文化工作的积极性低。同时,专业文化人才进入文化机构渠道不畅,组织人事部门在为各级文化机构录用工作人员时,忽视文化工作的特殊性,仍采取先通过公务员、事业单位新录用人员统一笔试后再考专业课的方式,使得录用的一些工作人员不适应文化工作,而适合文化岗位的人员却没有被录用。此外,为群众提供公共文化服务主要依靠基层文化工作人员,但越往基层,文化工作人员编制越少。县级以下文化机构人力普遍不足,有的文化馆十几年没进人。各县(市)区文化市场执法人员较少,很难有效监管文化市场。

（五）公共文化服务人员思想认识有待提高

公共文化服务人员认识不到位,忽视文化服务建设的长期性和艰巨性。许多公共文化服务人员对公共文化服务的性质和特征有一定认识和了解,但也有不少人对此缺乏科学认识,主要表现为:①思想上存在偏差,简单地将文化和文化服务与意识形态和文化事业混为一谈,没有认识到公共文化服务在促进社会和谐发展中的重要地位,在不能确保社会效益的前提下,片面追求经济效益的最大化。②将管理部门管理的业务视为文化,往往认为文化部门的管辖范围就是文化,认为演几台好戏、出几部好的文学作品,就代表了文化。③市场与效益观念淡薄,以为文化只是事业,必须依赖政府财政补给,有"等、靠、要"的思想倾向。

(六)公共文化服务部门决策话语权有待增强

发展公共文化服务,需要法律保障和与之配套的权力。可实际上公共文化服务主要依靠政府政策号召和行政措施,公共文化服务主体部门以一个执行部门的角色承担职责。公共文化服务需要政府投入,而政府又没有明确的支持政策,缺乏相应的财政税收、融资政策、专项基金等,社会资本又难以进入,导致公共文化部门组织较为弱小,缺乏决策话语权,长期处于被动从属的地位,难以制定出行之有效的公共文化服务规划,不被社会及其他机构认可。

第四节　提升宁波市公共文化服务能力的路径选择

如何在新形势下构建现代公共文化服务体系,提供更加符合广大市民需求的基本公共文化服务?笔者认为需要由宁波市文广局牵头,会同市委宣传部、市文明办、市发改委等部门,成立宁波市公共文化服务体系建设协调组,整合力量,把工作重点放在制度设计和宏观统筹上来,努力实现政府部门从"办"到"管"的转变,从"管微观"向"管宏观"的转变,从"小文化"向"大文化"的转变,从而有效提升政府的文化治理能力。

宁波市公共文化服务体系建设协调组应围绕构建现代公共文化服务体系的总体目标,建立部门职责明确、分工协作、目标清晰、统筹有力、运转有效的公共文化服务协调机制。加入协调组的成员单位都对公共文化服务体系建设具有重要指导或保障职责,或承担着公共文化服务体系某一方面的具体工作任务;协调组将推进重大文化政策、规划、标准的制定和实施,推进公共文化经费保障机制建设,统筹推进基层文化设施和文化项目的建设与管理,协调推进公共文化服务重大惠民工程和公共文化人才队伍建设,建立健全基层公共文化服务体系监督评估机制,协调推进公共文化服务社会化,统筹推进公共文化服务体系建设重大事项等,以树立全市公共文化服务体系建设"一盘棋"的思想。

一、创新推动公共文化服务体系建设的体制机制和模式

（一）加快形成科学的宏观文化管理体制

公共文化服务体系建设主体由主导主体、执行主体、参与主体三个部分构成。其中，政府是主导主体，是投资者、组织者和监督者。文化事业单位、社会组织、企业是执行主体，是生产者、提供者和实施者。民间力量是公共文化服务中的参与主体，主要是公民个人、社会团体、非政府组织和企业。

转变政府职能，推动公共文化建设主体的多元化、公共文化服务的社会化与市场化。坚持以政府为主导、以财政投入为保障，建立公共文化服务建设主体多元化机制，充分发挥文化事业单位、文化企业和社会文艺团体的作用，形成公共文化服务体系建设的强大合力。深化社会化运作机制改革，建立政府主导、社会参与、机制灵活、政策激励的公共文化服务供给模式，逐步扩大公益性文化活动社会化运作范围，形成公益性文化项目的社会联动机制。积极引导社会力量以多种形式参与公共文化服务，支持民办公益性文化机构的发展，鼓励民间开办博物馆、图书馆等，促进公共文化服务建设的多元化、社会化。在保持政府宏观管理社会文化的同时，发挥社会的自组织能力，促进各种民间文化艺术团体、文化行业协会、文化基金会及海外文化机构等社会团体的培育与发展；鼓励成立文化基金会，吸引社会资本参与公共文化服务；进一步探索政府文化采购的种类、管理方式，以公开、公平、公正的精神，规范管理，推进公共文化服务的社会化与市场化。

（二）进一步完善公共文化投融资机制

完善投融资管理体制，建立激励机制，鼓励社会资金参与文化建设的积极性。目前，我们对文化部门、事业单位及其附属企业以外的社会资源和资金的吸纳还很不够，公共文化事业的投资主体比较单一。非营利性组织和民间资本的进入门槛还较高，渠道也不够畅通。公共文化服务的核心是保证公民的文化权益，只要是有利于这个目标的，都应该尽可能地鼓励。对于一些营利性的文化企业，也可以通过税收调节、荣誉鼓励等政策方式鼓励其进入公共文化服务体系。多种社会资金、社会资源的介入，有利于公共文化服务运行机制的创新，有利于提高文化产品的层次性、专业性，以及与居民生活的相关度，从而达到公共文化资源合理、有效的配置。

进一步调整和优化宁波市公共财政支出结构，在进一步提高公共文化服务支出的比重、保证公共文化服务预算支出增长幅度高于财政经常性支出增长幅度的同时，明确宁波市公共文化服务投入的重点。宁波市城市与

农村社区基层公共文化服务机构是提供基本公共文化服务的基础,长期以来由于投入不足,普遍面临设施条件差、人员水平低、服务能力弱等问题,这一直是公共文化服务体系的短板和薄弱环节。要解决这些问题,应重点投入有助于实现公共文化服务均等化,有助于实现城乡平衡、区域平衡、群体平衡,有助于优化公共文化设施空间布局的文化建设项目,重点投入农村和欠发达地区文化设施建设,重点投入城乡基层文化建设、基础设施建设、文化普及和精品生产。各级政府要进一步增强扶持力度,支持农村地区和欠发达地区的文化建设。通过完善财政政策,充分发挥公共财政在实现公共文化服务体系建设中的作用。

(三)创新公共文化设施的管理机制

各级文化部门应通过公共文化单位在设施或场所的显著位置,向公众公示、宣传和介绍公共文化设施,并向未成年人等社会群体免费开放,方便市民了解、使用和监督。这样,能进一步加强和改进未成年人思想道德建设,充分发挥公共文化设施在未成年人思想道德建设中的重要作用;能进一步提高政府为全社会提供公共文化服务的水平,实现和保障广大市民基本文化权益,对促进社会的和谐与稳定有一定的积极意义。

建立健全公共文化需求表达和决策参与机制。要研究和探索文化管理部门调查研究、接触公众代表、召开人民代表大会、建立咨询委员会等多种方法,广泛调动和汇聚民智民力,形成市民文化需求表达、意见搜集和公共文化决策参与机制,改变公共文化产品和服务供给与市民多样化文化诉求目标错位、供需结构不对称现象,促进公共文化服务决策的科学化、民主化。把保障市民知情权、参与权、监督权贯彻于文化惠民的全过程中,以民主保障公共文化服务供给的公平和效率,推动公共文化服务的均等化,促进文化民生的有效改善。

(四)创新公共文化发展模式

市场取向改革和政府职能转变,要求破除过去政府大包大揽的做法,创新公共文化发展模式,形成有助于推动公共文化服务建设的体制机制,挖掘一切社会资源以提高公共文化的供给能力和效率,实现市民文化利益的最大化。要以深化文化体制改革为契机,加快形成科学有效的宏观文化管理体制。创新公共文化服务体系建设的投入机制,进一步完善公共文化投融资机制,改变投入方式,拓宽政府招标、集中采购等方式的范围,发挥公共财政"四两拨千斤"的作用,提高政府资金投入效率,加大吸引社会资金参与文化发展项目的力度。同时,必须创新公共文化设施的管理机制,转变公共文化设施重建设、轻管理、轻服务的状况。通过委托经营、国有民办、民办国助等多种途径,发挥市场机制和社会力量的作用,提高公共文化设施的运行和管理效率。坚持公益原则,保证公共文化设施来之于民,用之于民,服务于民,惠及于民。

二、建立公共文化服务的标准和绩效评估体系

公共文化服务的标准,既是合理配置基本公共服务资源的基础依据,也是衡量、监管、评估、考核公共文化服务水平的重要工具。鉴于宁波区域城乡发展不平衡、各地财政保障能力差异较大的现状,应研究制定基本公共文化服务标准,明确全市基本公共文化服务的范围、最低供给规模和质量标准,包括设施、设备、人员配备以及日常运行费用等内容,并随着经济社会发展逐步提高公共文化服务保障层次和水平,提高均等化标准,拓展范围。同时,要研究制定符合宁波市实际的公共文化服务绩效评估指标体系,使公共文化服务体系建设指标化、项目化、实事化、科学化、规范化、制度化,使公共文化发展真正成为硬任务、硬指标,成为可衡量、可检查、可考核的对象,并纳入对各地各部门的考核评价体系之中。把政府评估与专家学者、社会公众评价有机地结合起来,通过社会主体的广泛参与,提高公共文化服务政策评估的透明度、客观性和公正性。

(一)制定基本公共文化服务标准

将标准化引入公共文化服务领域,是推进公共文化服务体系科学发展的一个迫切任务,也是针对公共文化服务体系建设现在存在的突出矛盾和问题而提出来的一项重要的工作任务。所谓标准化,就是针对群众的基本文化权益、政府的责任以及与公共文化服务相关的设施建设、人才队伍、产品供给等各方面,提出一系列可以量化的指标。其一是根据民众的基本文化需求和当前政府的基本保障能力,确定基本公共文化服务的范围,包括读书、看报、看电影、看电视、收听广播、进行公共文化鉴赏、参加文化活动等方面的内容及其具体的量化指标。当前应着重围绕全民阅读促进工程、公共产品创作工程、服务设施优化工程、服务传播提升工程、完善广电惠民工程、公共服务长效维护工程六个方面的基本公共服务项目及硬件设施建设制定量化标准。其二是就设施和人员保障方面做具体规定,比如在哪一层级设置公共图书馆、文化馆,特别是在基层、乡村和城市社区,建设综合性的文化设施场所,应对其面积、服务的条件、辐射半径,包括设施所需要的队伍数

量,都有一个明确的规定。

（二）推行科学的公共文化服务绩效评估指标体系

绩效评估的关键是建立科学的公共文化服务绩效评估指标体系。鉴于公共文化服务的公益性和公共性,公共文化服务体系的绩效评估,应以保障市民基本文化权利的实现为核心,以国家或省(区、市)确定的公共文化发展战略为导向,以落实公共部门提供公共产品和服务的职责为目标来设计评估的模式和重点,这是公共文化服务绩效评估模式的基本要求。宁波市在建设服务型政府的过程中,应当明确政府作为公共文化服务唯一责任主体的角色定位,以保障市民基本文化权利的实现为核心,以市委、市政府已经确立的文化强市战略为导向,进行公共文化服务绩效评估指标体系的模式选择和总体构建。

（三）提高公共文化服务政策评估的透明度、客观性和公正性

完善相关法律法规体系。目前,我国文化法制建设相对滞后,在公共文化服务领域的立法依然不完善,经常会遇到投资、税收、招标缺乏法律保障的情况,面对很多现实的问题常常无法可依,只能靠政府临时进行行政干预。要改变这种情况,就要建立上起《宪法》、基本法中所包含的法律法规,下到部门规章等一系列科学合理、层次分明,以保障实现公民的基本文化权利为主线的中国特色社会主义文化法律法规体系。

三、加强文化民生建设

坚持以人为本和普惠均等原则,重点关注群众最关心、最直接、最现实和最薄弱的文化需要,扩大政府采购公益文化产品和服务的范围,保障基层群众公平享受基本公共文化生活的权益。按照供给项目多、供给对象广、供给模式优的原则,以均衡的公共文化服务供给,推动公共文化服务的均等化。通过推进宁波市基层特色公共文化活动品牌工程建设,完善群众文化配送机制,扩大服务范围,广泛开展群众喜闻乐见的公共文化活动,解决城乡公共文化活动数量和质量以及服务供给不均衡问题。建立以群众需求为导向、优质高效、普遍均等化的新型城乡公共文化服务机制,形成城乡公共文化产品和服务超市式供给、菜单化服务的模式。

（一）建设高品位公共文化设施

公共文化设施是公共文化服务体系建设的基础平台和首要任务,是展示文化建设成果、开展群众文化活动的重要阵地,它多指城市里的博物馆、

文化馆、图书馆,乡镇文化站,村文化室,非物质文化遗产展示中心,非物质文化遗产传习所以及一些纪念地。公共文化设施的建设和管理水平,直接关系人民群众基本文化权益的实现和文化发展成果的共享程度。文化设施是一座城市的文化集纳地,它诉说着一座城市的文化理念,承载着厚重而又多元的文化元素。要加快研究策划一批民生分量重、社会关注度高、边际带动性强的公共文化项目,充分发挥项目对事业发展的龙头带动作用。要以重大公共文化工程为突破,以项目化手段、工程化措施,打造一批高起点、高品位、高水准的重大公共文化设施,使这些重大公共文化设施成为本地居民和外地游客了解宁波历史文化的重要窗口,成为新的城市名片和文化地标。

(二)实施公共文化惠民工程

公共文化惠民工程是公共文化服务体系的基础和重要组成部分,是广大群众享受发展成果的载体。大力实施公共文化惠民工程是当前新形势下推进公共文化服务体系建设的必然选择,但与新形势发展要求和群众文化需求相比,公共文化惠民工程建设存在着投入、覆盖面、管理和服务水平等方面的诸多问题。基于公共文化惠民工程均等性、基本性、公益性、便利性的四个特征,要相应地做好四个方面的工作,促进公共文化惠民工程的大发展、大繁荣。深入实施文化惠民工程,必须按照均等性、基本性、公益性、便利性的要求,加强统筹,加大投入,创新机制,拓展内容,进一步扩大受益范围,消除覆盖盲区,提高建设标准,改进服务方式,推动管理创新,着力健全农村公共文化服务网络,着力提高公共文化产品和服务供给能力,着力破解城乡、区域发展不平衡难题,着力解决人民最关心、最直接、最现实的基本文化权益问题。

(三)开展群众性的文化活动

用好平台,充分发挥各类公共文化服务设施的作用。公共文化服务设施是开展群众性文化活动的基础。要统筹规划和建设基层公共文化服务设施,完善覆盖城乡、结构合理、功能健全、实用高效的公共文化服务体系。特别要以农村为重点,加强县级文化馆和图书馆、乡镇综合文化站、村文化室建设,深入实施广播电视村村通、文化信息资源共享、农村电影放映、农家书屋等文化惠民工程。拓宽渠道,多开展内容健康、形式活泼,群众乐于参与、便于参与的文化活动。

完善措施,鼓励和支持群众在文化建设中自我表现、自我教育、自我服务。人民群众具有文化创造的巨大活力。特别是随着物质生活水平的不断提高,文化传播载体的广泛发展,全社会鼓励文化创造氛围的更加浓厚,人民群众直接参与文化建设的热情越来越高。通过支持群众依法兴办文化团体,支持社会组织、机构、个人捐赠和兴办公益性文化事业,精心培育植根群众、服务群众的文化载体和文化样式,鼓励和扶持群众中涌现出的各类文化人才和文化活动积极分子,吸纳有代表性的社会人士、基层群众参与公共文化服务设施管理,壮大文化志愿者队伍,广泛开展志愿服务等政策措施,为广大群众成为社会主义文化建设者提供广阔舞台。

(四)加强文化遗产保护和利用

提高文物执法督察能力和安全监管水平。优化文物人才队伍结构,培养造就一批高素质的文物保护和管理人才。提升文物科学研究和技术创新的支撑能力。加强文物对外交流与合作。初步形成文物信息化发展框架。推动文物由抢救性保护向预防性保护转变。着力实施一批重大文物保护工程,排除重大文物险情。推动博物馆发展由数量增长向质量提升转变。优化博物馆体系,深化博物馆免费开放,重视对生态博物馆、社区博物馆等新型博物馆的研究和建设,加大对民办博物馆的引导和支持力度,加强博物馆藏品保护和科学研究,创新博物馆管理机制。加强社会文物管理,引导民间文物收藏行为。鼓励具有市场前景的文物资源在国家政策支持下与产业和市场相结合,探索文物利用的新形式、新途径。加强文物保护基础设施建设,提高文物保护装备水平。加强非物质文化遗产保护,完成非物质文化遗产普查资料的整理、编目、存档,加强对非物质文化遗产普查资料的研究和利用,编制全市非物质文化遗产普查报告,开展非物质文化遗产专项重点调查。

四、强化文化人才队伍建设

要强化人才是第一资源的观念,重视文化人才的引进、培养,营造良好的文化人才发展环境,优化文化人才资源配置,促进文化人才集聚。着力实施"六个一批"人才、文化创新团队和文艺家工作室等人才建设载体工程,努力建设一批以领军人物为核心、团队协作为基础、平台建设为依托、持续创新为动力、推动发展为目标的文化人才群体。针对宁波市公共文化设施人才队伍的主要问题,建立规范有效的培训机制,对不同层次和水平的工作人员定期进行专业培训,拓宽渠道,为人才的岗位成才提供学习和实践的机会;建立公正透明的考核机制,科学评估每次活动的创意、效果、参与度等,公正评价人员的工作情况,并配备相应的激励机制,对表现突出者予以奖励,彰显示范效应。同时,争取经费保障,适当提高基层从业人员的收入,从物质和精神双层面确保人员身心健康、状态良好,使其能稳定、积极地投身于工作中。

(一)强化高层次文化人才培养

坚持以科学发展观、科学人才观为指导,以解放思想和创新机制为动力,以选拔、培养、使用等关键环节为重点,大力培养造就一批文化领军人才。落实引进高层次文化人才的相关规定,吸引懂专业、会经营、善运作的复合型人才。进一步加强公共文化的队伍建设,大力引进文化专业优秀人才,配备好专职干部,并按相关政策落实好相应的待遇。

(二)完善文化人才激励机制

人才激励机制是释放人才红利的枢纽。要珍惜现有人才,招聘急需人才,留住高层次人才。尽力打破人才进出不畅的瓶颈,对引进的人才在项目经费、工资福利、住房补贴、家属随迁、子女入学等方面给予特殊的待遇。建立引进、培养、选拔、使用文化人才年度工作报告和工作通报制度,促进人才培养选拔工作制度化、规范化。公共文化设施的显著特点之一在于群众的参与性,这便要求相关的从业人员具备一定的组织能力,有较强的号召力和吸引力,具备活动开展的策划驾驭能力等。因此,公共文化设施的人才队伍建设既要注重对个人能力的培养,也要注重吸纳不同领域的人才,相互合作,统筹配合。

(三)加强基层文化队伍建设

加强人才培育。文化发展的根本在于人才,必须培养和留住一大批出类拔萃、德艺双馨的文化专业人才,一大批既熟悉艺术,又懂市场运作、善于管理的文化经营人才。文化产业是公共文化服务发展的最强劲支撑和推动力,与公共文化服务相关的文化产业的繁荣发展,离不开专业人才、优秀人才和人才团队。当前文化产业人才短缺已成为制约其发展的瓶颈,因此要以人为本,树立正确的人才观,采取一切有力措施,加快文化产业人才培养,这是文化产业发展的当务之急。

五、制定科学的文化服务政策

(一)政府投入政策

调整公共财政政策,拓宽文化投资渠道。发挥宁波地方经济实力相对雄厚的优势,不断加大文化投入。公共文化投入的年均增长速度应不低于地方财政收入增长的速度。改变政府文化投入范围,在保证国有公益性文化机构、项目等的基本投入前提下,政府的公共文化资源适度向民间机构开放,使每年占文化预算一定比例的公共财政经费,可用于资助民办非营利文化机构。改革政府文化投入方式,公共财政应以间接投入为主,直接投入为辅;以资助文化项目和活动为主,资助文化机构为辅;以吸引社会力量为主,政府资金陪同投入为辅。灵活高效地使用政府掌控的公共文化资源,提高公共资源利用水平。借鉴发达国家经验,完善公益性文化捐赠的政策法规,制定鼓励捐助文化事业的地方性法规,积极吸纳社会民间资金,全面拓宽公共文化事业的投资渠道,实现文化事业投资主体的多元化发展。

(二)文化经济政策

改革运行机制,完善科学的文化经济政策,激发活力。完善文化经济政策要坚持把社会效益放在首位,坚持社会效益和经济效益有机统一,遵循文化发展规律,适应社会主义市场经济发展要求,确保具体政策措施相互匹配、良性互动。文化产业必须充满活力才能在开放的市场竞争中生存下去。这就要求我们转变观念,即由自上而下供给转变成自下而上的建构,改变以往由国家财政来养文艺团体的状况,由这些团体结合文化部门的指导与民间的需求来提供文化产品,并通过与群众的沟通和吸纳社会力量,激发民间文化创造的活力。

扩大文化产业发展专项资金规模;进一步明确划拨土地转增国有资本的程序和方式,鼓励利用划拨存量土地兴办文化产业;鼓励和引导社会资本以多种形式投资文化产业。

探索推动文化经济政策创新。学习国外促进文化发展的有益经验,借鉴其他行业改革发展的有效政策,突出文化领域特点,既要支持生产、销售等产业链中间环节,也要扶持引导文化内容创意研发,提高文化消费在社会总消费中的比重;既要扶持国有文化企业发展,也要落实非公有制资本平等待遇;既要培育一批核心竞争力强的大型文化企业或企业集团,也要促进小微文化企业发展;既要推动传统文化产业转型升级,也要促进文化产业与旅游、体育、信息等产业融合,加快发展新型文化业态;既要关注文化企业利润指标,更要强化其社会责任和文化导向要求,通过政策创新进一步形成文化领域宏观调控目标和政策手段的机制化。

(三)金融支持政策

健全投融资体制,拓宽融资渠道。民营资本进入公共文化服务领域的门槛过高,政策措施不配套,管理体制存在条块分割的现象,一定程度上影响了公共文化事业的发展。建议以政府财政资金为引导,成立公共文化服务基金,改革公共文化服务投资体制。在土地利用、规费征收、服务措施等方面,制定出台特殊的对策措施,积极支持和鼓励社会资金、民间资金融入公共文化基础设施建设。在注重成本效益核算、节约成本和提高社会效益的同时,支持效益高的公共文化事业机构,实现优胜劣汰,推动现有文化事业机构的重组与改革。

第八章　公共就业服务能力建设

　　就业是民生之本,是安国之策,解决就业问题自然地成为政府最繁重和最艰巨的任务之一。公共就业服务是基本公共服务的重要组成部分,显然,提升公共就业服务能力就成为重要的课题。目前面对复杂多变的劳动力市场,中国的就业形势严峻,主要体现在:一是劳动力供求总量矛盾突出;二是劳动力结构性矛盾突出。而目前,中国的劳动力市场发展基本上滞后于经济发展需要。从 20 世纪 80 年代初以来,我国的公共就业服务已经有 30 多年的发展历程,实现了从国家分配到劳动力市场配置的改变,很多城市建立起多级就业服务平台、互联互通的公共就业和人才服务信息网络。本章对宁波市公共就业服务能力建设的现状展开分析和判断,探究宁波市公共就业服务取得的成就以及存在的制约因素,主要制约因素包括理论性制约因素、体制性制约因素、制度性制约因素,进而为宁波市公共就业服务能力的推进提供理论和实践依据。宁波市公共就业服务能力建设的推进思路主要遵循"循序渐进,梯级递进,协同共进"原则,着眼于完善公共就业服务的供给机制、联动机制、援助机制、监督机制以及失业预警制度,实现推进公共就业服务能力建设市场化、分权化、多样化、均等化的目标,进而达到健全五级公共就业服务机构职能,整合公共就业服务培训体系,构建差异性的公共就业服务模式,完善电子政务公共就业服务系统的目的。

第一节　公共就业服务能力建设的问题缘起

目前我国社会处于转型发展的关键时期,就业工作逐渐步入新常态,民众日益增长的就业服务需求与公共就业服务能力滞后的矛盾凸显,就业服务主体的单一化、命令式与就业服务对象的多样化、扩大化之间的矛盾显著,这迫切需要提高公共就业服务能力,转变公共就业服务方式,建设相应的运行机制和管理机制。

一、公共就业服务能力的提出背景

我国处于全面深化改革的深水区和攻坚阶段,在这转型发展时期,就业形势发展变化迅速,就业工作进入新常态,加之目前的大数据时代背景,各种就业信息呈现爆炸式增长,民众对就业信息透明化、整合度的要求相应提高,因此提高公共就业服务能力势在必行。

(一)大数据时代下的必然要求

移动终端、社交网络和物联网爆发性的成长发展以及云计算的实现,催生了大数据时代。大数据作为时代重要标志,成为全球各个领域、各个行业争夺的"宠儿",若能够利用和挖掘庞大的数据资源,则可以获得经济、社会和文化等方面的潜在价值。

大数据时代催生公共数据的透明化与开放性,因为大数据时代减少了中间层级的过滤,信息可以由此及彼,使政府与公众实现无障碍沟通,降低不对称信息带来的双方认知上的偏差,有利于推进政府民主化进程,实现善治的目标。就政府而言,进入大数据时代后,政府职能转变进程加快,政府提供的公共就业服务不再采用自上而下的、由权力层级主导的纵深化方式,而是以大数据采集、分析、综合作为决策及服务的基础与依据,促进政府公共就业信息的精准化推送,有效地避免因政府决策失误或不准确导致决策成本的飙升或浪费,进而提升政府公共就业服务能力。同时大数据一方面促进了社会力量对政治活动的广泛参与,丰富了政府与民众对话与交流的途径;另一方面,有效地督促社会民众对政府行为的监督。由是观之,大数据时代背景下推动社会变革的力量使政府实施大数据战略成为必然趋势,政府公共就业服务能力势必得到提升。

(1)加大公共就业服务信息的资源整合力度。由于传统政府管理理念根深蒂固,政府部门呈现粗放式、低效率、不科学的管理状态,导致大量信息滞后、陈旧,缺乏整合与分类,更新速度缓慢,甚至成为"僵尸信息",在这种信息管理的状态下,何谈对信息妥善挖掘与高效利用? 大数据时代应充分挖掘就业信息,包括就业趋势、行业动态、人员流向等,数据信息的利用实现最大化与最优化,对加速政府公共就业服务能力提升形成机制倒逼。

(2)拓宽公共就业服务对象的多元化范围。大数据时代下,政府部门改变了之前半自动化半网络化的服务形式,其根据大数据找准服务对象,扩宽服务范围,提供精准的就业服务,且根据就业对象的不同需求,推送个性化定制服务,也可以通过收集的数据提供预判。

(3)提升公共就业服务决策民主化的程度。大数据时代,公众参与决策的简单化与多样性,催生了政府权力中心的下移和扩散,这样民众可以加入民主政府的建设进程中。此外,政府在大数据的推动下亦对民众的诉求与建议积极回应,这势必推动政府公共就业服务能力民主化进程。

(二)就业工作逐渐步入新常态

近几年就业形势依旧严峻,就业工作进入新常态,主要体现在:

(1)就业工作处于严峻的转型期。随着我国经济发展进入"新常态",我国的就业工作也相应进入一个不同以往又相对稳定的状态。在待就业人口数量进一步增加与就业结构性的矛盾依旧突出的情况下,应由单纯强调就业率向就业率与就业质量并重转变,注重更高质量的转型与升级。转型时期,就业工作应更注重由量到质、质量并重、双管齐下地推进。

(2)就业工作改革发展进入机遇期。一方面,就业工作与民生息息相关,就业工作是衡量一个社会就业与稳定的关键指标之一;另一方面,由于我国经济的持续发展和经济结构的不断优化,就业的容量相应就扩大了。且随着经济基数的增大和结构的优化,增长一个百分点所对应的拉动就业的能力也比过去更加强了。同时,通过大力倡导大众创业、万众创新,就业形态也更趋多元化。这些为就业工作改革的深化提供了契机和回旋空间。

(3)公共就业服务能力建设进入关键期。从发展阶段维度来看,新的转型时期要求公共就业服务摒除千篇一律、自上而下的行政命令式的指导,要更注重专业化、信息化、个性化的服务。从发展程度维度来看,公共就业服务能力建设滞后与民众的需求旺盛之间的矛盾突出,而且差距较大。

(三)公共服务领域的重要部分

现代社会中的所谓公共服务就是指使用公共权力和公共资源向公民所

提供的各项服务。我国是社会主义国家,强调的是国家政权的人民性,政府为人民服务宗旨,政府要深刻关切民生疾苦,需要在关乎民生保障的领域有所作为,确保公共服务的可及性。

公共服务根据其内容和形式分为基础公共服务、经济公共服务、社会公共服务、安全公共服务等,因而公共就业服务隶属于社会公共服务领域,更是公共服务的重要组成内容,具有公共产品的特点。公共就业服务以政府为主导,社会各界参与,综合运用各种方法和手段,研究和发布劳动力市场信息以及提供咨询、帮助等服务,充当劳动者和用人单位或雇主联系的媒介,帮助劳动者获得就业岗位和提升就业能力。公共就业服务能力是政府职能对劳动力和就业领域的作用的集中体现,和我国的经济发展与改革密不可分。

(四)公共就业服务转型的要求

我国正处于全面深化改革的深水区和攻坚阶段,在这转型发展时期就业形势发展变化迅速。因为就业工作关系民生,国家一直把就业工作置于经济社会发展的重要位置,国家不断实施积极的就业政策,保持就业局势的基本稳定,但是城乡失业问题依旧凸显,就业矛盾依然突出,结构性失业问题仍旧难以解决。而提高就业质量,势必要在顶层设计上完善公共就业服务体系,加强公共就业服务平台的建设,提高公共就业服务能力。在这样的境遇中,公共就业服务必须转型才能更好地适应当前的就业矛盾,因而公共就业服务的工作重心应由管理转向服务,寓管理于服务之中,以服务促管理。

二、公共就业服务能力的理论框架

提高公共就业服务能力的前提条件是界定何为公共就业服务能力。厘清概念、廓清其内涵与外延,了解其发展的脉络,有助于精准地剖析与定位,提高研究的科学性。

(一)公共就业服务的基本概述

纵观人类政治思想史,公共服务的概念可以追溯到古希腊的智者柏拉图、亚里士多德等对于国家起源及公共性问题的论述。然而,公共服务的概念被明确提出是在晚近,它是伴随着经济学中公共物品概念的产生逐渐演化而来的。我国强调在关乎民生保障的公共服务领域有所作为,切实维护人民的基本权利。劳动就业属于民生领域,关乎百姓的福祉,成为公共服务的重点领域之一,也是社会建设的主要内容。

就业服务权作为劳动权的基本要素,意味着提供就业服务是国家的基本义务,也是现代政府的责任所在。在世界范围内,公共就业服务在进入 20 世纪以来发展迅猛。1910 年,英国政府创办了世界上第一个国家职业介绍所。20 世纪 70 年代,持续 20 多年的充分就业期终结,欧美国家纷纷建立公共就业服务体系。

我国公共就业服务是随着新中国成立而逐步形成的。20 世纪 50 年代初,新生政权刚刚建立,需要不断地巩固与推进,为了实现社会稳定,减少失业现象,降低失业率,国家陆续开办了各类劳动介绍所,以提供公共就业服务。在此期间,形成了低工资、高就业的政策,建立起以固定用工、统一调配和行政安置为特征的统包统配的就业制度。这种单一计划性的就业制度,是计划经济的产物,国家统一调配提供就业岗位,劳动者按照制定计划就业,因而不存在失业问题。

改革开放以来,由于这种制度导致劳动力本身缺乏自主性,劳动力调配不科学,长此以往抑制劳动者的主动性与积极性,导致合法性危机出现。随着知识青年的返城归乡,城市失业人口数量呈现平稳上升的态势。为应对当时的就业状况,我国不断探索各种公共就业的改革方案。20 世纪 80 年代中期以来,我国就业制度的改革目标清晰,着重考虑构建劳动力市场,不断完善就业服务体系。20 世纪 90 年代,我国开始探索公共就业服务细化的内容,先后确立了职业介绍、就业训练、待业保险、生产自救等方面内容。1993 年,为推动公共就业服务的科学性与高效率,我国积极探索新型就业服务体系的建设。21 世纪以来,公共就业服务内容详尽,包括设立公共就业服务机构、出台相关法律、完善公共就业服务制度等。

(二)公共就业服务体系的框架

公共就业是政府公共服务的内容,是政府职能对劳动力市场和就业领域作用的集中体现,与我国经济制度的发展与改革密不可分。建立和完善劳动就业公共服务体系是政府的重要公共服务职能,是开发人力资源和提高劳动者素质的基础和前提,是实现充分就业的根本保障。我国的公共就业服务体系经历了从无到有,从初步探索到逐步完善的过程。我国的公共就业服务体系可以划分为三个阶段。

第一阶段即就业统包统配时期,公共就业服务体系尚未形成。这个时期从 1949 年到 1978 年,对城镇待业人员实行一包到底的制度,即城镇工人的社会保障由企业全面承担,而对于广大的农村劳动力,则采取了限制其自由进入城市的政策。① 农民被困在土地的藩篱里，不能自由地流动，这个阶段出现了劳动介绍所等早期的一些公共就业服务设施，但都只是雏形，公共就业服务体系尚未形成。

第二阶段即就业市场化探索时期，公共就业服务体系崭露头角。这一时期从 1979 年到 2003 年，改革开放初期，就业压力剧增。早在 1979 年年初，上海出现了一种新型的社会经济组织——劳动服务公司，是将就业与培训紧密结合，并不断发挥组织社会的劳动力与促进就业等职能。劳动服务公司可以视作我国公共就业服务机构的初始形态。② 20 世纪 80 年代，城乡的藩篱逐步拆除，城乡隔离被打破。到 20 世纪 80 年代末，全国劳动服务公司达到 6.5 万所，建立的集体生产和经营网点 20 多万个，累计安排 1300 多万人就业。③ 1992 年，党的十四大确立了建立社会主义市场经济体制的改革目标，并第一次提出了劳动力市场的概念，职业介绍服务所的数量急剧上升。总体而言，这一时期，各省、市和主要区县劳动部门都有专门管理就业服务的机构，建立了职业介绍中心、就业训练中心、失业保险所和劳动就业服务企业管理中心等服务实体，公共就业服务体系初具规模。④

第三阶段即就业市场化深化时期，公共就业服务体系形成阶段。此阶段从 2004 年至今。2004 年，劳动和社会保障部发出了《关于加强就业服务制度化、专业化和社会化工作的通知》，明确要求将强化就业服务纳入各级政府的职责范围，建立公共就业服务制度。2005 年我国发布第十一个五年计划，相继出台了一系列的文件，这个阶段公共就业服务体系以顶层制度设计为保障，因此覆盖城乡的就业服务体系得到发展。

（三）公共就业服务能力的内涵

公共就业服务在全球已有一个世纪的发展历史。实践表明，公共就业服务是提高市场信息透明度，确保市场公平，防止就业歧视并使各类弱势群体得到帮助的重要力量。促进就业是各国政府经济、社会政策的优先目标，

---

① 胡鞍钢，程永宏，杨韵新. 扩大就业与挑战失业——中国就业政策评估（1949—2001 年）. 北京：中国劳动社会保障出版社，2002：48.

② 徐云辉. 崔立夫. 完善我国公共就业服务制度的路径探讨. 经济纵横，2013(7)：15.

③ 刘丹华. 中国就业论坛：全球对话与共识. 北京：中国劳动社会保障出版社，2004：417-418.

④ 刘丹华. 中国就业论坛：全球对话与共识. 北京：中国劳动社会保障出版社，2004：418.

促进就业的成效与能力是国家发展竞争力的重要表现。因此提供公共就业服务是现代政府的基本职责,提高公共就业服务能力与水平是各国政府的重要职能目标,也是促进就业和提升国家竞争力的有效措施。

19世纪末20世纪初,公共就业服务应运而生。国际劳工组织在《就业服务公约》中规定:"各国应建立一个全国性的公共的、无偿的职业介绍体系。"其强调政府举办公共就业服务机构,向用人单位和求职者提供免费服务,帮助各类就业困难群体实现就业,是国际上的通行做法。在我国,公共就业服务职能主要由公共职业介绍机构承担。公共职业介绍机构是提供劳动力市场信息的主渠道,并负责具体落实政府就业政策,对就业困难人员提供基本的就业服务。由是观之,虽然各个国家和地区的经济发展水平不同,实际情况各异,落实不同的就业和失业政策,并且在公共就业服务中起到不同的作用,但是从核心职能来讲,其公共就业服务包括的内容基本上是一致的,主要涵盖职业介绍、供求信息发布和劳动力市场调控。

公共就业服务的服务对象主要包括以下几类人员:失业人员、残疾人、享受当地最低生活保障待遇的人员、退现役的军人和随军家属、当地政府规定的其他就业困难人员或需要特别照顾的人员。当前我国公共就业制度体系已基本建立,公共就业组织体系不断完善,随着市场就业机制的建立,其作用将越来越重要。我国的公共就业服务具有四个基本要素:①以促进就业为目的;②以提供公益服务来定性;③以政府服务公众的职能为定位;④公共政策和公共财政给予保障和支持。公共就业服务的内容包括职业介绍、职业指导、就业训练、社区就业岗位开发服务和其他有关服务内容。

公共就业服务主要是指政府建立公共就业服务机构,以促进就业为目的,以服务公众为目标,以面向全体劳动者和用人单位提供公共就业和人才服务的需要为基础的公益性服务。公共就业服务能力是衡量政府提供公共就业服务水平高低的试金石。

第二节　基于宁波市公共就业服务能力建设的现实考察

对宁波市公共就业服务能力建设的现状展开分析和判断,是提高公共就业服务能力的基础和前提。本节在对宁波市公共就业服务能力建设现状进行梳理的基础上,找寻宁波市公共就业服务取得的成就以及存在的问题,为后续公共就业服务能力的推进思路提供理论和实践依据。

一、宁波市相关背景

宁波市地处东南沿海,位于中国大陆海岸线中段,长江三角洲南翼,东有舟山群岛为天然屏障,北濒杭州湾,西接绍兴市的嵊州,南邻三门湾,并与台州的三门、天台相连。宁波市地理位置优越,是副省级市、计划单列市,属于典型的江南水乡兼海港城市,是世界第四大港口城市,长三角五大区域中心之一,长三角南翼经济中心,浙江省经济中心。

宁波开埠以来,工商业一直是宁波的一大名片。特别是改革开放以来,宁波经济持续快速发展,显示出巨大的活力和潜力,成为国内经济最活跃的区域之一。第一产业中渔业和林业增长明显。第二产业中工业的主要门类为石油化工、纺织、机械、冶金、电子、建材等。其中,化工、纺织服装、机械为宁波工业的三大支柱,宁波的纺织服装工业较为发达,区域集中度较高。第三产业的商业,在宁波历史悠久。宁波商帮曾是中国十大商帮之一,并且是唯一成功进行近代化转型的地方商业团体。宁波本土金融业从钱庄起步,发展迅猛。宁波市口岸进出口、会展项目、旅游业发展快速。《2015年宁波市国民经济和社会发展统计公报》显示,2015年全市城镇新增就业人员17.8万人,7万失业人员实现再就业,其中困难人员1.7万人。2015年年底,城镇登记失业率为2.01%,高校毕业生就业率保持在95%以上,全年完成技能人才培训22.4万人,投入农民培训资金共3943.1万元,完成各类农民培训11.1万人次。

二、宁波市公共就业服务能力建设的主要成就

宁波市公共就业服务试点工作已经持续一段时间,成效显著。宁波市逐步探索出市、县(市)区、街道(乡镇)、社区(村)四级社会保障和公共就业基层服务体系,依托多层次、全方位的公共就业服务平台,提高公共就业、创业培训服务力度,建立、完善公共就业服务制度。

(一)公共就业服务体系框架的初步建立

2006年宁波市就业服务体系试点启动,之后全面铺开,在不断摸索的过程中,进一步完善就业服务体系,健全四级就业服务网络。目前已基本形成覆盖全市的市、县(市)区、街道(乡镇)、社区(村)四级社会保障和公共就业基层服务体系。在社会保障和公共就业基层服务平台上,市民可获取就业创业、社会保险、劳动维权方面24大项47小项的人力社保业务服务。2014年,依托基层站点开展的春风送岗位、就业援助月等专项行动,为28.73万名求职者免费提供职业介绍,登记认定未就业困难人员3948人,帮助实现

就业 4367 人。宁波市还将以加强和提升街道(乡镇)基层服务能力为重点,加快形成覆盖城乡、可持续的均等化基层公共服务体系。[①]

(二)公共就业、创业培训服务不断加强

近几年,宁波市公共就业、创业培训服务发展迅速,培训功能得到充分的发挥。培训服务方面主要体现在:通过整合培训教育资源,提高了培训实效性。宁波市通过广泛发动全社会教育培训资源,为城乡劳动者开展多层次、多形式的职业培训。通过资质认定,确定一批办学条件好、培训质量高的教育培训机构作为定点培训机构。以培训机构为载体,提高职业技能培训和鉴定服务工作。注重发挥就业训练中心、技工学校开展城乡劳动力培训的示范作用,通过加大财政资金投入,逐步在全市建立一批公共实训基地,面向社会开展职业技能操作训练和职业技能鉴定服务。

宁波市不断提升创业培训服务水平,加大创业服务的投入力度。宁波市各县(市)区残联和相关单位联合举行了残疾人电子商务培训班,推出了电子商务平台。江北区残联与江北区电子商务综合服务中心合作,在江北区电子商务服务中心内设"一米阳光"区域,专为残疾人提供电子商务创业培训、开业指导,而且提倡宁波高校将创业教育课程纳入学分管理,允许学生休学创业。探索建立创业学分积累与转换制度,将学生自主创业情况折算为学分。探索设立高校模拟创业基地和创业奖学金,带动在校大学生开展创业实习和培训。

(三)公共就业服务的典型模式逐步确立

宁波市围绕公共就业服务,探索典型的服务模式。如,街道(乡镇)基层平台统称为某某街道(乡镇)社会保障和公共就业服务所(中心),其服务职能纳入街道(乡镇)公共服务平台,在同级党委、政府的领导下,接受县(市)区职能部门的业务指导,并加强与村级(社区)便民服务中心的业务工作对接。街道(乡镇)要提供窗口式服务,实行"一门受理、协同办理"的 AB 岗服务模式。城市(农村)社区基层平台统称为某某社区(村)社会保障和公共就业服务站,在城市(农村)社区党组织、居委会的领导和管理下,接受街道(乡镇)基层平台的业务指导。由村级(社区)便民服务中心统一管理,落实工作职责,明确所(站)负责人,实行窗口式服务。边远山区和常住人口较少的行

---

① 吴志清,翁迪凯. 宁波着力提升基层服务能力"不出村"享七大公共服务. (2015-02-07)[2016-03-04]. http://nb. people. com. cn/n0207/c365606-23825519. html.

政村基层平台,可以考虑采取中心村功能辐射的方式建设。

宁波市的就业经理人模式是指聘用专业人员担任就业职业经理人,然后根据求职者和用人单位的各自特点,因人而异,因材施教,设计个性化的私人定制的就业方案,能够提供一对一的量身定制方案。这种公共就业服务模式使政府的服务由被动式向主动式转变,由大众化向个性化转变,由单一的模式向全程式转变,由单纯地注重结果向指导过程转变。这种模式促使公共就业指导服务全面升级,就业经理人成了企业与求职者之间的纽带与桥梁,发挥了积极的沟通作用。

(四)公共就业服务的财政支持力度加大

基本公共就业服务作为一项政府提供的准公共产品,需要政府大力的财政支持。随着各级政府对公共就业服务认识的逐步加深,其财政投入的力度在日益增加。

宁波市政府在大力支持创业方面,财政支出明显上升。第一,创业带动就业岗位补贴标准为每带动1人就业每年补贴2000元(满1年以上不足2年的按1年计算,以此类推),每年最高不超过10万元,被带动就业的人员在同一家企业补贴期限最长3年。第二,创业场租补贴标准为经营场地年租金的20%,每年最高不超过6000元。补贴期限每次不超过12个月,补贴次数不超过3次。创业时距法定退休年龄不足1年的,场租补贴最长计算至法定退休到龄月份。第三,用人单位吸纳就业社会保险补贴。补贴标准为用人单位应缴纳的基本养老保险费、基本医疗保险费和失业保险费最低标准之和,个人应缴部分由个人负担。第四,中小微企业吸纳就业贷款贴息。申报对象为在市辖各区工商局注册的中小微企业。贴息标准为每招用1人不超过20万元,最高不超过300万元贷款的贴息;额度为符合贴息条件贷款额的当期基准利率的50%,其中市级以上科技孵化器内科技型中小微企业为符合贴息条件贷款额的当期基准利率的100%。贴息贷款期限不超过3年。第五,高校毕业生就业补贴。2016年1月1日起,对于被中小微企业录用,签订1年(含)以上期限劳动合同、依法办理就业登记、缴纳基本养老保险费、基本医疗保险费和失业保险费的,每满1年给予每人2000元补助,补助期限不超过3年。到中小微企业就业,高校毕业生可以申请一次性就业补助,申报标准为专科学历3600元/人,本科及以上学历6000元/人。第六,高校毕业生求职创业补贴。求职的享受城乡居民最低生活保障的家庭、孤儿、残疾人以及获得国家助学贷款的毕业年度高校毕业生,享受求职创业补贴标准为每人 1500 元。①

（五）公共就业服务平台建设的稳步推进

宁波市建立了多层次、全方位覆盖的公共就业服务平台，主要包括以下三个方面的内容：

第一，市民可以通过覆盖各县（市）区的社会保障和公共就业基层服务平台，享受来自人力社保、民政、残联、慈善等多个部门提供的基本公共服务。

第二，加强基层人力资源社会保障工作平台建设。这样可以及时掌握辖区内劳动者的就业失业状态，运用信息化手段，做好劳动者就业失业登记信息的动态管理。做到密切与公安、工商、民政等部门的数据关联，建立健全就业失业登记信息比对整理工作。要以实名制就业统计数据为基础，做好与就业失业统计报表数据的比对分析工作（为保持统计口径的一致性和可比性，对农村进城务工人员和其他非本市户籍人员进行失业登记的，在统计上继续按照现行制度执行），及时查找相同指标数据不一致的原因，有针对性地予以解决。

第三，大力推进众创平台建设。顺应创业创新主体大众化趋势，支持发展创业服务业，运用创客空间、创业咖啡、创新工场等新型孵化模式，为创业者提供低成本、便利化、全要素、开放式的综合服务平台和发展空间。进一步完善大学生创业园建设，鼓励与宁波高校共建大学生创业园，大力提升园区管理服务水平和孵化效果，引导创业园区产业化集聚，打造一批创业示范基地。力争到 2018 年，全市新增 7 家市级大学生创业园。被认定为市级大学生创业园，并经年度考核合格的，分 3 年给予 100 万元的建设补贴。对考核期满的市级大学生创业园继续实施 3 年扶持政策，对当年新引入大学生创业企业 15 家以上的大学生创业园，享受每引进 1 家 5000 元的资助。

（六）公共就业服务的制度建设不断完善

宁波市注重公共就业服务制度的整合与完善，为提高工作效率与服务水平制定了相关的制度，主要体现在以下四个方面：

第一，建立健全公共就业创业服务提供机制，保障本地城镇常住人员享

---

① 宁波市人力资源和社会保障局.关于印发《进一步做好新形势下就业创业工作意见实施细则》的通知.（2015-11-11）[2016-10-26]. http://www.zjnb.lss.gov.cn/zcfg/jypx/xzxwj/201511/t20151111_274210.html.

有与本地户籍人员同等的劳动就业权利,并有针对性地为其免费提供就业创业政策法规咨询、职业指导、职业介绍等基本公共就业创业服务。①

第二,建立了失业预警机制。通过对地区和行业就业形势监测,对因国内国际经济形势发生重大变化直接影响就业的行业和企业,以及失业问题突出的地区和行业,宁波市及时采取专项政策措施进行必要的失业调控,努力减少失业,保持就业局势稳定。

第三,建立健全就业与社会保障工作的联动机制。加强失业调控,将城镇登记失业人数控制在合理范围内,减少长期失业人员,积极开发公益性岗位。各地要通过街道(乡镇)、社区(行政村)积极开发保洁、保绿、保安和公共设施养护等公益性岗位,用于安排就业困难人员再就业。公益性岗位所需的社会保险补贴、岗位补贴等由各地财政解决,要建立动态增长机制,并实施绩效考评。进一步完善城乡劳动者职业培训、鉴定的政策扶持机制,对城镇登记失业人员、被征地人员及进城务工的农村劳动力,提供职业培训和技能鉴定补贴。积极开发就业岗位,大力提升劳动者职业技能和创业能力。②

第四,建立了失业人员定期走访制度。通过定期走访提供一对一的服务。将劳动保障站设在了家门口,这使得很多宁波当地失业人员实现了家门口就业的梦想。③

三、宁波市公共就业服务能力建设存在的问题

宁波市严峻的就业形势依旧不容乐观,结构性矛盾凸显,宁波市公共就业服务能力存在的问题亟待解决。宁波市公共就业服务能力建设存在的问题,体现在以下五个方面:

(一)公共就业服务机构设置不健全

目前宁波市已基本形成覆盖全市的市、县(市)区、街道(乡镇)、社区

---

① 宁波市人力资源和社会保障局.关于印发宁波市就业和失业登记管理办法的通知.(2016-04-05)〔2016-10-26〕. http://www. zjnb. lss. gov. cn/zcfg/jypx/xzxwj/201604/t20160405_279041. html.

② 宁波市人民政府.关于进一步加强就业再就业工作的实施意见.(2006-5-22)〔2016-10-26〕. http://www. chinaacc. com/new/63/74/117/2006/6/wa411314123110166002462-0. htm.

③ 吴志清,翁迪凯.宁波着力提升基层服务能力"不出村"享七大公共服务.(2015-02-07)〔2016-03-04〕. http://nb. people. com. cn/n 0207/c365606-23825519. html.

（村）四级社会保障和公共就业基层服务网络，公共就业服务网络比较完善。但是相比而言，乡镇的基本公共就业服务机构依然欠缺，村级的就业服务保障平台形同虚设，未发挥作用。现行的公共就业服务机构是按照行政区划分的，而不是按照生活圈划分的，机构比较健全，但是地区划分不均，资源相对分散，效率不是很高。按照辐射效果而言，公共就业服务机构设置情况为中心区域齐全且比环城区好，环城区县比其他区县好，所以就业均等化服务推进困难。公共就业服务机构与私营就业服务机构信息相对封闭，未实现资源的共享。

（二）公共就业服务能力相对欠佳

政府公共就业服务能力在适应不断提升的就业服务需求方面，还比较欠缺，主要体现在：第一，公共就业服务机构所提供的主要就业服务项目与劳动者的需求不吻合。因为公共就业服务机构提供的业务主要表现为档案、人事代理等，占工作量的 60％以上，因而在公共就业服务方面劳动者所需要的职业指导与测评、政策咨询、职业培训等相对薄弱，与劳动者的需求差距大。第二，劳动者对公共就业服务机构的满意度不高。大部分的公共就业服务机构采用银行式服务作业模式，比较关注满意度，并提出零投诉的服务目标。宁波市除了海曙区的职业经理人的制度提供的是一对一的就业指导服务外，大部分区、县的公共就业服务机构提供的服务是模式化、程序化的，缺乏个性化的定制服务。第三，公共就业服务机构的就业服务难以满足高学历青年劳动者的需求。公共就业服务机构的普遍做法是每年举办1～2场高层次人才的招聘会，而就业指导、培训几乎不会涉及此类群体。

（三）公共就业服务差异化现象明显

宁波市各地区在公共就业服务方面做了大量的工作，取得了一定的成绩，但是在各个地区、城乡之间以及针对不同的人群所提供的公共就业服务上尚存较大的差异。主要表现为：第一，地区之间公共就业服务非均等化。公共就业服务机构的数量各个区之间的差距较大。公共就业服务人员的数量是保证顺利推进公共就业服务事业的人力保障，是反映公共就业服务能力的重要指标。而各个县（市）区的公共就业服务人员配置主要依据行政区的划分，并未考虑生活区的人数及需要提供服务人员的数量，人员配置不均衡且存在随机性。第二，城乡间公共就业服务非均等化。由于公共就业服务经费来源于各级地方政府的财政收入，财政收入的差异导致了城乡公共就业服务在设置机构及人员配备上出现了"马太效应"。城市中心区设立公共就业服务机构,隶属于劳动保障部门,具有固定的政府预算,配备现代化的办公设备,而反观农村,虽然已经建立了劳动服务站,但是一般是挂靠在乡镇政府的某个职能部门,是挂牌而已,没有专业的管理人员,这样就业服务站容易沦为摆设。第三,群体间公共就业服务非均等化。农民工、残疾人等弱势群体在再就业中处于劣势,由于整体的竞争力不强,且接受的相关职业技能培训比较少,导致这些群体就业遭遇不公正待遇时维权意识淡薄。

（四）公共就业培训的体系尚不完善

目前公共就业培训体系有了很大的进展,但是仍有许多方面需要完善,尤其是农村地区的农民的培训体系需要不断改善。农村的劳动力素质较低,农村的剩余劳动力面临的主要障碍是不能适应市场就业需求,因而推动农村剩余劳动力就业的途径之一是改善针对剩余劳动力的就业培训。而纵观针对农民工的培训,其公共就业培训尚存许多问题:其一,就业培训的时间与地点的选择不合理。由于农民工生活分散,工作时间长,工作强度大,工作时间不统一,因而对培训地点与时间的选择自由度低。其二,就业培训内容针对性不强,地域特点不明显,时代性特征比较弱,拘泥于传统行业的传统技能的培训。其三,培训的方式单一,主要是填鸭式的教学,收效甚微。

（五）公共就业服务的网络相对滞后

其一,信息网络建设覆盖面窄,人力资源信息不能共享,尤其是县级以下机构基本硬件设施缺乏,处在传统的手工操作状态,效率低,科学性不高,公共就业服务的信息化管理水平和服务手段有待提高。其二,缺乏公共就业服务信息管理与检测系统。随着经济社会的不断发展,就业形势的多样化、职业的多样化、就业影响因素的多元化,使得就业信息呈现爆炸式的增长,因而传统的就业信息处理方式受到严峻的挑战,而如何在有限的时间、有限的人力成本条件下,高效、准确地处理海量的信息成为一大难题,若攻克此难题,公共就业服务信息管理与检测系统成为必然选择。

第三节　立足于公共就业服务能力建设的理性分析

无论是西方还是东方,公共就业服务起初都由政府和公共机构垄断,政府在提供公共产品方面有其自身的优势。虽然从 20 世纪末期开始,这种垄断地位日渐式微,但是政府及公共机构在提供公共就业服务中的主导地位不会变化,他们不仅始终承担着监管职责,而且直接提供就业服务。政府在公共就业服务的机制方面不是万能的,也会出现失灵现象。

一、公共就业服务能力建设疲乏的主要原因

就上述现状而言,由于受到各种因素的影响,公共就业服务能力建设并不尽如人意。因此,分析和了解影响宁波市公共就业服务能力建设疲乏的制约因素,无疑将为促进公共就业服务发展,提高公共就业服务能力建设指明方向和提供动力。现将宁波市面临的公共就业服务能力建设存在的问题进行进一步的归因分析。

(一)理论性制约因素:理论研究相对单一,缺乏系统性

我国的公共就业服务体系建立只有 30 多年的时间,整体上呈现实践先行、理论紧随的局面,在这期间,中国的经济结构和劳动力配置方式都发生了全面的、彻底的转型,劳动力配置的基础性作用已然在增强,但是市场上劳动力就业形势却依旧不容乐观。政府公共就业服务职能并非因为市场机制的建立而削弱,反而愈加重要,劳动力配置方式由之前的直接配置转向提供政策的引导与服务,而这种服务即公共就业服务,是政府促进就业的有效手段与重要渠道。国内学界关于此方面的研究从内涵到外延涉及的范围广泛,但是由于研究的历史仍然不长,导致研究缺乏系统性,主要体现在:第一,国内尚没有公共就业服务的专门论著出现,研究成果主要为学术论文和研究报告;第二,工作总结类的文章多,这些文章大部分出自就业工作人员之手,多为宣传类的文章,缺乏理论性的论述;第三,粗线条的研究多,而细致润色的研究少,对于公共就业服务能力的研究多为粗犷的描述,研究的结论缺乏细致的推敲,缺乏对公共就业服务的多方考察。

(二)体制性制约因素:官僚科层制和二元分割理论

打破理论性和资源性的制约因素能够为推进公共就业服务能力解决思想层面的问题,而解决体制上的制约因素,更能为公共就业服务能力的顺利推进提供必要的保障。

第一,我国公共服务机构的官僚化思想严重。西方市场经济国家的公共就业服务主要是弥补劳动力市场配置机制的失灵,而我国的公共就业服务与经济体制改革配套,是为解决体制改革导致的失业问题而建立的。我国公共就业服务机构虽不是行政机关,是具备独立法人地位的事业单位,但是其工作人员很多来自劳保系统,准确地说是从行政系统剥离出来的,具体工作中官僚思想依旧,行政观念浓厚。这样的垄断机制导致公共就业服务

机构内部运行机制与行政机关相同,采取任务分解的手段层层落实工作责任,因而以完成上级主管部门分配任务为重,对如何满足求职者需求却置之不理。正如"未来的成本和未来的收益往往被严重打折或忽视,而眼前的或短期的收益或成本却被夸大。其结果正是菲尔德斯坦(Feldstein)所说的政治过程固有的近视"①。与私营就业服务机构和非营利性就业服务机构建立合作关系,扩大公共就业服务的参与面,满足日益增长和变化的公益性就业服务需求,这几乎成为国际公共就业服务机制的普遍发展趋势。然而这种机制在我们国家经常会遇到阻碍,表现为不合作、抵触与不信任。

第二,劳动力市场的二元分割理论由来已久,致使公共服务严重失衡。一方面,表现为现阶段公共就业服务投入不足,更表现为公共就业服务供给严重失衡,特别是农村与城镇公共就业服务的基础条件建设差异较大,以及服务对象群体的覆盖面、内容结构及水平等方面差别较大;另一方面,二元分割理论致使不同群体获得的利益差别较大。我国从传统计划经济体制转向市场经济体制,传统体制下存在着深刻的二元分割,国有单位和非国有单位之间、农村和城市之间、编制内和编制外之间,都存在泾渭分明的界限。公共就业服务侧重于体制内的、国有人员的服务,而大部分工作是体制外的,这样人民享受的服务则更少,致使公共服务严重失衡。

(三)制度性制约因素:制度性分割和就业服务监管力不强

公共就业服务呈现多样化的矛盾与弊病,挖掘大量现象背后的原因势在必行,主要体现在:

第一,制度性分割阻碍了劳动力市场的自由流动,割断劳动力市场自发进行供求关系的调节。虽然我国劳动力流动频繁,但是由于户籍制度的存在,农民工无法将打工地当作自己永久的居住地,需要经常性、流动性、季节性进城和返乡。这样劳动力市场形成了地理意义上的分割,劳动力与劳动力需求地被人为割裂。

第二,人才流动市场化和政府人力资源服务非市场化的矛盾,致使公共就业服务能力欠佳。市场经济的发展要求人力资源市场以市场为导向,与其他非政府就业中介机构竞争,市场化可以促进人力资源的流动更快,数量更大,而此时与之对应的服务市场无法适应市场化的特征,服务的广度和深

---

① 沃尔夫.市场,还是政府——不完善的可选事物间的抉择.陆俊,谢旭,译.重庆:重庆出版社,2007:28-31.

度会有限,甚至停滞不前。公共就业服务机构是否应该市场化,可以运用经济学的公共产品理论来解释看待。经济学根据产品或服务是否具有竞争性与排他性,将社会产品和服务分为公共产品、私人产品和准公共产品。公共产品的特征是消费具有非竞争性和非排他性;私人产品的消费同时具有竞争性与排他性;就业服务应该界定为准公共服务,就业服务的对象是普通公民,但是市场呈现供大于求的需求约束性市场,在此情况下,人才服务是存在竞争性的。市场化的竞争模式有益于公共就业组织的自我更新和进步,有益于控制成本,最终的受益者是服务对象和整个社会。

第三,缺乏完善的公共就业服务体系政策指导与监督的配合,监管力度不强。就横向比较而言,公共就业服务体系中在政策理解、把握与运用上,均存在公共职能监管不利的现象,而且具体的监管标准尚未成型。基于纵向而言,经济发达的地区与欠发达的地区,城市地区与农村地区,其公共就业服务政策与监管差异较大。

二、关于公共就业服务能力建设的基本思考

对公共就业服务存在的问题进行审视,旨在透过现象看本质。当然问题不一,造成问题的原因也不尽相同。但是仔细琢磨,追本溯源,迟福林教授认为,从现实情况来看,中国基本公共服务存在着低水平、不均衡、体系建设滞后等突出问题,究其原因都与基本公共服务制度缺失相关。① 由此可知,公共就业服务问题的根源在于公共就业服务制度不合理或缺失。

（一）公共就业服务能力建设的体制反思

第一,经济社会发展战略具有惯性。从经济社会的战略视角来看,区域经济社会发展战略是决定地区间经济社会发展水平高低的根本因素。不同地区的经济发展水平,为推进公共就业服务奠定不同的物质基础。而城乡的二元经济社会发展战略则是直接导致城乡之间、地区之间享受公共就业服务迥异的原因。再次审视可知,区域经济发展战略是符合"先富带动后富"经典制度安排的,是符合我国经济社会发展格局的明智之举。依此角度而言,区域间基本公共就业服务的差异化成为一种必然的现象。因此我们并非否定区域经济的发展战略,而更多的对传统"二元城乡发展战略"进行反思。

第二,地方政府的事权与财权不相对称,财权与事权成倒挂关系。基于

---

① 迟福林.改革发展新时期的基本公共服务.中国党政干部论坛,2008(4):18-20.

基本公共服务事权的角度,我国政府间的基本公共服务职责的界定和分工很模糊,一些本该由中央政府承担的基本公共服务职责,却不恰当地下放给地方政府;同样,不同层级的地方政府在基本公共服务供给中也经常发生错位现象。① 与事权相反,中央上收财权,导致地方政府的财权与事权不对称,财权与事权成倒挂关系。这种错位关系导致公共就业服务能力的支出受到了钳制。

(二)公共就业服务能力建设的机制反思

为确保基本公共就业服务体制能够被顺利贯彻落实下去,需倚重公共就业服务的相关运行机制。

第一,服务垄断型的供给机制,导致公共就业服务的效率较低。公共就业服务供给过程包括两个环节:公共就业服务的生产环节与公共就业服务的提供环节。这两个环节由公共就业服务部门提供,正是所说的垄断性供给方式。对于公民而言,政府已经责无旁贷地成为供给主体,公共就业服务主要是政府主导型的供给模式,政府在供给过程中承担完全作为的服务责任,这种单中心的政府主导型供给方式容易导致服务供给水平的低效率,进而出现政府失灵。

第二,内输入社会公共服务决策机制,导致公共就业服务缺乏民主化。通过自上而下的任务分解机制,将任务传达,实则为内输入。所谓内输入是指在社会没有利益多元化的条件下,由政府精英代替人民进行利益的综合与表达,其特征表现为权力精英之间的政治折中,并不是多元决策下的社会互动。② 各级部门只是单向化接受上级的信息,执行上级的任务,这种内输入的基本公共服务决策机制弊端逐渐凸显,影响公共就业服务的效率、科学性与民主化。

(三)公共就业服务能力建设的法制反思

除了不科学与不恰当的公共就业服务体制与机制外,公共就业服务法制是否健全,成为影响公共就业服务能力的重要依据。公共就业服务呈现问题的原因之一在于公共就业服务的相关法制建设滞后。以公共就业服务均等化为例,虽然党和国家日益强化各级政府履行公共就业服务均等化职

---

① 曾保根.公平正义取向下推进基本公共服务均等化的制度创新研究——以体制、机制和法制为视角.武汉:华中师范大学,2012.

② 陈振明.政策科学——公共政策分析导论.北京:中国人民大学出版社,2003:242.

能,但是整个过程依旧缓慢,尚处于起步阶段。而如何对政府服务部门进行法制化的规范和约束,则是政府服务过程中存在的空白地带,我国还没有出台专门用来指导公共就业服务均等化的法律制度。诚然,学术界对均等化进行过较多探讨,但大部分研究成果主要集中在政策性研究层面,而没能上升到法律制度层面。总体看来,制约我国推进公共就业服务均等化的法制因素主要来源于三个方面:其一,现有公共服务的法律法规不完善、不配套,不能有效指导公共就业服务均等化的改革实践,离有法可依还有很大差距;其二,不少地方政府在公共就业服务均等化推进过程中重视不够,未能贯彻落实党和国家的有关政策方针,"替代性执行"和"上有政策、下有对策"现象屡见不鲜,有法不依、执法不严现象比较严重;其三,没有制定相应的基本公共服务问责制,无法有效约束地方政府及其官员,没能恪守违法必究的法制方针。

第四节　公共就业服务能力建设的推进思路

公共就业服务不能脱离现实的劳动力市场需求,在众多因素的影响下,我国的劳动力市场的总体状况是总量性矛盾与结构性矛盾并存。经济增长的就业弹性不高,导致工作岗位的需求数量不高;同时由于劳动力素质与市场需求之间不匹配,因此结构性矛盾日益突出,自然失业率走高,并且可能成为影响我国就业状况的长期性矛盾,而公共就业服务能力建设从以下几个方面开展。

一、推进公共就业服务能力建设遵循的基本原则

时至今日,我国的公共就业服务能力建设仍处于起步阶段、摸索时期,由探索时期走向成熟时期尚需时日,不可一蹴而就,需做长远的规划,而循序渐进、梯级递进、协同共进原则是需遵循的正确方向。

(一)循序渐进的原则

我国的公共就业服务起步较晚,从 1978 年之后才开始探索,公共就业服务体系仍不健全,加上我国人口多、就业压力大,我国的劳动力市场呈现总量性矛盾与机构性矛盾并存的状况,要实现公共就业服务能力一步到位,是冒进且不现实的,为此应该采取循序渐进的方式,逐步推进,最后实现全面发展。无论是在资金的投入上还是在政策的变更上,都应该从基础设施

薄弱和最需要的地方以及急需的群体着手,逐步缩小城乡、地区、不同群体之间公共就业服务的差距,推进均衡发展、持续发展,建立公共就业服务机制的长效机制。

（二）梯级递进的原则

在推进公共就业服务能力建设的问题上,坚持统筹城乡、区域协调发展的原则,在资金投入、政策倾斜以及基础设施建设上要划分层级、梯级推进,找准突破点与着力点,由点及面,带动周围,形成规模。具体而言,公共就业服务的投入应向经济不发达地区和农村地区倾斜,为农村地区和不发达地区建立基本的公共就业服务体系,缩小城乡、地区、不同群体之间的差距,形成梯次的规模。同时应考虑不同群体之间的培训与个人的就业指导相结合,从而为不同群体的就业提供公共就业服务,为建立全国统一的劳动力市场和公共就业服务体系提供前提条件。

（三）协同共进的原则

公共就业服务提供的是公共产品,服务的对象是公民,公共就业服务能够克服劳动力市场信息的不对称,有利于降低求职者与用人单位的搜索成本和提高他们的搜索效率。公共就业服务是由政府主导的,在维持政府主导地位的前提下,为实现高效的公共就业服务,更应注重多元参与,引导私营就业服务机构及民间非政府组织参与到公共就业服务的供给体系中。采取多元化供给模式,多元参与,协同配合,更有利于推进公共就业服务的进程。

二、推进公共就业服务能力建设实现的主要目标

（一）推进公共就业服务市场化

在市场经济的大背景下,政府应该以竞争为导向,引进公共服务的市场竞争机制,改变政府对于公共就业服务的完全垄断,支持和鼓励民间力量参与公共就业服务体系建设,同时应该利用市场竞争和顾客满意度来淘汰质次价高的服务提供者。[①] 政府在提供公共就业服务过程中,其主导地位并未改变,但是从 20 世纪末开始,其垄断地位日渐式微,朝着市场化方向推进。这样可以有效防止公共就业服务领域的政府失灵。市场机制是迄今为止最有效率和活力的经济运行机制以及资源配置手段,就业服务市场机制有其

[①] 　林登.无缝隙政府——公共部门再造指南.北京:中国人民大学出版社,2001:7.

天然的优势。在成熟的市场经济体制国家,就业服务是一项基本工作,就业服务需求者从政府开支的受益者转变为市场的顾客,通过就业体系的变革,社会团体参与到公共就业服务体系中,政府则从就业服务的直接供给者转变为竞争性就业服务市场的推动者和仲裁者。①

(二)探索公共就业服务分权化

1978年以后,我国正式开始将工作重心从政治斗争转向经济建设,计划经济逐步向市场经济过渡,当时面临的重大考验之一就是严重的就业危机。当时传统的计划经济和就业制度根本无力吸纳大量的劳动力。② 1980年,中共中央和国务院召开全国劳动就业工作会议,会上提出了著名的"三结合"就业方针,打破了统包统配的就业模式。劳动服务公司可以看作是我国公共就业服务的雏形,20世纪80年代,我国的公共就业服务体系建设刚刚起步。80年代后期我国对各类劳动服务公司的职责进行划分,之后劳动服务公司逐步发展为涵盖职业介绍、就业训练、待业保险、劳动就业服务四项主要功能的改革就业服务体系。公共服务机构的五级网络,包括县级以上就业服务管理机构,职业介绍、就业训练、创业服务等工作实体和街道(乡镇)、社区劳动保障工作平台,不同层级的相应机构负责相对应的业务。政府需要建立自上而下的整体规划与安排,采用重点分权的组织结构,细化各公共就业服务体系的内容,运用企业部门的管理技术和管理工具来促进政府改善管理。

(三)推动公共就业服务多样化

各级公共就业服务机构应当立足于现有的公共资源和服务设施,根据当地经济发展情况及就业情况,增加服务特色,扩大服务范围,向广大劳动者提供多样化的就业服务项目。对劳动者的服务需求结构和变化趋势进行分析,更好地满足劳动者的就业需求。一方面,劳动者的就业需求是有不同层次、不同类型的;另一方面,这种需求又是在不断变化的。从横向看,不同素质的劳动者对工作岗位的要求不一,需要提供不同层次、不同特点的服务;从纵向看,每个人、每个企业的具体需求千差万别,需要提供个性化、精细化的服务;从发展角度看,随着经济社会的发展和技术的进步,市场供求

---

① 刘超.论陕西就业服务体系由行政化向市场化的转变.经济研究导刊,2013(36):52-53.

② 程连升.中国反失业政策研究(1950—2000).北京:社会科学文献出版社,2002:120.

关系不断出现新情况。所以必须紧紧围绕市场需求,提供多样化的服务,逐步实现精细化和个性化的服务,以满足不同层次、不同类型就业群体的需求。

(四)打造公共就业服务均等化

公共就业服务均等化的核心目标是缩小公共就业服务的城乡差异和地区差异,使不同的群体享受均等公共就业服务,因而导致公共就业服务差异的影响因素也是影响和制约均等化建设的核心因素。而实现公共就业服务均等化势必要从影响因素入手。公共就业服务均等化是一个动态的发展过程。在这一发展过程中,政府与劳动者作为供给方与需求方,需要双方通过各自的作用、手段与方式,相互合作、竞争和冲突,并最终实现公共就业服务的均等化,从而实现地区之间、城乡之间、群体之间公共就业服务的均等化。

三、逐步推进公共就业服务能力建设的主要内容

公共就业服务是政府和公共力量干预劳动就业的一种形式。当失业被普遍认为是一种社会问题的时候,从政府那里获得就业扶助成为基本的公民权。我国劳动力市场的总体状况是总量性矛盾与结构性矛盾并存,那么推进公共就业服务能力建设势在必行。推进公共就业服务能力建设的主要内容包括搭框架、填内容、增模式、用手段等方面。

(一)健全五级公共就业服务机构职能

根据相关法律政策规定,我国公共服务机构大多是下属于劳动保障行政部门的事业单位,基本按照行政序列形成省、市、区(县)、街道(乡镇)、社区(村)五级服务机构体系。我国的公共就业服务体系框架已经逐步建立起来,但是发展不平衡,县级以上的劳动保障行政部门统筹管理本行政区域内的公共就业服务,集中提供一站式的服务。街道(乡镇)、社区(村)的公共就业服务机构则设立基层服务窗口,开展以就业援助为重点的公共就业服务。县级以上机构主要承担综合性服务和相关的劳动就业管理工作,基层机构则承担精细化的对象化服务。然而,实际工作中各级服务机构对其职责没有完全厘清,市、区(县)、街道(乡镇)工作交叉、重叠,公共就业服务的层次感、针对性欠佳。因而健全公共就业服务框架必须从各级就业服务机构的职能定位开始,通过分级职能划分,明确各级服务机构内部的功能层次,各级服务机构能够各司其职,杜绝互相扯皮,避免机构在履行其职能方面出现模糊不清的状态,提高公共就业服务机构的服务效率。

(二)逐步整合公共就业服务培训体系

解决就业问题,不仅要解决就业岗位和就业门路问题,而且要解决劳动者素质与岗位的匹配问题,有效地降低我国因结构性矛盾导致的失业,实现人职匹配,推动人员与岗位技能的有效对接。逐步整合公共就业服务培训体系,主要包括:其一,整合教育资源,加强就业培训机构建设,建立高水平、高层次的公共实训基地。建立公办与民办培训机构,发挥优势,树立良好的信誉,定期对其进行检查、评估和淘汰,确保公共就业服务机构的质量。其二,针对不同的人群,积极开展多种形式的就业培训,不断扩大培训的规模,在增量的同时,不断提高质量,进一步满足经济社会发展对技能人才的需求。其三,建立一支稳定的公共就业服务人才队伍,根据本地经济发展水平和涉及的工作量来统筹规划确定公共就业服务人才的需求,不断提高人才队伍的素质水平。其四,优化培训内容,提升培训层次。紧紧围绕本地产业的发展需要开展大量的培训,如针对宁波的临港产业、海洋经济、高新技术等产业开展相应的培训。

(三)构建差异性的公共就业服务模式

由于各个地区的经济发展水平不一,矛盾化凸显方式不同,因而要量体裁衣构建差异性的公共就业服务模式。其中吸纳公共机构以外的就业服务,在我国的部分城市和西方的一些国家已有探索的先例。因为政府、市场、非营利机制在实际运行中都有可能失灵,他们在提供公共就业服务过程中不能截然分开,而将三者有效组合有助于克服一方失灵,提高服务效果。具体而言,即公共就业服务的提供与生产职能可以分开由不同的主体承担。西方国家在公共就业服务的公私合作上有很多的成熟经验可供借鉴。我国的实践刚刚起步,尚不成熟,一些政府正在探索差异性的就业服务模式,如政府购买就业服务、提供培训券等,以满足不同地区、不同人群的需求。

(四)完善电子政务公共就业服务系统

忽视市场的政府是软弱无力的,忽视市场资源的就业服务更是事倍功半的。所以政府应该加强对信息的管理,包括信息的收集、整合、分析,此举有利于提高政府的公共就业服务能力。面对大量的数据,传统的收集方式自然难以奏效,更应积极拓展互联网的就业服务信息,建立多层次的立体服务网络。第一,建立公共就业服务信息管理与监测系统。有效的公共就业服务依赖于全面、及时、准确的就业信息监测,而就业信息监测依赖于以信息收集、加工、分析为核心内容的就业服务信息处理。第二,建立公共就业服务信息库。公共就业信息管理与检测系统的运行、公共就业服务平台的运作都要以信息库作为支撑。第三,建立免费的公共就业服务信息平台,即主要通过政府及公共就业服务机构的门户网站或自助服务系统提供自主与自助服务。

四、推进公共就业服务能力建设的相关制度保障

从根本上解决就业问题,就必须在顶层设计上加强公共就业服务体系建设,实现经济发展与扩大就业的良性互动。推进公共就业服务能力建设,其顶层设计需要从以下几个方面着手。

(一)完善公共就业服务的供给机制

萨瓦斯曾说:"政府的职责是掌舵而不是划桨,直接提供服务就是划桨,可政府并不擅长划桨。"①因而政府应该尽可能地将具体生产职能下放给事业单位或私人部门,让其划桨。当前我国基本公共服务供给机制是典型的单中心模式,各级政府在这种单中心模式中扮演了裁判员和运动员的双重角色,或者说扮演了掌舵者和划桨者的双重角色,从而导致该供给机制凸显出质量低下、回应缓慢、服务态度差等现实弊端。这种单一提供主体方式最终势必步入单中心供给方式,亦即政府部门直接生产基本的公共服务,成为划桨者和运动员。因此应该建立多中心的基本就业服务主体体系,并且采取多样化的服务提供方式,构建一种多中心的公共就业服务供给机制。

(二)夯实公共就业服务的联动机制

公共管理学所倡导的服务型政府,主要就是以公众服务的民众利益集中体现来兑现公共服务型社会治理理念及实施,其服务性质被强化,这主要强调政府的参与、协调和引导作用,并将公众服务置于其治理理念的核心,从而在日常管理中形成政府公务的民本实质回归。② 政府除了提供直接的公共就业服务信息之外,还应该注重帮助百姓解决其自身的工作就业问题。政府应积极借助政民对话机制,强化市场信息与公民需求的对话,推动三方的主体对话及联动的发展。这需要政府部门综合考虑民众的需求,树立自身的公共就业服务职能意识,明确定位,与此同时,结合市场的实际需求,建

① 转引自:奥斯本,盖布勒.改革政府——企业精神如何改革着公营部门.上海市政协编译组,东方编译所,译.上海:上海译文出版社,1996:1.

② 李传军.管理主义的终结——服务型政府兴起的历史与逻辑.北京:中国人民大学出版社,2007:305-319.

立兼顾三方利益的联动机制。

(三)建立公共就业服务的援助机制

充分认识到帮扶就业困难人群就业的重要性,政府应积极提供就业援助,努力破解就业难的命题。建立就业困难人群的信息库,为困难人员提供一对一的帮扶,落实促进就业困难人群的就业政策,专门针对这些人群提供就业指导、创业培训、结对帮扶、推荐就业、现场招聘等系统的就业援助,构建公共就业服务援助体系,权责明确,能够将任务层层分解,资金层层落实,提高工作效率,进而切实帮扶就业困难的群众。

(四)健全公共就业服务的监督机制

公共就业服务需要进行后方的强化,这具体表现在对于公共就业服务的评估与监督机制强化上。国务院在 2005 年的政府工作报告中就提出了建立科学的政府绩效评估体系的任务,政府公共人力资源服务绩效评估体系的建立和完善,同样也是提高政府效率的客观要求。具体做法为:其一,建立政府的公共就业服务绩效的评估平台,形成制度并以法规的形式进行评估。其二,除政府内部设立监督体制外,更应该设立独立的第三方监督机制,以及公众监督机制。其三,引入绩效评价的指标体系,促进其量化的程度,在求职者、空缺职位、匹配数量、匹配成本方面都有所体现。

(五)建立公共就业之失业预警制度

针对日益增长的失业人口,进行必要的检测是提升公共就业服务水平的必要补充。这种检测是广义的,即既包括传统意义上对就业市场的就业、失业和监测,也涵盖了基本公共就业服务过程中劳动力基本信息及特征的有机预测。政府应注重公共就业服务工作的前瞻性革新,从而建立一整套就业监测、预测体系,并进行全方位的监管服务。同时针对日益剧增的失业人口,建立动态且固定的失业监测上报机制,从而对应建立源自市场的、完整的公共就业服务信息机制,提高公共就业服务信息研判的准确性。

第九章　科技公共服务能力建设

　　提升科技公共服务能力是提升国家或地区创新能力,实现持续发展的根本。党的十八大提出了实施创新驱动发展战略,强调科技创新是提高社会生产力和综合国力的战略支撑,必须摆在国家发展全局的核心位置,应以全球视野谋划和推动创新。正当中国经济转型升级之际,提高科技公共服务能力,促进科技创新是实现这一飞跃的根本举措。宁波市作为东部沿海的发达城市,经过几十年的发展,经济、社会、文化等都达到了较高的水平。目前,宁波市经济社会发展正面临一个新的拐点:区域竞争日趋激烈,资源刚性约束日益增强,产业结构不尽合理。这些因素为宁波市创新驱动和转型发展带来了倒逼之势。宁波市必须迎难而上、抢抓机遇,积极回应经济社会发展对科技发展提出的新要求,深化科技体制改革,提升科技公共服务能力,集中力量推进科技创新,把科技创新创业作为经济社会发展的战略基点。

第一节　宁波市科技公共服务能力建设现状

一、推进技术创新市场导向的目标初步达成

　　近年来,宁波科技公共服务遵循深化国家科技体制改革的思路,将建立健全以企业为主体的技术创新体系作为改革突破口,着力引导企业成为技术创新决策、研发投入、科研组织、成果转化的主体,支持和引导创新要素向企业流动、集聚,以企业为主体、市场为导向、产学研相结合的技术创新体系

日渐完善。

（一）支撑企业创新的科技服务体系建设初见成效

科技创新服务体系包括创新人才和资金、创新平台和创新载体等要素，是服务于全社会科技进步与创新的基础支撑条件。一个健全成熟的创新服务体系能够有效地促进知识外溢，促进区域创新能力的提升。

科技公共服务加强了对创新人才的保障。产业转型升级可以等同于产业结构高级化，在产业由低级向高级转变过程中，一个十分重要的投入要素是人才。有了人才才有创新，才有进步。科技的竞争归根到底是人才的竞争，产业转型升级的成功与否归根到底也取决于人才的多寡。近年来，宁波市大力引进和培育各类高素质人才，成果显著。一方面，引进高级人才成效明显。以新材料科技城为例，2015 年成功引进新材料重点项目 43 个，引进国家、省"千人计划"和市"3315 计划"目标人才 63 名。越来越充足的人才供给，有力地支持着宁波科技创新能力的提升。另一方面，大力培育中高级人才。截至 2015 年年底，全市已培育科技创新团队 91 个（集聚科技人才 2500 余人），其中具有博、硕士学位的科技人才超过 2/3，中高级职称人才比例达到 3/4。

加快科技信贷风险池建设，为创新型企业提供资金保障。截至 2015 年年底，累计有 14 个科技信贷子风险池建成并投入运行，资本金规模达 6290 万元，2 家科技银行以无抵押、无担保方式对 7 家公司发放科技信贷资金，贷款金额累计 1150 万元。天使投资引导基金累计投资 106 个项目，引导基金协议投资 9436.28 万元，直接、间接撬动投资机构、投资人投资及其他社会资本投入 10060.81 亿元，引导基金的间接放大倍数达到 11.6 倍，培育出宁波搜布、浙江神灯生物科技、康铭泰克、宁波星宏智能技术等一批具有较大发展潜力的创新型初创企业。

宁波市积极加强创新平台建设，主要举措有：其一，以宁波石化经济技术开发区、宁波市大学科技园两家国家级园区为创新龙头，推动高端研发机构的集聚、科技创新企业的孵化、高新技术的产业化，创新驱动能力得到较快提升。其二，加快推进宁波新材料科技城建设。配合新材料科技城出台了《宁波新材料科技城中长期发展规划（2015—2030 年）》和《宁波新材料产业发展规划》等文件，全市最大规模众创空间在新材料科技城启用，新材料国际创新中心、新材料大学创新园、新材料国际创业社区启动规划建设，引进了宁波国际材料基因工程研究院、诺丁汉大学宁波新材料研究院。其三，谋划建设国际海洋生态科技城。着眼构筑港口经济圈和开放新优势,以梅山岛为核心区,打造创新资源最集中、创新要素最活跃、创新产出最密集的海洋经济发展核心示范区。宁波市科技局配合市发改委编制《宁波海洋国际生态科技城总体规划》,已谋划建设宁波海洋研究院、宁波海上丝绸之路研究院等科技创新平台。这些科技平台特色明显、功能效应逐步发挥,为企业技术需求提供直接保障,也为宁波市创新能力建设提供强大动力。

宁波市大力加强创新载体建设,主要措施有:第一,加大企业创新载体建设力度。截至 2015 年,全市累计培育市企业工程(技术)中心 1082 家、市企业研究院 78 家、市科技创新团队 101 个、省级企业研究院 34 家、省领军型创新创业团队 7 个。第二,加快引进共建创新载体。2015 年全年共引进共建创新载体 65 家,国家"千人计划"专家甘中学领衔的宁波市智能制造产业研究院、中爱(宁波)信息技术企业合作促进中心正式签约落户,为宁波市参与"中国制造 2025",布局下一代互联技术、机器人技术提供了强有力的科技支撑。第三,加快建设众创空间,鼓励支持高等院校、优势企业、重点开发区等依托现有条件及社会资源建设众创空间。2015 年,宁波市众创空间和创客服务中心合计已达 47 家,注册创客 5300 余人,创业导师数量 600 余人。扶持培育科技企业孵化器,新认定 2 家科技企业孵化器,全市已有市级科技企业孵化器 26 家(其中国家级有 8 家),孵化面积近 72 万平方米,在孵企业超过 1800 家。全面开展科技创新券推广应用工作,推进科技资源开放共享。

(二)企业对产业技术创新的主体地位正在形成

政府引导企业科技创新初见成效,近年来企业科技创新投入不断增加,企业创新的主体作用正在形成。以 2015 年为例,宁波市充分发挥财政科技投入的杠杆效应,企业研发投入进一步提高。全市规模以上工业科技活动经费支出 184.5 亿元,比 2014 年增长 6.6%;全市研究与开发(R&D)经费支出占 GDP 比重提高到 2.4%。

政府通过科技金融政策的创新,推动和支撑着高新技术企业快速发展。宁波市在"十二五"期间,主要科技指标大多实现了明显增长:2010 年至 2015 年,全社会 R&D 经费投入由 85 亿元增长到 192 亿元,占 GDP 比重由 1.6% 上升到 2.4%;累计培育国家高新技术企业数从 662 家增加到 1519 家;高新技术产业产值从 2702 亿元增长到 5383 亿元,占规模以上工业总产值的比例从 24.9% 上升到 37% 以上;发明专利申请量从 2859 件跃升到

16056 件,发明专利授权量从 1209 件提高到 5412 件,每万人有效发明专利拥有量从 4.1 件提高到 18.1 件。

政府通过实施"科技领航计划",培育了一批创新型企业梯队。通过实施智团创业计划,支持海外高层次人才携技术、项目来宁波创办创新型初创企业。加强创新型初创企业培育辅导,2015 年,全市创新型初创企业累计已达 6982 家,其中世游信息、五角阻尼等 2 家企业已经在"新三板"上市,多家企业正在准备上市;累计培育高新技术企业 1519 家,2015 年宁波有 23 家企业入选"2015 年浙江省技术创新能力百强企业"。

2015 年,全市研发经费投入的 90% 出自企业。近年来全市所获得的国家科学技术奖、浙江省科技进步奖中 80% 以上源自企业,80% 以上的国家科技计划项目由企业为主承担,全市 60% 以上的专利申请和授权来自企业,新引进人才 80% 以上流向企业,企业技术创新主体地位进一步显现,企业对产业技术创新的作用越来越大。

(三)产学研用协同创新机制不断健全

为改变本地科研院所实力薄弱、传统科研院所重研发、轻转化的局面,宁波积极探索科研机构新型运行机制、科研管理和评价激励机制,推进新型研发组织建设,相继建成了中国科学院宁波工业技术研究院(中科院宁波材料所二期)、中国工程物理研究院宁波分院等一批新型研发机构,有效激活了科研机构的创新活力和动力。

在建设目标和定位上瞄准产业应用,聚焦战略性新兴产业的应用性研发,如中科院宁波材料所二期重点开展固体氧化物燃料电池、碳纤维复合材料、锂离子动力电池等领域的研究,突出成果应用性,在机构布局上与产业紧密结合。在建设运行方面采取市、县政府联动与企业合作共建措施,力促科技成果产业化。中科院宁波材料所二期及三期均采用政府投资与企业融资相结合的方式,引入民间资本参与科研院所的建设,搭建形成以政府为主导、以研究机构为主体、企业和高校参与的政产学研大联合机制。中物院宁波分院采用政产研资模式,摸索形成"面向市场+企业参与+产业化推进"的可持续项目开发机制。此外,在科技成果评价、用人机制方面形成面向技术发明、产业发展的评价机制,通过理事制,探索形成激励创新人才发展的良好机制。

在科技计划项目的立项评审中,进一步强化研发成果的应用性、产出效益和效率,强化企业作为产学研主体的地位。对于应用类科研项目,更是将其研究成果的转化和经济效益作为评价的主要指标之一。2015 年,全市财政经费资助的科技计划项目中,有明确的产业化目标导向要求的占 70% 以上,企业为主体承担的也达 70% 以上。在科技奖励评审中,突出科技成果的创新导向和应用效益。重点奖励与区域发展紧密相关、产业效益突出的科技成果,规定科技奖励项目中应用性、产目比例不低于 60%;并将科技成果转化过程中产生的经济效益和社会效益作为评奖的重要评价指标。对基础理论研究,同样强调"研究成果应用后取得明显的经济效益或社会效益,对经济建设和社会发展具有重大价值"。以 2016 年宁波市科技进步奖为例,获得科技进步奖的 80 个项目主要集中在电子信息、节能环保、新材料、林特业、汽车零部件制造等产业领域,累计共获得授权发明专利 215 件。其中,技术开发、技术发明类项目,2014—2014 年平均每个项目实现年均新增销售额 9000 余万元、新增利润 1100 余万元、新增税收 720 余万元,表明宁波市科技与产业融合发展成效显著,科技进步对经济社会发展的贡献水平逐渐提升。

二、人才评价、激励和服务功能不断加强

(一)科技人员的科学评价体系正在形成

科技人员的评价体系是技术创新体系的重要组成部分。宁波市一直重视科技人员的评价体系建设,正在建立和完善以发明专利、成果成熟度、市场需求量和产业化前景为主的技术创新成果评价体系,将知识产权的获得作为一项重要的考核指标,并区别不同评价对象,明确各类评价目标,完善各类评价体系,加强事前和事中评审,以此对研究项目进行恰当的管理,保证国家资金最大限度地用在最合适的项目上,从而推进科技成果转化。

此外,在全市科研机构建立健全科研管理制度,完善院所长负责制,全面推行聘用制;在建立合理的薪酬制度基础上,建立对科技人员的激励和评价机制,在一定程度上实现了合理、科学的人才评估,较好地推动了科研人才的积极性与主动性;以职业能力为导向,以工作业绩为重点,注重职业道德和职业知识水平,建立和形成科学的人才评价体系。

(二)以能力和贡献为导向的激励机制正在建立

科技管理部门积极探索以高层次人才为重点的人才资本及科研成果有偿转移制,促进技术要素参与收益分配,构筑人尽其才的全面激励的政策体系。同时,以构筑现代产业集群为契机,积极搭建人才发展平台,鼓励企业与高校之间创新合作模式,以工程硕士教育、委托培养等方式共同培养和使

用适合产业发展的急需人才,形成符合企业需求的多层次、多形式、开放性的培养体系。

(三)科技人才公共服务力度不断加大

政府在子女就学、家属就业、住房保障、就医等方面建立了相对完善的人才服务体系,建立了各级领导联系重点人才制度。以镇海区为例,该区创新建立了以信息化、专职化、协同化、可持续为特点的镇海区高层次人才服务联盟,通过集聚各政府职能部门、群团与行业组织的人才服务资源,重点解决人才落地、项目注册、运营发展过程中的服务问题,致力于打造涉及项目发展、人才保障的全过程服务链,为科技人才提供全方位服务。

三、促进科技成果转化的能力有所提高

(一)推进科技成果使用、处置和收益管理改革

宁波科技公共服务重视科技成果的产权保护,努力提升专利综合实力。近年来,一是实施发明专利增量提质服务工程,对企业发明创造、重大产业化项目、专利分析布局、专利质押保险等方面实行专利资助和扶持,组织专家深入企业"一对一"重点帮扶,开展知识产权综合服务平台的推广工作。二是推进专利管理运用,已建成全国首创的企业知识产权标准化管理服务平台,截至2015年,全市已有68家企业通过《企业知识产权管理规范》认证;成立了国内首个模具产业知识产权创新基地,并有4项专利获中国专利奖优秀奖。三是推进知识产权保护与宣传,加强执法队伍建设,设立专利行政执法处,与市中级人民法院合作开展专利案件诉调对接,设立知识产权巡回法庭;开展2015年打击假冒专利行为专项行动,通过市与县(市)区联动,重点查处食品、药品、小家电、日用品等产品领域出现的假冒专利行为。

积极搭建科技成果竞价拍卖、一站式科技大市场等平台,完善技术市场服务体系,创新技术转移与交易服务模式,促进创新要素的快速转移与成果转化,为破解科技成果转移转化难题探索新路。主要措施有:第一,拓展科技合作活动渠道。2015年,成功举办了"2015上海·宁波周"、高交会、新材料论坛等品牌科技活动。继续探索技术成果交易新机制,2015年省科技成果拍卖会上,宁波26项科技成果拍出7446万元,成果加价幅度超过40%;首次探索开展企业技术难题竞标,以企业出题、院校竞标的方式促成科技成果转化。第二,加快技术交易市场建设。按照展示、服务、共享、交易、合作的功能设定,加快科技大市场建设。建设宁波市科技云服务平台,实现线上交易、支付、担保等全线联网服务。2015年,知识产权转化交易平台(天一生

水网)汇聚了各类知识产权 2000 多项,建成了专利运营信息数据库,累计实现专利交易 8 笔(交易额 200 多万元)、知识产权质押融资 11 笔(贷款额逾5000 万元)。

(二)技术转移机制初步形成,科技成果产业化初见成效

通过上述科技成果转化平台的搭建,初步形成了技术转移机制,技术转移和交易服务初见成效,科技成果的产业化已具雏形。

2015 年,宁波市科技局共征集 23 项科技成果,13 项科技成果参与竞拍,总起拍价为 1604 万元。其中,8 项为市内高校院所的科技成果,3 项为市内企业的科技成果,2 项为市外高校院所的科技成果。拍卖的成果涉及生命健康、新材料、电子信息、机械制造、农产品加工等领域,13 项科技成果顺利拍出,无一流拍,总成交价达 2200 万元,总溢价达 37.2%。浙江大学宁波理工学院的"动力传动噪声振动测试系统""磁控溅射高阻隔膜""南方红豆杉中制备型分离银杏素工艺方案与中试产品",经过激烈竞拍,最终分别以310 万元、180 万元、100 万元,总成交价 590 万元的价格成功拍出;西安电子科技大学宁波信息技术研究院的"基于信息安全技术的无线通信保密管控系统",以 100 万元成交;摩米创新工场的"全自动白带分析仪"以 200 万元拍卖成交,成果拍卖数及单项成果成交价再次居宁波专场最高。

2015 年,全市共输出技术 1460 项,比上年增加 55 项。输出技术合同成交金额为 21.60 亿元,比上年增加 13.80 亿元;其中技术交易额为 21.23 亿元,比上年增加 13.58 亿元。单项输出技术合同成交额与上年相比增加幅度较大,成交金额为 147.96 万元。2015 年,全市共吸纳全国各地的技术2432 项,比上年减少 102 项,降幅为 4.0%;吸纳技术成交金额 36.95 亿元,比上年增长 18.02 亿元,增幅达 95.2%。单项吸纳技术成交金额已由上年的 75 万元增长到 151.9 万元。其中吸纳市外技术 1394 项,技术合同成交总金额为 25.94 亿元,分别占吸纳全国各地技术总数及合同成交总额的57.3%和 70.2%。

四、科技与金融相结合的机制不断健全

(一)科技金融政策体系初步建成

科技金融是科技工作融入经济工作、支撑引领经济发展转型的重要抓手。近年来,宁波市市本级、县(区)、市)两级都非常重视科技金融,通过先行先试,大胆探索和实践。全市已经形成了涵盖从技术研发、中试、成果转移、孵化到产业化的全过程,涉及技术研发、创新平台、创业孵化、企业融资等各

个方面体系完善、针对性和可操作性较强的政策体系。如《中共宁波市委关于强化创新驱动加快经济转型发展的决定》中明确指出,每年统筹安排 20 亿元产业发展专项资金,用于扶持战略性新兴产业发展;《宁波市人民政府关于实施科技领航计划加快推进创新型企业发展的意见》中明确指出,对创新型研发机构予以扶持,对企业创新团队建设予以资助,对各级孵化器予以补助等。此外,市政府还针对天使投资、成果转化、股权投资、科技信贷、专利权质押等专业领域,制定相应的政策措施。这些科技金融服务政策促使科技与金融结合的机制不断健全。

(二)金融对科技的支撑力度越来越大

宁波市本级设立了总额 5 亿元的全国首个政府性天使引导基金和总额 10 亿元的创业投资引导基金。2014—2015 年,天使投资引导基金已经带动社会资本 5 亿元,放大比例超过 1∶10。积极组织实施智团创业计划,截至 2015 年,累计立项支持 174 个,提供创业资金超过 5500 万元。11 个县(市)区中近半数已设立了天使或创业投资引导基金,总额约 6.6 亿元。同时,全市各大金融机构也加大支持力度。以中国银行宁波科技支行、杭州银行宁波科技支行两家科技银行为例,截至 2015 年,两家银行科技金融的授信余额超过 250 亿元,先后为 300 余家科技型企业提供科技信贷,累计发放贷款超过 36 亿元,有力支撑了宁波市中小微企业发展壮大。

在科技金融的有力支撑下,宁波市创新型企业得以快速发展。2015 年,全市已培育创新型初创企业近 5200 家、科技型企业 950 家、高新技术企业近 1400 家,为宁波市产业转型升级提供了重要的动力和活力。其中达新半导体、星博生物、立芯射频等一批企业在天使投资的支持下,得以跨入 2014 年浙江省领军型创新创业团队(全省 14 家,宁波 4 家)。

(三)科技金融内涵外延日趋拓展

科技金融已经从单纯的项目贷款,发展到覆盖创业投资、银行信贷、科技信贷风险补偿等多个领域。其中创业投资方面,2015 年宁波市天使基金和创投引导基金已经累计投资近 30 亿元,其中绝大部分都投向高新技术企业和新兴产业,支持了一大批科技成果实现产业化;银行信贷方面,全市已经成立了两家科技银行,一些银行则设立了科技金融部,推出了知识产权质押融资等一批新型科技信贷业务,进一步加大了对创新型企业的金融支持力度;科技信贷风险补偿方面,鄞州区、高新区等地率先设立了科技信贷风险池,为创新性初创企业提供科技信贷支持。

五、统筹协调的科技创新治理能力正在发展

(一)科技管理正向科技创新治理理念转变

科技公共服务逐步从科技管理向科技创新治理的理念转变,从而导致科技管理体制机制发生了相应变化,即从关注微观项目向关注宏观管理转变,从注重科技计划的实施向注重科技规划及政策制定、统筹协调、公共科技产品提供和环境营造转变,从注重单项政策的实施向注重运用综合性政策效应转变。科技创新治理理念促进了统筹协调的科技创新治理能力的发展。

(二)科技决策的科学化水平有所提高

为避免出现重大的科技决策失误,宁波市建立了完善的专家咨询论证制度,初步建成涵盖技术专家、创新管理专家、财务审计专家、市场营销专家等的动态咨询专家库。同时,建立专家咨询程序,确保过程公平公正,通过不定期召开会议等方式,商讨宁波市科技发展重点,为突破科技发展瓶颈,推进全市科技进步;进一步明确专家咨询在重大决策中的地位,对单项投资达上千万元的重大科技计划项目要事先提交专家咨询小组进行决策咨询论证,并将专家咨询的结论性意见作为科技决策的最重要依据,杜绝咨询走形式,保障咨询意见真正发挥作用。

在宏观决策方面,还着力加强统计监测和分析研究,开发了高新技术企业监测预警平台、科技计划管理系统等基础数据平台,通过建立季报统计、企业科技台账和实行网上直报等制度,定期监测科技创新主体的运行情况,有效提高科技创新管理决策能力。

(三)政绩考核机制对创新驱动导向较为明显

宁波市各级政府及相关部门创新科技评价体系,改进科技活动、科技创新和科技项目的考核评价体系,正在建立一整套区域科技体制机制创新能力的评价办法、评价指标、评价原则。

六、激励创新的社会氛围不断改善

(一)知识产权维权服务意识持续增强

宁波市各级政府都很重视知识产权保护,提供知识产权维权服务,知识产权维权援助机制持续强化。中国(宁波)知识产权维权援助中心与市中级人民法院知识产权审判庭、市知识产权局、市工商局、市公安局等部门建立了跨部门知识产权举报投诉案件转交机制,完善知识产权案件的纠纷调处

机制和维权援助体系,健全知识产权维权援助网络。宁波启动"知识产权公益大讲堂",帮助企业提高知识产权竞争力和管理水平。2014 年中国(宁波)知识产权维权援助中心考核排名居全国第三位。

民众的知识产权意识也不断增强。2015 年,12330 中国(宁波)知识产权维权援助中心共接听有效咨询电话 1200 余次(是上年的 1.3 倍),接待上门来访 120 余次;受理知识产权举报投诉和维权援助案件 102 起,其中跨地区协作办理案件 6 起,出具维权援助意见书 50 余份;中心将各类案件及时处理并转交给市各相关部门,跟踪后续进展,帮助企业维护自身利益。

宁波各市、县、区联动形成执法合力,开展打击假冒专利行为专项行动,针对食品、药品、小家电、日用品等产品领域,重点查处在商场、超市、互联网等流通领域中出现的假冒专利行为,并依法对假冒专利行为处以罚款、责令整改等行政处罚,及时查处打击各种假冒专利违法行为,维护良好的知识产权保护环境。2015 年出动执法人员 38 人次,检查商品 10000 余种。

知识产权的维权服务保护了民众的创新积极性,净化了科技创新的社会氛围,在一定程度上支撑着产业的转型升级。

(二)创新驱动战略正在持续推进

党的十八大提出了创新驱动发展的国家战略,此后,党和国家领导人多次在不同场合强调要突出创新发展,推动大众创新、万众创业。国家创新驱动发展战略已成为全社会的共识,其深入实施必是大众所望、大势所趋。创新驱动发展,最根本的是增强自主创新能力,最紧迫的是破除体制机制障碍。[①] 宁波市各级政府积极对接国家创新驱动发展战略。例如,镇海区早在 2013 年就提出了强化企业自主创新地位、加快发展高新技术产业、深化产学研合作和积极配合筹划宁波新材料科技城建设等四大举措。"十三五"期间,宁波市各级政府关于国家创新驱动战略的部署将进一步展开。这是宁波市科技公共服务能力建设的有利天时。

第二节 宁波市科技公共服务能力建设中存在的问题

宁波市科技公共服务能力建设虽已取得较好成效,科技公共服务对经

---

① 黄林莉."科改"大幕重启.中国经济和信息化,2012(11):22-23.

济社会发展的贡献度不断提升,但制约科技公共服务能力发展的体制机制问题仍然突出,科技公共服务的现有水平和能力还不能满足经济社会对科技创新的需要。

一、推进企业创新能力提升的空间仍然很大

在市场经济条件下,创新的主体是企业,企业最具创新活力。一个地区产业结构要想转型升级,必须建立在企业的创新之上。科技公共服务的落脚点,应是企业创新能力的提升。宁波市各级政府和相关部门虽在提高企业的创新主体地位方面有一些成效,以企业为主体的技术创新体系已初步形成,但企业高水平创新能力仍然不强,能发挥支撑作用的骨干企业和知名品牌较少。科技创新产出能力不强,高新技术产品不多。企业科技创新能力总体水平仍然不高,多数企业还停留在创新链的中低端位置,具有辐射能力的科技金融、研发设计、技术转移、创意营销等环节发展仍旧滞后。企业创新能力建设的推进亟待从量的扩张向质的提升转变。

二、促进产学研结合的沟通合作机制尚待完善

当前,宁波产学研结合程度还不高,科研与产业没有形成良性互动。在科研体制层面,表现为科技人员服务产业的创新动力机制不完善,研发成果与市场的结合度差,一般实验室里出来的成果最多只进行到小试阶段,在这一阶段技术虽然比较成熟,但能否进行产业化大批量生产还是一个未知数,造成转化困难。在产业层面,一是企业作为创新主体的能力不够。多数企业对科技成果潜在价值的认识能力不足,不敢承接重大创新成果。二是企业方与科研方之间存在观念上的差异。对技术的关注点不同,高校、科研机构往往只关注技术的先进性,忽视市场需求,成果本身离商业化应用有较大差距,而企业需要的创新成果则是工程化的成熟技术。三是企业方与科研方之间存在信息差,对接机制不完善。

三、引导社会资金支持创新的投融资机制不完善

要做到创新,必须做到人、财、物的有机结合。而在市场经济配置资源的前提下,财力的投入才是最根本的,即科技创新必须有雄厚的资金支持。宁波市各级政府非常明白这一点,尽最大可能提高科研经费的投入,但由于自身特点的限制,总体来看科技投入总量不足。科技投入只靠政府和企业是远远不够的,必须健全引导社会资金支持创新的投融资机制。

尽管宁波市科技金融工作不断创新,但从现实来看,多元化的投融资体系仍未有效建立,财政资金的杠杆效应难以有效发挥,与实现创新驱动转型

发展的要求还有一定距离。主要问题体现在：一是融资体系对前端和早期科技企业发展支持力度不够，天使投资尚处于起步阶段，科技企业融资担保机制不畅、效率不高，制约了科技型中小企业成长。二是科技创新风险、投入高，且由于科技风险评估机构缺失，风险投资补偿回报机制尚未建立，在一定程度上降低了民间资本主动参与的意愿。三是科技金融创新力度不够，缺乏整体性的制度创新。目前从整体上来看，虽然金融部门对技术创新项目有一定支持，但支持力度很不够，科技信贷投入就更少。

四、科技人才的服务保障和激励评价机制不完善

科技创新需要有大量人才的支撑，尤其是高端的创新型人才。近年来，宁波市每年引进各类专业人才数量从绝对数量上讲并不少，但从事生产、科研第一线的高层次专业人才短缺，尤其是缺乏具有研制开发能力的创新型、复合型人才，以及学术学科带头人员。此外，现有的科技创新人才队伍也不稳定，每年都存在"进多，出多，留少"现象，即大批引进，又大量离去的问题。这种状况形成的主要原因在于科技人才的服务保障和激励评价机制还不完善。

首先，政府对创新型人才的引进标准和保障措施还有不足之处。一方面，甄别创新型人才的切实可行的标准尚未制定，难以准确界定这类人才。政府和企业对人才的要求评价标准不一，政府侧重于对人才学历、职称等方面的考核，对人才实际能力考核不够。企业更加注重人才的实际能力，对学历职称要求则较低。如何统一人才引进标准是当前急需解决的问题。另一方面，对这类高层次人才的激励机制，如对融资、海外人才的居留权制度、海外人才子女教育等方面尚处在探索阶段。

其次，对科技人才的激励性评价体系还不完善。科技人才是创新发展的根本。宁波市对科技人才的激励评价机制尚不健全：第一，企业靠"事业"留人的机制没有建立，股权、期权激励等在大部分企业中难以真正落实到位；企业薪酬结构不合理，倾向于选择工资、奖金等物质奖励方式来激励员工，短期激励方式仍为企业首选的奖励方式，长期激励仍未得到重视；基于创新能力提高和创新成果转化的人才激励引导机制还没有形成。第二，高校人才评价体系导向失偏，高校人才评价机制仍侧重课题经费数、论文数、专利数、获奖成果数的考核，对成果转化的经济效益、社会效益体现不够，使得科技评价导向与市场需求导向错轨甚至脱轨，项目制的考核使科研变成了短期和利益驱动的任务。

最后,科技绩效评估制度体系的设计不完善。目前,宁波企业业绩评估才刚起步,且现有的评价体系普遍存在设计不合理、量化指标偏重短期指标等缺陷。同时,许多企业绩效评价操作规范性有待进一步加强,工资、奖金随意性较大,奖酬措施与绩效相关度较低,一定程度上打击了人才积极性;科技评价指标不够科学,对基础研究、应用基础研究的评价过分强调考评文章、专著和获奖的数量,对时间跨度较长的重大科技计划,缺乏对产业和科技发展动态的关注与把握,缺少对目标的动态评价和调整机制。

五、统筹协调的创新治理能力并未完全形成

政府科技政策体系是促进创新发展的重要动力,没有一个良好的科技政策环境在很大程度上会影响一个地区的科技创新能力。宁波市、县(区、市)近年来出台了一系列扶持政策,包括鼓励企业自主创新政策、高端人才保障政策和知识产权保护政策等,但这些政策扶持重点在特色产业和项目引进方面。目前,对科技型企业及其培育的扶持政策较少,即使在重点扶持的科技项目引进方面,也存在引进数量多,但规模偏小、品质不高等问题。在推动科技创新方面,宁波各级政府还需要制定包括鼓励中小企业技术创新、促进产业转型升级、规范科研创新经费使用、推动技术标准实施、保障领军人才队伍建设和鼓励风险投资建设等各个方面的配套政策。

宏观科技决策机制也有待进一步加强。目前,宏观科技决策机制和组织结构还不合理。这造成体制分割,有限的科技资源难以实现优化配置,科技资源短缺与闲置浪费并存,资源利用和投入产出效率不高。目前,除科技局外,发改委、经信委、教育、科协、卫生、农业、人社等市级相关部门均拥有财政科技经费,设有相对独立的科技计划。由于部门之间在科技决策上协调不够,造成许多领域重复投入、分散投入,难以在整体目标上形成一致和分工合作,削弱了科技组织动员能力和协同集成能力,在一些战略方向性和关键共性领域,往往不能集中资金和研究力量实施重点突破,部门统筹推进科技创新的合力并未完全形成。此外,各县(市)区之间的协调发展机制没有建立,以体制机制创新有效整合创新资源和空间资源、构筑良性互动多方共赢的局面还没有形成。

第三节 宁波市提升科技公共服务能力建设的政策措施

宁波市处于经济社会发展的转型期,依靠资源消耗的外延式增长模式

已难以为继,必须走创新能力为驱动的可持续发展道路。宁波市科技公共服务应适应科技创新需求的新常态,自觉引领科技创新的发展,根据自身的不足,充分利用有利条件,借鉴国内外成功经验,提升自身能力。

一、建立技术创新市场导向机制

(一)建立企业主导的产业技术创新机制,激发企业创新内生动力

健全科技创新政策,明确政策导向,引领科技创新。要强化以企业为主体的研发和技术创新等领域为重点的政策导向作用,市场导向明确的科技项目由企业牵头,政府引导,联合高等学校和科研院所实施。政府应更多运用财政后补助、间接投入等方式,支持企业自主决策、先行投入,开展重大产业关键共性技术、装备和标准的研发攻关。

强化政策保障和支撑力度,多渠道引导各类资本投入新型研发机构,鼓励和支持龙头企业加快建设企业技术研究院。加强对需求端的政策设计,通过政府采购、直接补贴、税收优惠、价格优惠等需求信号来引导企业的创新活动和生产活动,为创新创造市场。

健全国有企业技术创新经营业绩考核制度,加大技术创新在国有企业经营业绩考核中的比重。对国有企业研发投入和产出进行分类考核,形成鼓励创新、宽容失败的考核机制。完善中央企业负责人经营业绩考核暂行办法。

(二)加强科技创新服务体系建设,完善对中小微企业创新的支持方式

加快政府管理职能转换。加快完善促进企业创新的行政审批制度,全面落实国家普惠税制政策,研究、探索、鼓励、促进研究开发、科技成果转化及高新技术产业发展的便利化措施。完善科技计划绩效分类评价办法,逐步建立以绩效为导向的财政支持制度。调整不适应新兴业态特点的市场准入要求,建立创新产品与服务远期约定政府购买制度。

改革创新资源配置方式,建立市场需求为主导的企业技术创新、产业技术创新、服务体系建设、科技人才、科技金融等五大专项。加大重大科技项目支持力度,对承担市级关键核心技术攻关项目的单位,予以充足的研发费支持;对企业承担国家重大专项、国家科技计划(专项)项目,按照一定比例给予研发费配套支持(国家和省有规定的,按规定执行)。完善财政科技资金股权投资、贷款贴息、风险补偿等市场化手段支持技术创新的机制,提高财政资金的使用效率和整合力度,提高科技资源的投入产出效率。

完善中小企业创新服务体系,支持现有平台资源整合和功能提升;积极

推进研究开发、技术转移、检验检测认证、创业孵化、知识产权、科技咨询、科技金融、标准协作等科技公共服务平台建设发展,对新获批的国家级公共服务平台,可参照苏州的标准,给予最高 200 万元支持。

成立小微企业创新园。政府要发挥小微企业在科技创新领域的支柱作用,给予小微企业更加优惠的政策,扶持一部分有发展潜力的小微企业,让其带动其他小微企业的发展。

（三）健全产学研用协同创新机制,强化创新链和产业链有机衔接

加强企业创新能力建设,促进产学研深度合作的投资。以实施"科技领航计划"为抓手,加强企业创新能力建设。引导企业建设高水平的研究院、工程(技术)研究中心和重点(工程)实验室等研发载体。引导大中型企业加快建设企业研发机构,增强全球资源的配置能力。引导中小微企业与高校、科研院所,甚至其他企业开展产学研合作,构建开放的科研系统。支持企业引进高层次技术人才和创新管理人才,提升研发能力和管理水平。推进创新主体间的联合,鼓励、支持高校、科研机构围绕区域产业创新重大需求,与企业联合建立研发中心,搭建多层次的产学研合作平台,促进科研机构与产业全面合作。鼓励支持科研院所和高校与企业联合技术攻关,协同推进产学研用合作,提升产业共享技术研发服务的能力和水平。完善产学研合作科技成果共享、转移、扩散机制,增强高校和科研院所对产业创新的支撑能力。

建立面向产业需求导向的科技资源配置机制,结合全市产业技术发展目标编制创新地图,明确各产业链重点研发的领域和技术需求,围绕产业链部署创新链,加速科技资源向企业集聚,强化科技投资项目的产业化导向。加强中国科学院宁波工业技术研究院、北方材料科学工程研究院等重大研究院所和创新载体的跟踪和服务,积极创造条件推动创新载体与宁波相关产业、企业实现有效对接。

制定具体管理办法,允许符合条件的高等学校和科研院所科研人员经所在单位批准,带着科研项目和成果、保留基本待遇到企业开展创新工作或创办企业。开展高等学校和科研院所设立流动岗位吸引企业人才兼职的试点工作,允许高等学校和科研院所设立一定比例的流动岗位,吸引有创新实践经验的企业家和企业科技人才兼职。试点将企业任职经历作为高等学校新聘工程类教师的必要条件。

改进科研人员薪酬和岗位管理制度,破除人才流动的体制机制障碍,促

进科研人员在事业单位与企业间合理流动。加快社会保障制度改革,完善科研人员在事业单位与企业之间流动社保关系转移接续政策。

二、完善人才培养、评价和激励机制

创新驱动实质上是人才驱动。改革和完善人才发展机制,加大创新型人才培养力度,对从事不同创新活动的科技人员实行分类评价,制定和落实鼓励创新创造的激励政策,鼓励科研人员持续研究和长期积累,充分调动和激发人才的积极性和创造性。

（一）探索科技人才培养使用的新办法,完善人才引进的标准

探索高层次人才、急需紧缺人才职称直聘办法。对国外引进的高级人才进行职称直聘,为他们开辟一条凭专业能力快速晋升的绿色通道。营造人人皆可成才的良好氛围,畅通非公有制经济组织和社会组织人才的申报职称评审渠道。调动全社会人才的积极性和创造性。人才流动是人才充分发挥作用的前提条件,要畅通人才流动渠道,破除户籍、地域、身份、学历、人事关系等制约人才流动的障碍因素。建立高层次、急需紧缺人才优先落户制度;加快人事档案管理服务信息化建设,完善社会保险关系转移接续办法,为人才跨地区、跨行业、跨体制流动提供便利条件。

消除政府与企业在人才引进标准上的差异,减少政府对人才流动和配置的微观操作,将工作重心逐渐转移到政策的制定、服务的支持、人才市场的建立等宏观层面。发挥企业的主导作用,形成具有市场化运行规则的高效的人才引进体系,从制度上解决政府与企业人才评价标准不一致问题。

（二）实行科技人员分类评价,建立以能力和贡献为导向的评价机制

推进高校和科研院所面向区域经济社会发展的考核评价体系建设,加强以应用和产业化为导向的评价考核,逐步引导高校在现有评价体系中增加专利、技术转让、成果产业化等职称评定要素的比重,将产学研合作情况作为评价高校和科研院所科技工作成绩的重要依据,作为项目立项和验收的重要评价标准,引导高校和科研院所将科技创新的指导思想从"以出成果为目的"转变为"以解决问题为目的"。推进高校科研考核激励机制分类改革。对于高校教师分类、分工,进行分类改革,比如按照教学型教师、研究型教师、教学科研综合型教师进行分类,其工作职责和方向各有侧重。对研究型的教师也应以从事基础研究和应用研究的不同而进行不同标准的考核。同时,对不同类型学科,建立不同类型的评价体系,相应设立不同的评价指标。

引入多元化评价机制。建立政府与企业共同负责的人才综合评价机制,引入社会风险投资、相关行业专家等评价主体,对引进的人才进行多元化评估,从学历、技能各个方面全面考核,消除评价差异。强化人才评价反馈调控机制,持续优化人才评价标准和方法。

（三）健全鼓励创新的分配机制,完善高端人才的激励保障体系

只有充分保障人才的知识成果产生相应的效益,才能更好地激发人才潜能,促进人才发展;良好的激励保障机制是吸引人才、留住人才、激发人才创造力的重要手段。坚持精神激励与物质激励相结合,按劳分配与按人力资本要素分配并重,短期收益与中长期收益相结合,不断调整、改进企业高层次人才激励方式。要将股权、期权激励作为一种长期激励手段,让科研人员能够合理分享创新财富;但也要防止国有资产流失造成的国有企事业单位空心化等问题,对不适宜实行股权、期权激励的,采取其他激励措施。

进一步深化分配体制改革,实行政府奖励为导向、社会力量奖励和用人单位奖励为主体的高层次人才奖励制度,设立"杰出人才奖",重点奖励在高新技术研发、创新成果产业化、城市建设和管理、教育卫生文化等领域中做出突出贡献的人才。探索建立知识、项目、技术、管理、技能等人力资本要素参与分配的薪酬激励体系。健全企业高层次人才职业年金制度,在年金权益分配上向优秀人才倾斜,增强对企业的归属感。

探索建立人才特区模式。在高层次人才集中的关键领域,允许探索人才特区模式,建立高层次人才薪酬与企业生产经营的经济效益、资产的保值增值和经营风险相关联的激励机制。改革高层次人才薪酬制度,推进年薪制、协议工资制、期权期股等薪酬管理办法,建立特殊薪酬待遇制度。促进高层次人才薪酬激励水平与国际市场接轨,增强这些关键领域吸纳海外高层次人才的市场竞争能力。设立高层次人才奖励基金和人才发展基金,奖励在推进战略性新兴产业发展中创造较大经济或社会效益的高层次人才,重点支持战略性新兴产业人才的引进与培养。

完善人才创业的投资机制。制定优惠政策,积极发展"人才创业＋民营资本"模式,贯彻落实知识产权、技术成果作为资本入股的创业保障措施。鼓励风险投资、私募基金等创业融资新模式,探索创业退出机制,加快科技成果转化和技术转移。完善海外人才、留学生创业扶持政策,发挥创业启动资金扶持、办公用房租金补助、税收优惠、财政贴息、租房补贴等的杠杆效应。

三、健全促进科技成果转化的机制

科技公共服务要致力于将科技成果转化为生产力，提高科技成果的转化能力。为此，必须完善科技成果使用、处置和收益管理制度，加大对科研人员转化科研成果的激励力度，构建服务支撑体系，打通成果转化通道，通过成果应用体现创新价值，通过成果转化创造财富。

（一）构建科技成果转化服务支撑体系

完善科技市场建设，强化专业化的特色服务。一是建立 B2B 的第三方交易平台，强化技术交易的信用体系建设；二是提供专业化的特色服务，强化特色服务，树立品牌优势，强化核心服务内容；三是培育科技服务的示范企业，推广优质服务。全面建成集展示、服务、共享、交易、合作等功能于一体的宁波科技大市场，鼓励县（市）区根据区域产业特色，建设一批重点产业领域的专业技术市场，加快推进科技成果落地转化。

成立市级科研服务中心，整合区域内科研资源。要利用区域内高等学校和科研院所的资源优势，努力打造一流的政产学研用合作促进平台、科技资源统筹转化中心和科技创新综合服务基地，加强高等学校和科研院所的知识产权管理，完善技术转移工作体系，制定具体措施，推动建立专业化的机构和职业化的人才队伍，强化知识产权申请、运营权责。

（二）完善科技成果的产权归属与利益分享机制

下放科技成果使用、处置和收益权。将财政资金支持的科技项目所形成的知识产权，不涉及国防、国家安全、国家利益、重大社会公共利益的科技成果使用、处置和收益权，下放给项目承担单位。强化科技成果以许可方式对外扩散，鼓励以转让、作价入股等方式加强技术转移，促进科技资源商品化和科技成果产业化。

（三）完善技术转移机制，加速科技成果产业化

探索支持创新产品产业化的补贴机制，打通研发产品投放市场的通道。针对科技产品定价难的技术交易难题，创新科技产品进入市场的机制。探索政府对购买方的补贴机制，鼓励企业和社会力量积极购买高校和科研机构的科技成果。经科技成果转化平台认定备案的成果项目，对承接成果转化的企业和社会力量，最高按照技术合同交易额的 10％，给予每年最高 50 万元的资助；大力引进国内外重大科技创新成果，对重大创新成果转化项目，最高按技术合同交易额的 25％，给予最高 500 万元的资助。

制定支持本市创新产品产业化的补贴政策,对本市创新产品输出方按出售价格的一定比例进行奖励。以技术转让或者许可方式转化职务科技成果的,从技术转让或者许可所取得的净收入中提取不低于 50% 的比例用于奖励;以科技成果作价投资实施转化的,从作价投资取得的股份或者出资比例中提取不低于 50% 的比例用于奖励;在研究开发和科技成果转化中做出主要贡献的人员,获得奖励的份额不低于奖励总额的 50%。科研机构、高等院校转化职务科技成果以股份或出资比例等股权形式给予科技人员个人奖励时,经主管税务机关审核后,可暂不征收个人所得税。

支持和发展技术经纪人、技术经纪机构。对技术经纪人、技术经纪机构促成的科技成果转化项目给予资助。对符合条件从事技术转让、技术开发业务和与之相关的技术咨询、技术服务业务取得的收入,在一个纳税年度内,居民企业技术转让所得免征或减半征收企业所得税。

四、强化金融对科技创新服务的支持

政府应充分认识科技创新与科技金融协同发展的重要性,从提升科技创新产出和市场科技金融投资绩效两个方面着手,促进科技创新与市场科技金融协同发展,进而提高政府公共科技金融投资绩效,实现全面协同。[1]要发挥政府的引导作用,带动多元主体投资的积极性。积极发挥市场在资源配置中的决定性作用,政府主要扮演服务员角色,坚持以政府投入为引导,企业投入为主体的创新能力建设理念。要通过大力发展互联网金融这一新兴业态促进企业融资成本的降低,扩大企业科技贷款的资金来源。政府应推动金融创新以助推技术创新。要大力发展创业投资,建立多层次资本市场支持创新机制,构建多元化融资渠道,支持符合创新特点的结构性、复合性金融产品开发,完善科技和金融结合机制,形成各类金融工具协同支持创新发展的良好局面。

（一）壮大创业投资规模,加大对早中期、初创期创新型企业的支持力度

通过各类金融服务平台及各类综合金融工具,鼓励银行业金融机构建立灵活的运作、考核机制,加强差异化信贷管理,适度放宽科技创新企业不良容忍度,加大对科技创新企业的支持力度。

扶持各类创投企业发展,尤其鼓励创新创业和管理经验丰富的本地企

---

① 王宏起,徐玉莲.科技创新与科技金融协同度模型及其应用研究.中国软科学,2012(6):129-138.

业独立或联合建设创业投资公司,引导社会资金加大对初创企业和高新技术企业的投资。以科技银行发展为载体和切入点,完善科技企业信贷服务体系和融资担保体系,鼓励科技银行、担保公司、创投公司、天使投资、创业投资引导基金等开展投贷联动、投贷保联动、保投联动等创新服务,打造科技型企业一体化融资平台。

设立市级科技成果转化引导基金,吸引优秀创业投资管理团队联合设立一批子基金,开展贷款风险补偿工作。设立市级新兴产业创业投资引导基金,带动社会资本支持战略性新兴产业和高技术产业早中期、初创期创新型企业发展。研究设立市级中小企业发展基金,保留专注于科技型中小企业的投资方向。

按照税制改革的方向与要求,对包括天使投资在内的投向种子期、初创期等创新活动的投资,统筹研究相关税收支持政策。研究扩大促进创业投资企业发展的税收优惠政策,适当放宽创业投资企业投资高新技术企业的条件限制,并在试点基础上将享受投资抵扣政策的创业投资企业范围扩大到有限合伙制创业投资企业法人、合伙人。

(二)强化资本市场对技术创新的支持,促进创新型、成长型企业加速发展

加快引导社会资本投入,着力打造科技金融示范区。重点是完善财政科技资金配置机制,促进科技和金融结合试点地区建设,加强资本对科技创新的支持。

谋划设立科技创新(金融)发展基金。深化促进科技与金融结合试点工作,创新财政科技资金配置方式,通过设立天使投资引导基金、科技投融资风险基金、科技研发与成果转化引导基金等3个子基金,争取国家中小企业发展基金、成果转化引导基金跟投,以跟进投资、阶段参股、直接投资、风险补偿等方式,最大限度撬动社会资金对创新创业的支持。力争推进科技信贷风险池覆盖11个县(市)、区,风险池资本金规模达到1亿元;力争天使投资全年跟投项目70项,完成跟进投资金额7000万元。实施科技信贷风险补偿,完善省、市、县(区)三级联动机制,对银行机构为科技型中小企业放贷以及为市级以上领军人才企业放贷产生的损失,给予信贷风险补偿。

加大天使投资引导扶持力度。对国内投资企业或投资管理企业在本市新设立的天使投资基金,给予一定数额的参股资金支持,参股比例最高不超30%。在天使投资机构投资初创期科技型企业后,按其实际投资金额的一定比例给予奖励补贴;天使投资机构投资初创期科技型企业发生投资损失

的,按其实际损失金额的一定比例给予风险补偿。

支持符合条件的企业发行项目收益债,募集资金用于加大创新投入;支持科技型企业向境内外合格投资者募集资金,鼓励境外资本通过股权投资等方式支持本市创新型企业发展;开展股权众筹融资试点,探索和规范发展服务创新的互联网金融。

降低科技企业融资成本,对企业实施市级以上科技项目使用金融机构贷款所发生的利息支出给予一定的贴息资助。

（三）拓宽技术创新间接融资渠道,完善多元化融资体系

建立知识产权质押融资市场化风险补偿机制,简化知识产权质押融资流程,鼓励有条件的地区建立科技保险奖补机制和再保险制度,加快发展科技保险,开展专利保险试点,完善专利保险服务机制。加大科技保险风险补偿力度,引导保险机构开发与科技型企业相适应的科技保险产品和服务,保险机构承保符合条件的科技保险保单发生实际赔付的,按其实际赔付金额给予原则上最高不超过50％的科技保险保单赔付风险补偿。鼓励科技型企业运用科技保险分散和化解科技创新风险,对符合条件的企业给予一定的科技保险费补贴。

选择符合条件的银行业金融机构,探索试点为企业创新活动提供股权和债权相结合的融资服务方式,与创业投资、股权投资机构实现投贷联动。政策性银行在有关部门及监管机构的指导下,加快业务范围内金融产品和服务方式创新,对符合条件的企业创新活动加大信贷支持力度。深化银行业金融机构与创业投资、股权投资机构的合作,创新投贷联动等金融服务模式。加大信用保证基金对科技创新企业的支持力度,不断扩大受惠企业覆盖面。

稳步发展民营银行,建立与之相适应的监管制度,支持面向中小企业创新需求的金融产品创新。

五、构建统筹协调的创新治理机制

深化科技管理改革是提升科技资源配置使用效率的根本途径。要加快政府职能转变,加强科技、经济、社会等方面政策的统筹协调和有效衔接,完善科技管理基础制度,建立创新驱动导向的政绩考核机制,推进科技治理体系和治理能力现代化。

（一）完善政府统筹协调和决策咨询机制,提高科技决策的科学化水平

建立部门科技创新沟通协调机制,加强创新规划制定、任务安排、项目

实施等的统筹协调,优化科技资源配置。建立并完善科技规划体系,科技规划进一步聚焦战略需求,重点部署市场不能有效配置资源的关键领域研究。

建立科技创新决策咨询机制,发挥好科技界和智库对创新决策的支撑作用,成立科技创新咨询委员会,定期向市委、市政府报告国际国内科技创新动向。

建立创新政策协调审查机制,启动政策清理工作,废止有违创新规律、阻碍创新发展的政策条款,对新制定政策是否制约创新进行审查。建立创新政策调查和评价制度,定期对政策落实情况进行跟踪分析,及时调整完善。

(二)完善宏观经济统计指标体系和政绩考核机制,强化创新驱动导向

改进和完善 GDP 核算方法,体现科技创新的经济价值。研究建立科技创新、知识产权与产业发展相结合的创新驱动发展评价指标,并纳入经济和社会发展规划。

完善地方党政领导干部政绩考核办法,把创新驱动发展成效纳入考核范围。

六、推动形成深度融合的开放创新局面

(一)实行更加积极的人才引进政策,聚集全球创新人才

探索建立技术移民制度,对符合条件的外国人才给予工作许可便利,对符合条件的外国人才及其随行家属给予居留等便利。对满足一定条件的国外高层次科技创新人才取消其工作许可的年龄限制。

开展国有企业事业单位选聘、聘用国际高端人才实行市场化薪酬试点,加大对高端人才的激励力度。围绕国家重大需求,面向全球引进首席科学家等高层次科技创新人才。建立访问学者制度,广泛吸引海外高层次人才来宁波从事创新研究。

(二)鼓励企业建立国际化创新网络,提升企业利用国际创新资源的能力

进一步完善与主要国家创新对话机制,积极吸收企业参与,在研发合作、技术标准、知识产权、跨国并购等方面为企业搭建沟通和对话平台。

健全综合协调机制,支持技术、产品、标准、品牌走出去,支持企业在海外设立研发中心、参与国际标准制定。强化技术贸易措施评价和风险预警机制。

七、营造激励创新的良好生态

（一）强化知识产权的保护和运用，鼓励创业、激励创新

鼓励企业提升知识产权实力。鼓励企业实施"走出去"战略，可参照苏州的做法，对通过 PCT（专利合作协定）途径申请国际专利，并获得美国、欧盟成员国、英国、日本、韩国等发达国家授权的企业给予奖励。鼓励企业做强做优，对获得国家知识产权优势企业、国家知识产权示范企业称号的企业也给予一次性奖励。在获得国家知识产权优势企业奖励的基础上，获得国家知识产权示范企业的奖励经费应扣除原优势企业的奖励经费。

完善知识产权保护措施，对企业重大科技创新、成果转化、人才引进项目开展知识产权评议，健全知识产权维权援助机制，帮助企业提升知识产权维权能力。加强知识产权综合行政执法，严厉打击侵犯知识产权行为，加大民事侵权损害赔偿力度，提高侵权违法成本，将侵权行为信息纳入社会信用记录。无核心自主知识产权或有恶意侵犯他人知识产权行为的企业不得承担政府各类科技项目。

进一步完善专利、商标、版权、技术标准的奖励资助政策。鼓励企业开展专利导航与信息分析利用、知识产权投融资、贯标等。政府通过购买贯标绩效评价服务等途径，免费为企业进行贯标工作实地考核检查，对通过第三方认证的企业的贯标认证费、年审费和第二次复核费等合计费用，给予一定经费的奖励。加强品牌建设，推动企业技术创新成果知识产权化、知识产权标准化、技术标准产业化。

支持知识产权服务业集聚发展。建设知识产权托管、评估、交易公共服务平台。培育和引进市场化、规模化、专业化、国际化、品牌化的知识产权服务机构。推动 PCT 国际专利受理审查机构落户宁波。

（二）改进市场准入与监管，完善放活市场、拉动创新的产业技术政策

改革市场准入制度，制定和实施产业准入负面清单，对未纳入负面清单管理的行业、领域，各类市场主体皆可依法平等进入。破除限制新技术、新产品、新商业模式发展的不合理准入障碍。对药品、医疗器械等创新产品建立便捷高效的监管模式，深化审评审批制度改革，多种渠道增加审评资源，优化流程，缩短周期，支持委托生产等新的组织模式发展。

完善相关管理制度，改进互联网、金融、环保、医疗卫生、文化、教育等领域的监管，支持和鼓励新业态、新商业模式发展。改革产业监管制度，将前置审批为主转变为依法加强事中、事后监管为主。

明确并逐步提高生产环节和市场准入的环境、节能、节水、节地、节材、质量和安全指标及相关标准,形成统一权威、公开透明的市场准入标准体系。健全技术标准体系,制定和实施强制性标准。加强产业技术政策、标准执行的过程监管。建立健全环保、质检、工商、安全监管等部门的行政执法联动机制。

(三)培育创新文化,形成支持创新创业的社会氛围

支持众创空间建设。依托行业龙头骨干企业、高等院校、科研机构、行业组织,围绕宁波市新兴产业需求和行业共性技术难点,大力开展低成本、全方位、专业化、开放式的众创空间建设;可参照苏州的做法,对新建的市级众创空间给予最高 50 万元的资助,对支撑大众创业、万众创新成效显著的众创空间按绩效给予后补助,每年最高 50 万元。

不断优化各类引智平台,鼓励多方力量举办创新创业大赛等活动,广泛吸引创客来宁波推广创新成果、开展创业活动;对参加国际创客大赛、创客沙龙、创业训练营、院校创新创业大赛等活动的优秀项目给予一次性奖励;提升创业辅导专业化水平,聚集创业导师和培训机构,开展创业培训,举办各类创业活动,为创新创业者提供法律、知识产权、投融资等创业辅导服务。

提升创新文化软实力,营造全民创新氛围。县(市)区政府领导联系基层,定期带领专家走访基层和企业,开展交流会,进行"敢冒风险,大胆创新,宽容失败"的科技创新理念宣传活动,倡导科学家精神和企业家精神,加强对重大科技创新成果、知识产权战略运用案例、典型创新创业人才和创新型企业的宣传力度,营造有利于创新的社会环境和文化氛围,激发大众创业、万众创新的全民创新意识。

改革科技补助体制,奖励全民踏实创新。要查补漏洞,克服弊端,完善现有科技补助政策,充分发挥科技奖助政策的激励效应。许多企业机构或者个人以科技创新为由,"挂羊头卖狗肉",从政府那拿来的资金没有真正用于科技创新。要改革科技补助体制,实行补助、收益挂钩机制。具体来说就是放开科技创新申请限制,但对申请补助的企业或个人建立一套完善的档案,根据档案记录的数据进行分析,对于符合条件的企业或个人按实际需求给予补助,并规定一个合理的研发期限,到期对申请的企业或个人进行考核,根据不同的科研成果分档次给予不同的优惠,对那些骗取政府资金的企业或个人不仅要追回补助,还要给予惩罚。

参考文献

[1] 安体富,任强.公共服务均等化:理论、问题与对策.财贸经济,2007(8): 48-54.

[2] 薄贵利,樊继达.建设服务型政府的战略与路径.北京:人民出版 社,2014.

[3] 博曼,雷吉.协商民主:论理性与政治.陈家刚,等译.北京:中央编译出版 社,2006.

[4] 布坎南.公共财政.赵锡军,等译.北京:中国财政经济出版社,1991.

[5] 布坎南.自由、市场和国家.吴良健,译.北京:经济学院出版社,1988.

[6] 曾保根.公平正义取向下推进基本公共服务均等化的制度创新研究——以体制、机制和法制为视角.武汉:华中师范大学,2012.

[7] 陈奇星.平衡与优化:完善我国公共服务监督体系的思考.中国行政管 理,2013(10):18-20.

[8] 陈卫东,李训虎.检察一体与检察官独立.法学研究,2006(1):3-13.

[9] 陈振明.政策科学——公共政策分析导论.北京:中国人民大学出版 社,2003.

[10] 陈振明.政府能力建设与"好政府"的达成.管理世界,2003(8): 147-151.

[11] 陈振明,王海龙.创新公共管理理论,推动政府治理变革——"公共政策与政府管理创新"国际学术研讨会的观点.东南学术,2005(1):63-68.

[12] 程连升.中国反失业政策研究(1950—2000).北京:社会科学文献出版 社,2002.

[13] 迟福林.改革发展新时期的基本公共服务.中国党政干部论坛,2008(4):18-20.

[14] 丛树海.社会保障经济理论.上海:上海三联书店,1999.

[15] 奥斯本,盖布勒.改革政府——企业精神如何改革着公营部门.上海市政协编译组,东方编译所,译.上海:上海译文出版社,1996.

[16] 登哈特 J V,登哈特 R B.新公共服务:服务,而不是掌舵.北京:中国人民大学出版社,2010.

[17] 杜娟.地方政府绩效评估从"一把手工程"迈向制度化建设——哈尔滨市政府绩效管理条例分析.领导科学,2010(8):29-31.

[18] 段德玉.浅析我国地方政府公共服务能力建设的问题及对策.科技创业月刊,2011(5):64-65.

[19] 范柏乃.政府绩效评估与管理.上海:复旦大学出版社,2007.

[20] 范献军.我国县域公共服务体系的构建与完善.武汉:武汉科技大学,2012.

[21] 方振邦.政府绩效管理.北京:中国人民大学出版社,2012.

[22] 费斯勒,凯特尔.行政过程中的政治:公共行政学新论.2 版.陈振明,朱芳芳,等译.北京:中国人民大学出版社,2002.

[23] 高福安,刘亮.国家公共文化服务体系建设现状与对策研究.现代传播(中国传媒大学学报),2011(6):1-5.

[24] 顾昕,高梦滔,姚洋.诊断与处方:直面中国医疗体制改革.北京:社会科学文献出版社,2006.

[25] 郭有德.我国医疗卫生改革进展与展望.中国卫生资源,2008,11(4):151-153.

[26] 哈贝马斯.在事实与规范之间:关于法律和民主法治国的商谈理论.童世骏,译.北京:生活·读书·新知三联出版社,2003.

[27] 何艳玲.中国城市政府公共服务能力评估报告(2016).北京:社会科学文献出版社,2016.

[28] 胡鞍钢,等.扩大就业与挑战失业——中国就业政策评估(1949－2001).北京:中国劳动社会保障出版社,2002.

[29] 胡宁生.中国政府形象战略.北京:中共中央党校出版社,1998.

[30] 胡善联.基本医疗卫生服务的界定研究.卫生经济研究,1996(2):7-11.

[31] 黄林莉."科改"大幕重启.中国经济和信息化,2012(11):22-23.

［32］黄培伦,尚航标,李海峰.组织能力:资源基础理论的静态观与动态观辨析.管理学报,2009,6(8):1104-1110.

［33］柯平,朱明,何颖芳.构建我国基本公共文化服务体系研究.国家图书馆学刊,2015(2):24-29.

［34］李传军.管理主义的终结——服务型政府兴起的历史与逻辑.北京:中国人民大学出版社,2007.

［35］李楯.法律社会学.北京:中国政法大学出版社,1999.

［36］李军鹏.公共服务型政府.北京:大学出版社,2004.

［37］李军鹏.公共服务学——政府公共服务的理论与实践.北京:国家行政学院出版社,2007.

［38］李强.国家能力与国家权力的悖论.//张静.国家与社会.杭州:浙江人民出版社,1998.

［39］李绍印.略论能力及其培养.中国心理学会第三次会员代表大会及建会60周年学术会议(全国第四届心理学学术会议)文摘选集(上),1981.

［40］李水根,陈琼.宁波:政府主导廉价药新政.(2008-12-25)[2016-3-23].http://www.hyey.com/Article/dongtai/200812/146910.html.

［41］梁治平.用文化来阐明法律.(2015-04-22)[2016-04-03].http://epaper.legaldaily.com.cn/fzrb/content/20150422/Articel11002GN.htm.

［42］林登.无缝隙政府——公共部门再造指南.北京:中国人民大学出版社,2001.

［43］林闽钢.我国医疗卫生体制改革的路径和模式探讨.公共管理高层论坛,2006(2):181-190.

［44］刘波,崔鹏鹏.省级政府公共服务供给能力评价.西安交通大学学报(社会科学版),2010,30(4):44-50.

［45］刘超.论陕西就业服务体系由行政化向市场化的转变.经济研究导刊,2013(36):52-53.

［46］刘丹华.中国就业论坛:全球对话与共识.北京:中国劳动和社会保障出版社,2004.

［47］刘欣.当前中国社会阶层分化的多元动力基础.中国社会科学,2005(4):101-114.

［48］刘学之.基本公共服务均等化问题研究.北京:华夏出版社,2008.

[49] 柳国炎.强化政府信息采集管理 发挥决策支持系统作用——比利时政府信息收集和管理体制及启示.信息化建设,2001(7):32-34.

[50] 卢洪友,贾智莲.中国地方政府财政能力的检验与评价——基于因子分析法的省际数据比较.财经问题研究,2009(5):82-88.

[51] 罗尔斯.正义论.何怀宏,等译.中国社会科学出版社,1988.

[52] 罗豪才.软法与协商民主.北京:北京大学出版社,2009.

[53] 罗斯金.政治科学.林震,等译.北京:华夏出版社,2001.

[54] 雒树刚."十二五"我国文化改革发展取得辉煌成就.(2015-10-22)[2015-11-12]. http://cpc. people. com. cn/n/2015/1022/c399243-27729383. html.

[55] 马全中.当代英国绩效评估:趋势与启示.四川行政学院学报,2010(5):13-16.

[56] 梅因.古代法.沈景一,译.北京:商务印书馆,1959.

[57] 米勒,波格丹诺.布莱克维尔政治学百科全书.邓正来,译.北京:中国政法大学出版社,2002.

[58] 宁波市文化广电新闻出版局.以文惠民,以文兴城——写在宁波当选2016"东亚文化之都"之际.宁波通讯,2015(19):50.

[59] 饶克勤,刘新明.国际医疗卫生体制改革与中国.北京:中国协和医科大学出版社,2007.

[60] 荣迪内利.为人民服务的政府:民主治理中的公共行政角色的转变.经济社会体制比较,2008(2):115-124.

[61] 容志.公共服务监督体系的逻辑建构:决策、过程与绩效.中国行政管理,2014(9):39-40.

[62] 申喜莲.政府绩效评估创新研究.北京:中央民族大学,2012.

[63] 盛洪.中国与西方是如何分道扬镳的?.读书,2014(5):128-139.

[64] 盛人云.有了公共服务,还需完善公共监督.农村工作通讯,2014(20):51.

[65] 石绍斌.传承与发展:"雷锋精神"的法治诠释.宁波大学学报(人文社科版),2014,27(5):87-90.

[66] 石绍斌.人民政协主体性的法治探究.宁波大学学报(人文社科版),2012(2):106-110.

[67] 时和兴.论当代中国行政改革中的权力调整.社会科学战线,1994(5):91-101.

[68] 斯宾塞.国家权力和个人自由.北京:华夏出版社,2000.

[69] 孙柏瑛.社会管理与政府能力建构.南京社会科学,2012(8):87-94.

[70] 唐斯.民主的经济理论.姚洋,邢予青,赖平耀,译.上海:上海人民出版社,2005.

[71] 田珺鹤.美国电子政务的发展对我国的启示.金融经济月刊,2011(7):62-63.

[72] 田小宝,李小新.目标与策略:成都市城乡统筹比较充分就业问题研究.北京:中国劳动社会保障出版社,2007.

[73] 汪剑钊.意义的探索给出生活的意义.读书,2001(9):51-54.

[74] 王佃利.公共服务满意度调查实证研究:以济南市市政公用行业的调查为例.中国行政管理,2009(6):73-77.

[75] 王宏起,徐玉莲.科技创新与科技金融协同度模型及其应用研究.中国软科学,2012(6):129-138.

[76] 王惠娜.政府能力的界定与政府能力评估.武汉理工大学学报(社会科学版),2006,19(4):461-464.

[77] 王琳,漆国生.提升地方政府公共服务能力思考.理论探索,2008(4):128-130.

[78] 王洛忠,李帆.我国基本公共文化服务:指标体系构建与地区差距测量.经济社会体制比较,2013(1):184-195.

[79] 王绍光,胡鞍钢.中国国家能力报告.沈阳:辽宁人民出版社,1993.

[80] 王绍光.人民的健康也是硬道理.读书,2003(7):16-24.

[81] 王伟同.中国公共服务效率评价及其影响机制研究.财经问题研究,2011(5):19-25.

[82] 王雁红.英国政府绩效评估发展的回顾与反思.唯实,2005(6):48-50.

[83] 王智亮,王磊.政府绩效评估:"静悄悄的革命".政府法制,2009(17):30-31.

[84] 维特根斯坦.哲学研究.陈嘉映,译.上海:上海人民出版社,2001.

[85] 魏晶晶.辽宁县级政府公共服务绩效评价.沈阳:辽宁大学,2012.

[86] 魏颖,杜乐勋.卫生经济学与卫生经济管理.北京:人民卫生出版社,1998.

[87] 沃尔夫.市场,还是政府:不完善的可选事物间的抉择.陆俊,谢旭,译.重庆:重庆出版社,2007.

[88] 吴志清,翁迪凯.宁波着力提升基层服务能力"不出村"享七大公共服务.(2015-02-07)[2016-03-04].http://nb.people.com.cn/n/2015/0207/c365606-23825519.html.

[89] 谢志贤,钱花花.我国政府绩效评估的发展历程与实施现状.长春市委党校学报,2009(6):66-69.

[90] 辛方坤.财政分权、财政能力与地方政府公共服务供给.宏观经济研究,2014(4):67-77.

[91] 徐云辉,崔立夫.完善我国公共就业服务制度的路径探讨.经济纵横,2013(7):15.

[92] 杨国栋.论我国地方政府公共服务供给能力提升的行动逻辑.江西行政学院学报,2007,9(3):16-20.

[93] 殷啸虎.关于人民政协法治化问题的若干思考.政治与法律,2009(5):53-58.

[94] 詹国彬.公立医院民营化改革:模式、成效与风险控制.北京:法律出版社,2014.

[95] 张国庆.行政管理学概论.北京:北京大学出版社,2001.

[96] 张金融.我国行政成本现状分析及优化路径.中国行政管理,2011(8):40-43.

[97] 张奇林.美国医疗保障制度研究.北京:人民出版社,2005.

[98] 张琪.中国医疗保障理论、制度与运行.北京:中国劳动社会保障出版社,2003.

[99] 张昕.走向公共物品和服务的可抉择供给体制.中国人民大学学报(哲社版),2005(5):111-117.

[100] 张再生.基于资源基础理论的公共部门人力资源管理变革研究.行政论坛,2015(2):69-73.

[101] 张志铭.对"中国检察一体化"的思考.国家检察官学院学报,2007,15(2):14-16.

[102] 周天勇.中国行政体制改革三十年.上海:格致出版社,2008.

[103] 周向红,陈伟荣.医疗卫生政策中公平与效率的权衡.中国医院院长,2009(4):44-47.

[104] 周云飞.中国地方政府绩效评价的价值体系研究——以县级政府为例.兰州:兰州大学,2012.

[105] 周志忍. 基于变革管理视角对三十年来机构改革的审视. 中国社会科学,2014(7):66-86.

[106] 朱水成. 对公选实践的理性反思. 理论探讨,2007(2):166-170.

[107] 卓越. 公共部门绩效评估的主体建构. 中国行政管理,2004(5):19-22.

[108] 邹永贤. 国家学说史(下). 福州:福建人民出版社,1987.

[109] Lucian W P. China:Erratic state,frustrated society. Foreign Affairs,1990,69(4):56-64.

索　引